NIMES

ET

SES RUES

PAR

ALBIN MICHEL

TOME PREMIER

De la lettre A à la lettre F.

NIMES
TYPOGRAPHIE CLAVEL-BALLIVET
12 — RUE PRADIER — 12

1877

NIMES ET SES RUES

NIMES

ET

SES RUES

PAR

ALBIN MICHEL

NIMES
TYPOGRAPHIE CLAVEL - BALLIVET
12, rue Pradier, 12.
—
1876

AVANT-PROPOS

—

L'étranger qui parcourt aujourd'hui nos splendides promenades et nos vastes boulevards asphaltés, le Nimois lui-même qui les jours de fête, se prélasse dans les squares ou sur les places publiques, sont loin de se douter des nombreuses transformations qu'a dû subir notre antique cité pour devenir ce qu'elle est aujourd'hui, et la plupart ignorent non-seulement les anciennes dénominations de nos rues et carrefours, mais encore la signification actuelle de la plupart des noms de ces voies de communications.

Reconstituer l'ancienne ville avec ses anciens noms, expliquer le motif qui a pu déterminer nos édiles à baptiser telle ou telle rue du nom qu'elle porte, m'a paru un travail intéressant et qui exigerait une plume plus habile et plus spirituelle afin de piquer la curiosité du lecteur, car il en est des rues comme des individus : chacune a sa physionomie particulière, ses allures, son caractère, sa religion et son opinion politique, et à un moment donné, chacune a joué son rôle suivant le caractère de ses habitants.

Sans me laisser rebuter par les difficultés sans nombre contre lesquelles mon insuffisance devait forcément se heurter, j'ai entrepris cette œuvre toute patriotique afin d'apprendre au Nimois l'histoire de ses rues, en rappelant autant que je l'ai pu les traditions, les légendes et quelquefois même des détails familiers qui nous initieront aux habitudes et aux croyances de nos pères.

Ce sera là un hommage rendu aux morts illustres dont les noms sont quelquefois tombés dans l'oubli, et qui cependant à l'époque où ils ont vécu ont rehaussé l'éclat de la ville et ont pu servir d'exemple aux générations qui nous ont précédé.

Ce sera aussi un moyen de rappeler quelques faits d'histoire générale à ceux qui voudront bien consulter cet ouvrage.

La ville de Nimes, capitale des Volces-Arécomiques, a occupé, même du temps des Romains, une trop grande place dans 'histoire de la Gaule pour qu'elle n'ait pas été le point de mire de tous les envahisseurs. Aussi, ces ruines se sont-elles amoncelées les unes sur les autres ; plusieurs fois détruite ou mutilée tant par l'ennemi du dehors que par les luttes intestines qui l'ont si souvent ensanglantée, elle a cependant survécu pour devenir ce qu'elle est aujourd'hui.

Nous n'entreprendrons pas de reconstituer la ville à chacune de ses transformations, car, non-seulement ce serait un travail au-dessus de nos forces, mais encore, ces transformations matérielles ne se faisant que progressivement et à chaque extension de son enceinte fortifiée, l'intérêt serait peut-être moins grand. Nous nous bornerons donc à prendre pour point de départ la ville féodale du XIVe siècle qui conservait encore à cette époque des traces certaines de la ville romaine.

Les diverses enceintes de Nimes ont été si bien déterminées par M. Germer-Durand, architecte, dans l'ouvrage qu'il a publié sur les murs de Nimes (1), que je ne puis mieux faire que d'y renvoyer le lecteur, et il me suffira de décrire en quelques mots l'aspect général de la ville du XIVe siècle.

Nimes était entourée de murailles parsemées de tours de différentes formes, mais toutes de même hauteur et dont quelques-unes percées de portes donnaient seules

---

(1) Promenade d'un curieux dans Nimes, par Germer-Durand, architecte. — Nimes, Catélan, libraire, 1874.

accès dans la ville ; ces portes étaient au nombre de dix, savoir :

La porte de la Couronne, — des Carmes, — d'Auguste, — des Casernes, — du Chemin, — de la Boucoarié, — de la Madeleine, — de France, — Saint-Antoine, — de Saint-Gilles.

L'intérieur de la ville, percé de rues étroites, tortueuses et sombres, a conservé, malgré les nombreuses rectifications qui ont eu lieu à diverses époques, l'aspect de toutes les anciennes villes au milieu desquelles l'étranger a de la peine à retrouver sa route et où l'habitant lui-même, conduit par l'habitude plus que par l'observation, ignore souvent lui-même le nom des rues par lesquelles il est passé.

Le travail de nos édiles a donc toujours eu pour but l'assainissement et le classement des voies de communication, d'autant plus que des faubourgs nombreux et beaucoup plus spacieux que la ville elle-même sont venus successivement se grouper autour de ses anciennes murailles.

Dès 1785 (1) les consuls adressèrent au roi une requête pour être autorisés à démolir les anciennes murailles à moitié détruites ; mais ce n'est qu'en 1787 que ce projet, approuvé par l'autorité, commença à être mis à exécution. — Dès lors, la ville et les

---

(1) Voir à la Bibliothèque de la ville, un plan signé J.-A. Raymond, architecte, né à Toulouse, en 1742, mort à Paris, en 1811, et dédié à M. St-Priest, intendant du Languedoc.

faubourgs ne formèrent plus qu'un ensemble jouissant des mêmes droits et régis par les mêmes règlements ; et c'est au milieu du dédale de toutes ces rues dont la plupart étaient innommées, que nos édiles ont dû successivement apporter un peu d'ordre dans le classement.

Le mardi, 22 janvier 1788, le conseil de ville étant réuni, le procès-verbal de cette séance est ainsi conçu :

« M. Martin, premier consul-maire, a dit
» qu'à l'instar de la capitale, bien des villes
» ont fait étiquetter les rues et les places
» et numéroter les maisons ; qu'on se repré-
» sente aisément la facilité que cela pro-
» cure tant pour l'exercice de la police que
» mille autres différents objets ; qu'on ne
» peut se dissimuler que l'exécution d'un
» pareil projet ne fût très-essentielle dans
» Nimes ; plusieurs raisons concourent
» même à en établir la nécessité.

» 1° Chacun sait que les rues ne sont dé-
» signées que dans l'intérieur de la ville et
» que cette désignation n'est connue qu'im-
» parfaitement ; 2° que les faubourgs se
» sont accrus considérablement depuis trente
» ans, sans qu'on ait désigné que fort peu
» de rues dans les différents quartiers où
» l'on a construit des maisons ; 3° que le
» quartier de la Fontaine comprend une
» étendue immense sous cette simple dési-
» gnation et sous celle de la Visitation ; 4°
» qu'il en est de même de l'Enclos-de-Rey
» et de celui du Clos Mathieu ; en sorte
» qu'en disant que tel ou tel particulier
» restait dans l'un ou l'autre de ces trois

» quartiers, c'est donner un indice aussi
» faible que confus ; — aussi tout se réunit
» pour établir qu'il est nécessaire non-seu-
» lement d'étiqueter les rues, mais même
» de donner une désignation à celles qui
» n'en ont point.

» On observe de plus qu'étant d'usage
» dans cette ville de faire la recherche des
» capitales et de dresser les rôles des im-
» positions île par île, il serait indispensa-
» ble d'étiqueter ces îles en même temps
» qu'on étiquettera les rues des nouvelles
» îles dans les susdits quartiers de la Fon-
» taine, clos de Rey, clos de Mathieu et
» autres quartiers où il sera nécessaire de
» faire pareille désignation, et ensuite de
» numéroter les maisons de chaque île, tant
» de celles à désigner que de celles dési-
» gnées.—Qu'une telle opération faciliterait
» singulièrement tant la recherche des con-
» tribuables aux impositions, que l'exaction
» de ces mêmes impositions ; — que le di-
» recteur des travaux publics ayant été
» chargé de dresser le projet de la susdite
» opération en forme de devis, il s'en est
» occupé ; — ce projet est remis sur le bu-
» reau pour en être fait lecture à l'assem-
» blée qui est priée de délibérer sur son ap-
» probation, si elle croit y avoir lieu.

» Sur quoi, l'assemblée a unanimement
» délibéré et prié MM. les commissaires
» des travaux publics de vouloir bien exa-
» miner le projet dressé par le directeur
» desdits travaux et de simplifier autant
» que faire se pourra ».

On comprend très-bien que ce premier travail dut successivement avoir besoin de modification, car chaque année voyait augmenter la population de la ville et des faubourgs. Ce que la municipalité n'avait pas pu faire, car il se créait chaque jour de nouvelles rues, la voix publique s'en chargea et qualifia alors les nouveaux quartiers suivant telle ou telle circonstance qui frappait sa vue ou son imagination. De là, une foule de noms qui, au point de vue historique ou archéologique, n'offrent aucun intérêt et ne réveillent aucun souvenir, comme rue des Tilleuls, du Pigeonnier, de la Chèvre, de la Biche, etc., etc...

Un peu d'ordre fut cependant affecté à ces désignations en 1824, époque à laquelle une commission fut chargée par le Conseil municipal de rédiger un nouveau projet de dénomination des nouvelles rues ; c'est alors que l'ordre suivant fut à peu près suivi.

(Voir le rapport présenté au Conseil municipal, le 30 septembre 1824.)

L'ancienne ville proprement dite a conservé ses anciens noms.

Le quartier de la Fontaine a généralement reçu des noms romains ; — celui du Théâtre des noms d'artistes ; — celui de la Madeleine, ancien faubourg Saint-Laurent, des noms de saints ; — celui du chemin de Montpellier, des noms de rois de France ; — celui de l'Esplanade, des noms du moyen âge ; — celui du chemin d'Avignon, des noms d'hommes illustres ; — celui du faubourg Richelieu, des noms d'hommes célèbres du siècle de Louis XIV ; — enfin celui de Saint-Charles et de la Bouquerie, des noms de Nimois plus ou moins célèbres dans la République des lettres et dans l'histoire locale.

On comprendra très-bien que dans l'étude spéciale que je vais faire sur chacune de nos rues, le principal intérêt des archéologues et des historiens doit se fixer sur les anciennes rues plutôt que sur celles de création récente qui ont reçu un nom quelconque, ne rappelant aucun souvenir local. Toutefois, dans un but d'instruction populaire et pour que chacun puisse au moins savoir ce qu'était la personne dont on a emprunté le nom, je donnerai pour chacune une biographie très-succincte et qui n'indiquera que les faits principaux.

Afin de mettre un peu d'ordre dans ce travail et faciliter les recherches de ceux qui voudront le consulter, je suivrai l'ordre alphabétique sans distinction de quartier, en donnant alors les tenants et aboutissants de chaque rue, le numéro du canton et de la section urbaine, et le niveau par rapport à celui de la mer en prenant les deux points extrêmes de la rue. Cette dernière indication pourrait avoir un intérêt pour la distribution des eaux municipales dans les diverses maisons.

NIMES ET SES RUES

RUE DE L'ABATTOIR

Allant du chemin de Montpellier a Cadereau.

1ᵉʳ canton. — Section 12.
Niveau 47ᵐ36, 43ᵐ68.

Cette rue, qui s'appelait autrefois rue des *Egorgeoirs*, longe le nouveau marché aux bestiaux.

Pendant de longues années, les bouchers tuaient les bœufs et les moutons devant la porte de leurs boutiques, et c'était là une cause d'infection contre laquelle on dut à diverses reprises prendre des mesures de police. A une certaine époque, les consuls avaient bien fait construire dans le faubourg de la Madeleine, au quartier Saint-Laurent, un échaudoir où les bouchers étaient tenus de tuer les bœufs, les moutons et autres bestiaux destinés à la vente, mais ce quartier s'étant peu à peu couvert d'habitations, les mêmes inconvénients se reproduisirent et les habitants portèrent de continuelles plaintes à la municipalité à cause de l'infection qui en résultait et du danger qu'un pareil établissement pouvait offrir pour la santé publique.

Emu de ces plaintes légitimes, le conseil de ville décida, en 1750, de placer ailleurs cette tuerie.

On choisit pour cela un terrain qui parut alors très-éloigné des faubourgs, situé au pied d'un des coteaux qui environnent la ville près du Caderau et l'on mit aussitôt la main à l'œuvre.

La première pierre de cet édifice public fut posée le 14 mai 1750, en présence du maire, du lieutenant du maire et des consuls en chaperon. Ces fonctionnaires étaient Pierre Rouvière de Dions, maire ; Charles-Louis Joubert, chevalier de l'ordre de Saint-Louis, lieutenant du maire ; Pierre-Isaac Deydier, docteur en médecine, Jean-Jacques Mirande, Jacques Charpin et François Durand, consuls.

Pour conserver le souvenir de cette cérémonie, on grava sur la pierre l'inscription suivante:

Saxum laniarii molem
Sustentaturum
Posuere
Nobb. viri.
Petrus Rouviere de Dions. Nem. curiæ præses,
Prætor Urbanus, annonæ præfectus ;
Car. Lud. Joubert, militaris ordinis S. Ludovici
Eques, proprætor ;
Petr.-Isaac Deydier, doctor medicus, J.-J. Mirande,
Jac Charpin, Franciscus Durant,
Coss.
Die XIIII. mensis Maii
M. DCC. L.

Aujourd'hui, ce bâtiment qui a conservé sa destination n'est plus aussi éloigné des habitations ; grâce au prolongement du Cours-Neuf, cette partie de la ville va se peupler, et déjà l'on remarque dans les alentours quelques jolies villas. MM. Thibal, Clauzel, Espérandieu, Brouzet et autres ont donné l'exemple de constructions gracieuses qui remplacent avec avantage le mazet traditionnel, si cher aux Nimois.

Si ce mouvement s'accentue, il n'est pas douteux que, dans quelques années, on sera encore obligé d'éloigner le monument qui nous occupe.

RUE DE L'AQUEDUC

Allant de la rue de l'Abattoir à la rue du Cadereau.

1er Canton. — Section 12.
Niveau 48m25, 48m90.

Ainsi appelée à cause de l'aqueduc romain dont on a retrouvé les vestiges et qui passait par là pour porter les eaux de la Fontaine ou du Cadereau dans les différents quartiers de la ville romaine ; et plus tard dans les fossés de la ville du moyen âge.

RUE ADRIEN

Allant du quai de la Fontaine à la rue de la Fontaine.

1er Canton. — Section 1.
Niveau 52m93, 51m29.

P. Alius Adrianus ou Hadrianus, empereur romain, né l'an 75 de J.-C., cousin et fils adoptif de Trajan, parvint à l'empire en 117. Il fit la paix avec les Parthes, vainquit les Alains, les Sarmates et les Daces, et employa la plus grande partie de son règne à visiter les provinces de son empire. Il fit bâtir un mur de 80 milles entre l'Ecosse et l'Angleterre, pour prévenir les incursions des Barbares. — Sur les remontrances de Quadratus et d'Aristide, philosophes chrétiens, il fit cesser les persécutions dont les chrétiens étaient l'objet. Les juifs s'étant deux fois révoltés sous son règne, il les soumit ; — la première fois il ruina leur ville, et la deuxième, il les chassa pour jamais de leur pays (136).

Il mourut à Baies, en 138, à l'âge de soixante-deux ans, laissant l'empire à Verus et à Antonin qu'il avait adoptés. — Adrien fit des lois sages et donna à l'empire le code connu sous le titre d'*Edit perpétuel*. Il aimait et protégeait les arts et les sciences. Il cultiva lui-même avec succès la poésie, mais il se déshonora par son attachement aux superstitions du paganisme et par son infâme passion pour Antinoüs.

RUE DE L'AGAU

Allant du square Antonin au boulevard des Carmes.

1er canton. — Sections 1, 2, 6 et 7.

Niveau 48m 81, 45m 54.

Les eaux de la Fontaine, arrivées à la grille de la porte de la Bouquerie se divisaient autrefois en deux branches, l'une passant le long des murs du côté de la Madeleine et des Récollets, allait arroser tous les jardins qui se trouvaient dans cette partie de la ville, et, tout en remplissant les fossés de défense, mettait en mouvement de nombreux moulins à blé nécessaires à l'alimentation de la ville et placés hors des murs ; — l'autre portion des eaux formait le canal de l'Agau (Aqualis) et avait pour principal but d'alimenter les lavoirs destinés à la teinture et de faire mouvoir à son tour des moulins à blé qui renfermés dans l'enceinte de la ville pouvaient en cas de siége lui être d'un très-utile secours.

Les lavoirs destinés à la teinture étaient de quatre sortes : le premier de ces lavoirs, partant de la grille de la Bouquerie, était divisé par un petit mur de refend et était réservé pour laver d'un côté et d'autre les soies de couleurs fines. Cette portion de canal vient d'être démolie en mars 1876 pour être recouverte depuis le square Antonin jusqu'à la rue du Grand-Couvent ; c'est le sieur Granon, entrepreneur, qui exécute ce travail.

Le deuxième lavoir, qui partait de la rue du Grand-Couvent ne devait servir que pour la couleur écarlate ; le troisième était réservé pour les autres teintures de soie, et le quatrième servait à toutes les teintures de laines, draps, toiles, cotons et autres.

Les eaux se déchargeaient dans les fossés de la ville, près de la porte des Carmes, d'où elles entraient dans un autre canal appelé le *Valat-Loubau*, qui à son tour va se jeter dans le Vistre après avoir rempli les fossés dans cette partie de la ville.

Un auteur Nîmois du xvii⁰ siècle, Anne Rulman, rapporte que de son temps, on découvrit ces fossés depuis la porte de Saint-Gilles jusqu'au Château, c'est-à-dire jusqu'à la Porte d'Auguste. Ils avaient, dit-il, dix toises de largeur, sur deux de profondeur, et étaient bordés d'un mur formant parapet. Une grande partie de ces fossés a existé jusqu'en 1788.

En 1233 le canal de l'Agau appartenait en grande partie aux chanoines de la Cathédrale. — Le 11 octobre 1233, Guillaume de Casouls, prévôt de la Cathédrale, inféoda (1) à trois frères, habitants de Nîmes, nommés Raimond, Pierre et Guillaume du Pont, la partie du canal de l'Agau qui allait depuis le *Moulin des Chanoines* jusqu'à ceux de la Porte Rades, à condition qu'ils y laisseraient un passage libre pour les eaux et sous le cens annuel de douze deniers de monnaie publique payables le jour de la Saint-Michel, sauf la mouvance de l'Eglise de Nîmes. Le Prévôt reçut, en outre, pour lui seul, trente sols Raimondins. La charte fut approuvée et confirmée par les chanoines, parmi lesquels on trouve Raimond, sacristain; Guillaume de Rochette, prieur ; Raymond d'Alzon, infirmier, et Guillaume Compère, aumônier.

---

(1) Ménard, Preuves, Charte LII.

Quelques années après, le 1ᵉʳ août 1237, le même prévôt inféoda à Raimond Lautric une autre partie de ce canal à prendre depuis le Moulin des Chanoines jusqu'à de certaines maisons désignées dans la susdite charte, sous la condition de tenir ce canal nettoyé jusqu'à la profondeur de quatre pans et sur une largeur de deux pans, moyennant un cens annuel de quinze deniers et une obole payable le jour de la Saint-Michel, plus trente-un sols Raimondins pour le prévôt.

En 1569, à l'époque si tourmentée des premières guerres de Religion, la ville était au pouvoir des catholiques, et très-bien gardée; les principaux chefs protestants de la contrée, sous le commandement de Nicolas Calvière, connu sous le nom de capitaine Saint-Côme, résolurent de s'en emparer et ils y réussirent grâce au stratagème du sieur Maduron, charpentier, de Calvisson.

Je ne saurais mieux faire que de transcrire textuellement ici le passage que Ménard, l'historien de Nîmes, consacre à cet épisode local (1) :

« Cet artisan se présenta au capitaine Saint-Côme et lui communiqua l'expédient qu'il avait imaginé. Il s'agissait de rompre un treillis de fer qui est au pied des murailles, près de la Porte de la Bouquerie. Ce treillis sert à faire entrer les eaux de la Fontaine qui, après avoir traversé la

---

(1) V. Ménard, T. 5, p. 45 de la Nouvelle édition.

ville par un petit canal voûté en quelques endroits et découvert en d'autres, qu'on appelle l'Agau, se dégorgent dans le fossé près de la Porte des Carmes. Maduron représenta que ce treillis étant une fois abattu, il serait facile de faire entrer par cette ouverture quelques soldats d'élite qu'on posterait dans un moulin, appelé *Pesouilloux*, qui était tout auprès dans la ville, à l'entrée de l'Agau, et dont le meunier était une personne de confiance, sur la fidélité de qui l'on pouvait faire fond ; que de là les soldats se répandraient dans la ville et s'en rendraient aisément les maîtres.

» La chose parut de difficile exécution à Saint-Côme, par l'extrême vigilance que les habitants apportaient à la garde de la ville. Mais comme l'artisan répondit du succès, Saint-Côme y donna les mains et le laissa faire. On avait cependant donné avis du projet de la prise de Nîmes aux religionnaires du Haut-Vivarais et on leur avait demandé du secours pour en seconder l'exécution. Ceux-ci firent partir incontinent de Privas et d'Aubenas deux cents chevaux, qui portaient chacun un arquebusier en croupe.

» La saison se trouvait favorable. Les nuits étaient longues et obscures. De manière que Maduron commença bientôt à mettre la main à l'œuvre. Il se glissa vers minuit dans le fossé et lima le treillis en plusieurs endroits, avec une de ces limes qu'on appelle en termes de serrurerie, limes sourdes. Il continua son opération durant quelques nuits avec cette attention particulière qu'il ne manquait jamais, en se retirant, de couvrir de cire et de boue les endroits limés. Enfin, les barreaux de fer furent coupés en peu de jours au point qu'ils devaient l'être.

» Ce fut dans la nuit du 14 au 15 novembre 1569 qu'on fit l'expédition. Saint-Côme, à la tête de sa troupe et des quatre cents soldats, cavaliers et arquebusiers, qui lui étaient venus de Privas et d'Aubenas, alla se poster, vers deux heures après minuit, dans des plants d'oliviers près de la Fontaine. Dès qu'ils furent tous rassemblés, le ministre Deyron qui était à la suite de Saint-Côme, commença à leur faire un discours pour les exhorter à se signaler en cette rencontre. Il leur fit voir que du succès de cette expédition dépendait le recouvrement de leur liberté et de l'exercice de leur religion. Mais à peine avait-il entamé son sujet, qu'il parut tout à coup, au milieu des airs, une grande lumière qu'ils prirent à mauvais augure et qui les jeta dans la consternation. Le ministre n'oublia rien pour les rassurer ; il leur représenta que ce phénomène était au contraire la marque d'une faveur céleste, qui les invitait à marcher ; que le ciel se déclarait visiblement pour eux, puisqu'il leur fournissait un guide, comme il avait fait autrefois envers les Juifs conduits par Moïse lorsqu'il leur donna une colonne de feu pour signe et pour assurance de leur prochaine liberté. Il n'en fallut pas davantage pour dissiper la frayeur et ranimer le courage abattu de ces soldats. Le ministre fit la prière, comme c'en était l'usage parmi les Religionnaires, avant de commencer leurs entreprises militaires, et tous se disposèrent à marcher.

» Alors Saint-Côme prit avec lui une centaine de soldats et s'avança vers la ville après avoir donné ordre aux cavaliers et arquebusiers de défiler à petit bruit et de venir se poster près de la porte des Prêcheurs dès que trois heures sonneraient. Etant descendu dans le fossé, il fit incontinent abattre le treillis, dont les barreaux ne tenaient presque à rien et se coula avec ses soldats, ayant de l'eau jusqu'à la ceinture, sous le canal voûté de l'Agau, d'où il se rendit dans le moulin.

« L'heure indiquée étant bientôt survenue, Saint-Côme sortit du moulin avec toute sa troupe, et se rendit à la hâte à la porte des Prêcheurs. Il y avait là un corps de garde que les soldats religionnaires égorgèrent. Après quoi ils enlevèrent les serrures de la porte l'ouvrirent et firent entrer toute la cavalerie. Ceux-ci coururent incontinent dans toutes les rues avec leurs trompettes, faisant un bruit épouvantable, afin de faire accroire qu'ils formaient une cavalerie nombreuse et répandre un plus grand effroi parmi les habitants ; tandis que les arquebusiers allèrent dans les maisons enlever toutes les armes qu'ils y y trouvèrent. Les catholiques effrayés se dispersèrent et se cachèrent où ils purent. Les uns en grand nombre se retirèrent vers la porte de la Bouquerie, vers celle des Prêcheurs et près du Château dans l'espérance d'y trouver leur salut ou quelque secours. Les autres se réfugièrent dans les Arènes, dont ils fermaient les entrées avec des pierres à sec. Mais, d'un autre côté, Saint-Côme détacha quatre-vingts soldats commandés par de Possaque, qui allèrent se poster près du château, où l'épouvante s'était déjà répandue et l'investirent. Les maisons situées au voisinage servirent à loger un grand nombre d'arquebusiers qui de là faisaient un feu continuel sur ceux qui venaient chercher une retraite près du Château.

» L'alarme fut d'autant plus générale dans la ville, que rien n'y avait transpiré de tout ce complot. On assurait néanmoins que le gouverneur Saint-André avait été averti à Aiguesmortes, où il faisait sa principale résidence, des desseins que les religionnaires avaient sur Nimes ; mais on ajoutait qu'il avait méprisé cet avis, par l'impossibilité qu'il voyait à exécuter un aussi téméraire projet que celui de la prise de cette ville, en un temps où le parti n'avait presque point de troupes dans le Bas-Languedoc.

» Toutefois, Saint-André n'avait pas laissé de venir à Nimes dès les premiers jours de novembre, afin de voir par lui-même tout ce qui s'y passait, et il s'y trouva le jour de l'exécution du stratagème.

» A peine l'eut-on averti du succès de cette entreprise et du ravage que les soldats de Saint-Cosme exerçaient déjà dans la ville, que se réveillant en sursaut de cette profonde léthargie, où sa négligence l'avait jeté, il vit que le mal était sans remède et fut forcé de chercher son salut dans la fuite. Il marcha avec précipitation vers la Porte de la Couronne, pour tâcher de se sauver, mais il ne put pas, à cause que cette porte était tout investie de soldats religionnaires. De sorte que, voyant qu'il ne pouvait éviter de tomber entre leurs mains, il aima mieux sauter du haut des remparts dans le fossé. Guillaume de la Gorce, seigneur de la Roque, lieutenant-lai du sénéchal et capitaine d'une compagnie des gens de pied de la ville, qui était avec lui, s'y jeta aussi, mais celui-ci se tua et resta sur le carreau. Pour lui, il se rompit une cuisse et fut hors d'état de se sauver. On le reconnut sur les sept heures du matin et il fut aussitôt transporté dans la maison du président Calvière. Quelques soldats religionnaires y accoururent sur le soir et le tuèrent d'un coup de pistole. Son corps fut jeté par les fenêtres et mis en pièces à la rue. Le peuple de la nouvelle religion ne l'aimait pas parce qu'il était dur et sévère, etc....

A l'époque de la guerre des Camisards en 1703 et le 1er avril, dimanche des Rameaux, ce même moulin fut le théâtre d'une autre scène de carnage que nous trouvons rapportée ainsi dans l'un de nos historiens locaux.

« Quelques centaines de femmes avec leurs enfants et plusieurs vieillards (car les hommes en état de porter les armes s'étaient réunis aux Camisards,) se trouvaient assemblés en prières dans un moulin, situé sur le canal de l'Agau, dont un protestant fort zélé, nommé Mercier, était le meunier. C'était le premier jour de la semaine sainte ; l'assemblée quoique sans pasteur, était humiliée, recueillie, attentive; mais elle eut l'imprudence d'entonner un psaume. Ce chant, entendu du dehors, la fit aussitôt découvrir. Le maréchal de Montrevel, gouverneur du Languedoc, qui se trouvait en ce moment à Nîmes, en fut aussitôt instruit. Regardant cet attroupement comme un défi porté à sa personne, il se leva à l'instant même de table, assembla la milice, fit cerner le moulin, et par son ordre, le feu ayant été mis à cette masure, construite en bois, la fumée obscurcit bientôt l'atmosphère, les flammes apparurent en jets éclatants, et un long gémissement de douleur, poussé par les voix de trois cents victimes, remplit d'effroi les satellites même du maréchal ; lui seul resta impassible, et ne se retira que lorsque les vestiges mêmes du moulin de l'Agau eurent disparu. »

Au moyen âge, le canal de l'Agau était découvert dans presque tout son parcours, et ce n'est que depuis quelques années qu'on a commencé à le recouvrir. Plusieurs raisons ont déterminé nos édiles à prendre cette détermination: la première, c'est que la teinturerie nîmoise a perdu de l'importance qu'elle avait autrefois, ces opérations se faisant mieux dans d'autres villes plus favorisées par l'eau ; la seconde et la plus juste, c'est qu'au point de vue de la salubrité publique, l'eau croupissante qui en été séjournait dans les canaux répandait toutes sortes de mauvaises odeurs et fut la cause de plusieurs des épidémies qui dépeuplèrent la ville.

En 1834, le conseil municipal décida la mesure, mais ce ne fut qu'en 1839 que la ville ayant acheté une partie de la maison Valz fit recouvrir toute la partie comprise entre la rue des Lombards et la place du Château.

C'est à l'extrémité de la rue de l'Agau mise aujourd'hui en communication directe avec le boulevard des Calquières par la démolition de l'ancienne gendarmerie, que se trouve la Porte Romaine dite Porte d'Auguste, et qu'était aussi l'ancien Château.

Il n'entre pas dans le cadre de cet ouvrage de faire la description des monuments ; aussi je renvoie pour l'étude de ceux-ci au savant travail que l'Académie du Gard vient de couronner en 1875 et qui est dû à la plume de M. Germer-Durand fils.

Les démolitions de l'ancienne gendarmerie, remplacée aujourd'hui par la grande maison à travers laquelle M. Samuel Guérin, propriétaire, vient d'ouvrir un *beau passage*, ont mis à découvert les anciens remparts et l'ancien aqueduc romain avec un vaste réservoir dont les parois ne portent que les signes suivants, qui sont probablement les marques des ouvriers.

I I I I ⊙ . N T
       1

On a de plus trouvé deux pierres tumulaires et diverses autres inscriptions; voici les principales.

DIS MANIB	C. N. SERVILIO
SEX. ANTON	SERANO
VALERIANI	C. N. SERVILIVS
VALER'A POMPE'A	VE VS. P.
FIL. PIENTISSIMa	

La découverte la plus intéressante, et dont M. Guérin a fait hommage à la ville, a été celle d'un fragment d'une inscription signalée par Ménard dans sa 3e dissertation sur les antiquités de Nimes au chapitre XIV, et auquel je renvoie pour en avoir le texte qui est très-long.

En 1742, au milieu des ruines des anciens bains, on découvrit une grande pierre sur laquelle se lisait une très-longue inscription moitié latine et moitié grecque dont Ménard prit heureusement la copie. Elle regardait un habitant de Nimes nommé Titus Julius Dolabella, fils de Titus de la tribu Voltinia, l'un des quatre officiers préposés à la garde du trésor des Pontifes, commandant du guet établi pour la sûreté et la tranquillité de la ville, et gouverneur de l'arsenal.

Il devait être le bienfaiteur du collége des musiciens fondé à Naples en l'honneur d'Adrien, car l'inscription grecque relatait le diplôme décerné à Dolabella constatant ses vertus, sa noblesse, l'intégrité de sa vie, de ses mœurs et sa munificence.

Les derniers mots de l'inscription latine font supposer que le monument ou la statue au bas de laquelle on l'avait placée, fut érigé par le collége ou corps des *centonnaires* de Nimes dont il était peut-être le patron ou le protecteur. Les Centonnaires étaient organisés militairement et préposés aux engins de toutes sortes dont se servaient les Romains pour éviter et éteindre les incendies dans les camps; c'étaient pour ainsi dire les sapeurs-pompiers de l'époque.

Cette inscription dont Ménard regrettait la perte a donc été retrouvée en très-petite partie, il est vrai, mais ce morceau seul suffit pour en constater l'existence.

Tout me porte à croire que cette inscription était gravée au pied d'une statue, car les dernières découvertes faites à la Fontaine, nous donnent la presque certitude qu'en face du Temple de Diane et comme devant ce temple il y avait une colonnade sous laquelle se trouvaient des statues d'hommes illustres ou de divinités. Je ne veux d'autre preuve de la chose que la présence de l'inscription ci-dessus dans les ruines des bains romains, et du socle de statue dernièrement trouvé dans les fouilles faites au pied du rocher de la Fontaine.

Ce socle porte l'inscription suivante : à Sollius Valerianus, fils de Titus du pays des Volsques, ayant un cheval public et Flamine, ayant occupé des charges chez lui et dans la Province, les habitants de Cavaillon, d'Avignon, de Fréjus et d'Apt, leur patron.

RUE SAINTE-AGNÈS

Allant du boulevard du Cours - Neuf au Cadereau.

1ᵉʳ Canton. — Section 10.
Niveau 52ᵐ01, 51ᵐ21.

Sainte Agnès, jeune vierge romaine, souffrit le martyre à Rome à l'âge de treize ans, lors de la persécution de Dioclétien. Prudence a chanté son martyre dans sa 14ᵉ hymne. On célèbre sa fête le 21 janvier.

RUE AGRIPPA

Allant du quai de la Fontaine à la rue Trajan.

1ᵉʳ Canton. — Section 1.
Niveau 51ᵐ64, 51ᵐ51.

Agrippa, général romain, favori d'Auguste, né l'an 64 avant J.-C., s'éleva par ses vertus civiles et militaires aux plus hautes dignités. C'est à lui que fut dû le succès des batailles de Nauloque et d'Actium. Consulté par Auguste, il lui conseilla d'abdiquer l'empire et de rétablir la république; mais son avis ne fut pas suivi.

Il épousa Julie fille d'Auguste et fut désigné pour succéder à l'empire ; mais il mourut avant l'empereur, l'an 12 avant J.-C., en revenant d'une expédition contre les Pannoniens.

C'est lui qui fit construire, à Rome, le célèbre Panthéon, aujourd'hui Notre-Dame de la Rotonde. Il laissa trois fils qui furent adoptés par l'empereur, mais tous périrent d'une mort tragique. Il eut pour fille Agrippine, qui épousa Germanicus.

RUE D'ALBENAS

Allant de la rue de la Lampèze à la rue des Fours-à-Chaux.

1er Canton. — Section 1.
Niveau 64m70, 59m63.

Jean Poldo d'Albenas naquit à Nimes en 1512 d'une famille ancienne mais moins remarquable par sa noblesse que par les connaissances et les lumières qui ont distingué plusieurs de ses membres. Son père, Jacques d'Albenas, avait un goût prononcé pour les lettres et pour les antiquités. Ménard nous apprend que Nimes lui doit la conservation de divers monuments romains. En 1524, il était premier consul de cette ville. C'est à ses soins éclairés que son fils dut sa première éducation.

Destiné au barreau, Poldo d'Albenas fut envoyé à Toulouse pour étudier le droit ; il y fit de rapides progrès et bientôt il exerça avec succès les fonctions d'avocat. Quand en 1552, Nimes devint le siége d'un présidial, il y fut pourvu d'une charge de conseiller qu'il remplit avec distinction jusqu'à sa mort. Il sut allier à l'exercice de ses fonctions la culture des lettres.

Le premier ouvrage par lequel il se fit

connaître fut une traduction française des trois livres de saint Julien, archevêque de Tolède, puis une traduction de l'histoire des Taborites, d'Œneas Sylvius qui fut plus tard le pape Pie II. Son œuvre la plus importante et son véritable titre de gloire, est un *Discours historial de l'antique et illustre cité de Nimes.* — Ce livre, composé au milieu du seizième siècle, ne brille pas par le mérite du style ni par la perfection des gravures et l'on y trouve souvent une érudition confuse et hors de propos, mais il faut se reporter au temps de son apparition, aux moyens dont on disposait et aux défauts de son époque. Cette production n'en est pas moins un monument curieux du profond savoir de l'auteur et un riche dépôt d'observations et de recherches utiles.

Jean Poldo d'Albenas fut avec Claude Baduel, un des premiers à adopter à Nimes les principes de la Réformation ; l'estime que lui avaient acquise ses connaissances et sa position élevée ne contribuèrent pas peu à propager ces nouvelles idées parmi ses concitoyens. Aussi en 1563, époque de sa mort, la plupart des principaux habitants de Nimes et des localités voisines avaient embrassé le protestantisme.

Son attachement à la cause de la Réforme et ses lumières le firent choisir à différentes reprises par ses coreligionnaires pour député aux assemblées politiques où se débattaient leurs intérêts. Il fit partie des Etats-Généraux qui se tinrent à Orléans en 1560.

RUE DES AMOUREUX

Allant de la rue du Pont de la Servie au chemin de la Tour l'Evêque.

1er Canton. — Section 9.

Ainsi appelée par le peuple, parce qu'étant fort peu habitée, placée en dehors des limites de l'octroi, elle ne consistait pour ainsi dire qu'en un simple chemin non éclairé, presque désert et par conséquent favorable aux rendez-vous amoureux. C'est à l'extrémité de cette rue que se trouve l'Usine à Gaz.

RUE D'ANGOULÊME

Allant de la rue Séguier au chemin de Beaucaire.

3e Canton. — Section 9.
Niveau 42m33, 44m70.

Charles de Valois, duc d'Angoulême, fils naturel de Charles IX et de Marie Touchet, né en 1573, mort en 1650, porta d'abord le titre de comte d'Auvergne qu'il échangea plus tard, en 1619, contre celui sous lequel il est connu. Il fut un des premiers à reconnaître Henri IV et combattit vaillamment dans les rangs de son armée; mais ensuite il entra dans une conspiration contre ce prince et fut condamné à une détention perpétuelle (1606). Ayant obtenu de Louis XIII sa liberté, il servit l'Etat avec dévouement et se distingua dans les guerres de Languedoc, d'Allemagne et de Flandres. — Il a laissé quelques écrits dont le plus intéressant consiste dans des mémoires sur les règnes de Henri III et de Henri IV.

RUE SAINTE-ANNE

Allant du boulevard du Cours-Neuf au Cadereau.

1er Canton. — Section 10.
Niveau 52m01, 50m79.

Sainte Anne, femme de Joachim et mère de la Sainte Vierge, fut canonisée en 1584. — On célèbre sa fête le 28 juillet.

RUE SAINT-ANTOINE

allant de la place du Marché au boulevard Saint-Antoine.

3e canton. — Section 1.
Niveau 45-20, 44-05.

En 1270 l'une des portes de la ville qui plus tard est devenue la porte Saint-Antoine, s'appelait porte de *Garrigues*. C'était en dehors et à partir de cet emplacement que se trouvait le fossé du Champ de Mars.

En 1350, cette porte prit le nom de St-Antoine à cause de l'hôpital des religieux de St-Antoine du Viennois établi tout auprès. Avant cette date, il existait même dans cette partie de la ville un hôpital destiné aux pèlerins et qui portait le nom de Saint-Jacques. Ce bâtiment est devenu plus tard une hôtellerie appelée de la Coquille (1).

D'après une coutume très-ancienne, la veille des quatre grandes fêtes de l'année, les consuls distribuaient des aumônes aux pauvres et le jeudi de l'Ascension, notamment, ils se rendaient en cortége dans la tour de la porte Saint-Antoine, préalablement ornée de feuillage, et y distribuaient le pain de l'aumône publique appelé *Caritatis*. Ils recevaient aussi la visite de l'abbesse ou maîtresse des femmes et filles débauchées qui leur offrait un gâteau et à laquelle ils donnaient cinq sols. Cet usage était encore en vigueur en 1520.

Au XVII° siècle, c'était devant la porte Saint-Antoine, en dehors des murs, que se tenait le marché aux cochons. De nos jours encore, à cause de la situation de ce quartier qui est le plus rapproché des routes qui amènent à Nimes les habitants de la banlieue, de la Vaunage et des Cévennes ; c'est encore sur cet emplacement que se réunissent les négociants et propriétaires les jours de marché.

C'est en vain que la municipalité a affecté une partie du rez-de-chaussée du théâtre à la Bourse des courtiers en vins et spiritueux, les cours légaux s'y fixent bien, mais l'ancienne habitude a repris le dessus, et malgré l'abri un peu restreint, il est vrai, et les facilités que chacun trouverait dans ce local, c'est encore à la porte Saint-Antoine que se traitent toutes les affaires et que stationne la foule.

(1) V. Ménard, nouvelle édition, t. 2, p. 53.

En 1240, des religieuses Clarisses ou de Sainte-Claire firent bâtir un couvent et une église hors de la ville tout près des murs. Ce monastère fut honoré du titre d'Abbaye (1).

A côté de la porte Saint-Antoine et séparée des habitations par les Arènes, se trouvait la tour Vinatière, très-forte tour carrée, couronnée de créneaux et d'une masse générale aussi imposante que les tours du Château-Royal, s'il faut en croire une vue cavalière de Nimes au XVIe siècle reproduite par Poldo d'Albenas (2). C'est dans cette tour qu'en 1644 et le 18 juillet, les consuls voulant mettre un frein au dérèglement des mœurs firent enfermer les filles de débauche et rendirent l'arrêté suivant : « Le conseil ayant jugé que telles
» personnes ne peuvent apporter que
» grands malheurs, a délibéré que les gar-
» ces qui se trouvent natives de ceste ville,
» seront mises et enfermées dans la tour Vi-
» natière et nourries au pain et à l'eau aux
» frais et despens de la Communauté. Et
» pour les étrangères, seront mises hors
» de la ville et terroir d'icelle, au préala-
» ble avoir esté rasées la teste et char-
» gées de plumes de coq suivant la cous-
» tume, usage et privilége des quels ceste
» ville est en possession de semblables
» affaires.» (3)

De tout temps les autorités nimoises ont

---

(1) V. Ménard, nouv. édit., t. 1er, p. 273.
(2) V. Germer-Durand, p. 74.
(3) V. Ménard, t. 6, p. 66.

veillé à ce que les pauvres de la ville fussent secourus ; aussi voyons-nous qu'en 1592 après les troubles pendant lesquels l'hôpital qui servait à loger les pauvres avait été détruit, l'on avait été contraint de recueillir ceux-ci dans une maison mal bâtie et peu disposée pour cet usage.

Sur l'observation qui en fut faite au conseil de ville (1), le 12 février 1592, Pierre Bompar, avocat du roi, assisté du ministre Meinier, fit voter la reconstruction de l'hôpital sur son ancien emplacement. Le travail fut donné à prix fait à divers maçons suivant contrat en date du 5 mars de la même année (2).

Ce monument a été construit sur l'emplacement occupé du temps des Romains par les bains publics (*banna*). En effet, lorsqu'en 1811 on a élevé la façade actuelle sur le boulevard, on trouva des murs qui paraissaient appartenir à un grand édifice, et des salles pavées en mosaïque. Un vestibule ou corridor était pavé de cubes de marbre blanc semés de distance en distance de cubes de marbre noir. Ce vestibule donnait par une large porte dans une grande salle qui distribuait deux pièces à droite et à gauche ; ces pièces étaient séparées par des murs de briques revêtus de c'ment fin et peints à la fresque. Les gros murs extérieurs étaient en pierre de Ba-

---

(1) V. les archives de l'hôtel de ville, registre du

rutel, comme les Arènes. Ces divers pavés en mosaïque furont placés auprès du maître-autel et dans le chœur de la chapelle de l'Hôpital-Général. — La nature de la construction dont les murs intérieurs étaient en briques plus propres que la pierre à entretenir la chaleur, est venue confirmer l'opinion des auteurs qui ont dit que les thermes romains étaient situés sur cet emplacement. Une rue qui longeait ce bâtiment s'appelait autrefois rue des *Vieilles-Etuves.*

La façade, la chapelle et une partie de l'intérieur de l'hôpital général ont été construits sur les plans de M. Durand, architecte. Le développement de la façade est égal à celui de l'Hôtel des Monnaies de Paris; elle est percée de 29 portiques qui forment autant de boutiques et d'entresols.

En 1875, cet hôpital a été transféré dans un nouveau bâtiment situé sur la route d'Uzès, en dehors de la ville et dans d'excellentes conditions d'hygiène et d'installation, et les locaux rendus libres, vont être convertis en musées, bibliothèque, salle de concert, écoles de musique, de dessin et de fabrication. Le mont de piété, compris dans ce bâtiment, a son entrée principale dans la rue des Innocents.

Dans l'ancienne chapelle l'on a provisoirement installé la galerie Gower dont la ville a fait l'acquisition. On y remarque parmi quelques belles toiles deux Wouwerman (le Marché aux chevaux et le Maréchal-ferrant) — deux Claude Lorrain et plusieurs toiles de Ruysdaël, Van-Ostade,

Prudhon, Tennier, Terburg, Corrége, Van de Velde, Gevard Dow, Hobbema, etc., etc.

Le boulevard de la Madeleine a été planté pour la première fois de deux rangées d'ormeaux en 1643, alors que Léon Trimond était premier consul de la ville.

RUE ANTONIN

Allant de la rue Molière au quai de la Fontaine.

1er canton. — Section I.
Niveau 51m43, 50m10.

Aurelius-Fulvius-Antoninus-Pius, né l'an 86 de J.-Ch., fut adopté par Adrien et lui succéda l'an 138. Il fit cesser les persécutions contre les chrétiens et mourut en 161; il fut un des meilleurs empereurs romains. C'est lui qui, avec le concours des habitants de Nimes, fit construire l'Amphithéâtre, vulgairement connu sous le nom des Arènes.

Ce prince s'occupa aussi de l'entretien des chemins publics et notamment de la voie Domitienne qui allait de Nimes à Narbonne et sur laquelle il fit placer des colonnes milliaires, *lapides milliarii*, pour marquer les distances.

Ces milliaires, dont la forme est cylindrique, portent les noms et les titres de ce prince; ils sont tous datés de la huitième année de sa puissance tribunitienne et de son huitième consulat, ce qui rapporte à l'an 145 de Jésus-Christ. Il en existe plusieurs dans les environs de Nimes, et la municipalité a eu le bon esprit de réunir ceux qu'on a pu trouver dans la cour de la Porte-d'Auguste ; l'un de ces milliaires, qui était sur le chemin de Montpellier et dont parle Ménard, porte l'inscription suivante : IMP. CÆSAR.. DIVI HADRIAN F. T. AELIVS HADRIANVS ANTONINVS AVG. PIVS PONT. MAX. TRIB. POT. VIII. IMP. II. COS. IIII. P. P. Au bas se trouve le chiffre I, ce qui prouve avec la dernière évidence qu'on commençait alors à Nimes une nouvelle suite de milles sur la voie qui conduisait de cette ville à Narbonne,

On voit encore aujourd'hui, à l'entrée du village de Manduel un de ces milliaires très-bien conservé et qui porte l'inscription suivante :

VII.

IMP. CAESAR
DIVI HADRIAN
T. AELIVS. HADRIAN
ANTONIN. AVG. PIVS
PONT. MAX. TRIB. POT.
VIII. IMP. II. COS. III.
P. P. RESTITVIT.

C'était le septième sur la voie Romaine allant de Nimes à Beaucaire (Ugernum).

Les habitants de Nimes, sensibles aux soins de l'empereur Antonin Pie pour l'embellissement de leur ville, lui donnèrent des marques de leur reconnaissance en la personne de Faustine, sa fille, femme de Marc-Aurèle, à laquelle ils élevèrent une statue. Cette statue a péri, mais l'inscription mise au bas nous a été conservée ; elle portait : FAVSTINAE. AVG. IMP. CAES. T. AELI. HADRIANI ANTONINI AVG. PII. FILIAE. M. AVRELI CAESARIS VXORI.

Antonin montra toujours un très-grand amour pour ses peuples, et sa vie est pleine de traits qui prouvent l'aménité de son caractère ; aussi mérita-t-il le titre de Pieux qui lui fut donné par le Sénat, et les empereurs qui lui succédèrent voulurent porter son nom d'Antonin comme ils prenaient celui d'Auguste.

Les Nimois ont voulu perpétuer le souvenir de tant de bienfaits et notre municipalité vient de lui ériger une statue qui fait l'ornement du square Antonin. Ce square a été construit sur l'emplacement de l'ancien bassin qui terminait le canal de la Fontaine, d'après le plan de Maréchal. Son ornementation est due à M. Révoil, architecte, et la grille extérieure en fer forgé est l'œuvre de M. Marius Nicolas, serrurier de Nimes. Au centre se trouve une magnifique statue en marbre blanc de Carrare, due au ciseau de M. Bosc, sculpteur nimois. Votée sous l'administration de M. Paradan, maire, le 13 février 1864, elle n'a cependant été mise en place que le 8 octobre 1874, sous l'administration de M. Blanchard, maire. Le piédestal porte sur la face principale l'inscription suivante :

IMP. CAES. T. AELIO. ADRIANO. ANTONINO.
NEM. ORIVNDO.

avec ces vers de Jean Reboul, poète nimois :

..... Le Nimois est à demi Romain.
Sa ville fut aussi la ville aux sept collines ;
Un beau soleil y luit sur de grandes ruines,
Et l'un de ses enfants se nommait Antonin.

Sur la façade opposée, se trouve cette inscription :

SENATVS POPVLVSQVE NEMAVSENSIS.

Les milliaires de la voie Romaine de Nimes étaient toujours placés, comme partout ailleurs, sur la gauche du chemin en sortant de la ville d'où l'on commençait à compter. Ils étaient souvent de différentes figures ; ce qui provient de l'usage pratiqué sous les divers Empereurs qui avaient fait réparer ces chemins.

Ceux d'*Auguste* sont des colonnes ou pierres cylindriques dans toute leur longueur ; l'inscription y est gravée sur le contour, sans cadre et en grands et beaux caractères.

Ceux de *Tibère* sont carrés et en forme de pilastres ; l'inscription est renfermée dans un cadre ; le bas du pilastre va en élargissant dans la terre.

Ceux de *Claude* sont cylindriques dans toute leur longueur comme ceux d'Auguste, mais les lettres y sont gravées dans un cadre creusé dans la colonne, avec un quart de rond autour. Enfin ceux d'*Antonin le Pieux* sont de même cylindriques et l'inscription est contenue dans un cadre entouré d'un rebord ; le bas de la colonne est large, carré et brut (1).

(1) Ménard. Dissertation, VIII.

RUE D'AQUITAINE.

Allant de la rue Pangueil au Mont-Duplan.

3e Canton. — Section 4.
Niveau 47m32 , 50m38.

L'Aquitaine était une des quatre grandes régions de la Gaule ancienne et s'étendait sous César entre les Pyrénées au sud, le golfe de Gascogne à l'ouest, la Garonne au nord et à l'est. — Crassus, lieutenant de César et César lui-même, par la prise de Gergovie en 52, s'en rendirent complétement maîtres. — Les Visigoths s'en emparèrent en 419 sous le règne de Wallia et firent de Tolosa leur capitale. En 507, Clovis enleva l'Aquitaine à Alaric II, roi des Visigoths, et la remit au royaume des Francs. Dagobert l'en démembra en 628 et l'érigea en royaume en faveur de son frère Caribert.

Après la mort de Hildéric, fils de Caribert, 631, le royaume d'Aquitaine fut changé en duché. Boggis, Eudes, Hunald et Waïfre possédèrent successivement l'Aquitaine à titre de ducs jusqu'en 769, époque où Charlemagne s'empara de cette province. Il en fit un royaume dépendant de la couronne et le donna en 781 à son fils, Louis le Débonnaire. Celui-ci la céda en 814 à son fils Pépin qui mourut en 838. Pépin II fut proclamé roi après lui, mais Charles le Chauve lui enleva son royaume et se fit couronner roi d'Aquitaine en 848.

En 855 il en investit son fils Charles qui mourut en 867 et fut remplacé par Louis le Bègue. Lorsque celui-ci monta sur le trône de France (873), l'Aquitaine fut de nouveau érigée en duché héréditaire en faveur de Rainulfe 1er, fils de Bernard, comte de Poitiers, et perdit bientôt après son nom d'Aquitaine pour prendre celui de Guyenne ; elle se composait alors des fiefs de Gascogne, d'Armagnac, de Fezensac, du Périgord, du Poitou, du comté d'Angoulême et de la Marche. En 1137, le mariage d'Eléonore, fille de Guillaume X, dernier duc de Guyenne et comte de Poitiers, avec Louis VII, réunit un instant l'Aquitaine à la couronne de France, mais après le divorce de ce prince (1151), Eléonore épousa Henri II Plantagenet, roi d'Angleterre, et par là l'Aquitaine ou Guyenne passa entre les mains des rois d'Angleterre. Philippe-Auguste la reprit en 1200 par droit de confiscation sur Jean sans Terre, mais Saint-Louis crut devoir la restituer et la remit en 1259 au roi d'Angleterre Henri IV. Elle fut définitivement réunie à la France sous Charles VII en 1453.

La rue actuelle d'Aquitaine, après avoir traversé la rue Enclos de Rey n'avait pas d'issue. En 1873, la ville ayant acheté une partie des terrains appartenant à M. Reboul-Franc, a ouvert une voie de communication directe avec le Mont-Duplan et le chemin d'Uzès.

Lors des travaux de percement, il a été trouvé dans l'enclos Guèle beaucoup de débris de poteries romaines.

RUE ARC-DUGRAS

Allant de la rue Saint-Castor à la rue des Orangers.

2ᵉ Canton. — Section 7.
Niveau 45ᵐ 95, 45ᵐ 17.

On lit dans les Archives municipales une délibération du conseil de ville en date du 13 décembre 1781 qui porte :

« M. Perrin deuxième consul a dit que
» les propriétaires et locataires des mai-
» sons qui sont situées à la rue des Cardi-
» naux ont présenté depuis peu un mémoire
» à messieurs les administrateurs dans le-
» quel ils exposent que l'arceau appelé de
» Dugras situé au-dessus de l'entrée de la-
» dite rue des Cardinaux allant de la rue
» Notre-Dame à celle de la Roserie forme
» un cloaque infect et un passage presque
» impraticable où il n'y a ni ne peut y
» avoir ni propreté, clarté nécessaire ni
» sûreté, servant de rendez-vous aux mal-
» faiteurs ; que ces défauts, incommodités
» et dangers étant reconnus de tous les
» citoyens, ils espèrent de l'équité de l'ad-
» ministration qu'elle voudra bien délibé-
» rer la démolition et la suppression dudit
» arceau. » Cette demande étant juste, le conseil délibéra d'exécuter ladite démolition, mais on conserva l'arceau qui se trouvait à l'autre extrémité de la rue et qui existe encore aujourd'hui.

Cette rue s'appelait autrefois rue du

Four de Laselau ; on voit encore cette inscription au coin de la rue des Orangers.

Toutes les maisons qui se trouvent dans cette rue ont été bâties à l'époque avec un certain luxe et quelques-unes même sur des proportions remarquables. Notamment celle qui communique avec le n° 12 de la rue des Lombards, et qui, dit-on, a appartenu à M. Du Gras. Malgré mes nombreuses recherches, je n'ai pu trouver encore de détails sur ce M. Du Gras. — Ménard parle bien d'un avocat du nom de De Gras qui aurait été victime de la Michelade de 1569, mais rien ne prouve que ce soit le même personnage.

A l'angle de la rue Arc-Dugras et de la rue des Orangers, on remarque une maison dont la cour intérieure rappelle le style du XV° siècle — au-dessus de la porte on voit un blason sculpté dans la pierre, portant de *Sinople au cerf passant d'or à la bordure de même.*

On raconte que c'est dans cette maison qu'habitait le cardinal Albani pendant le séjour du pape à Avignon.— Ces armoiries étaient-elles les siennes, ou bien une imitation de celles de Saint-Gilles dont il était, dit-on, prieur ? S'il fallait s'en rapporter aux indications que donne de La Roque dans son armorial de Languedoc, t. 1er, page 331, ces armoiries seraient celles de la famille *Malbec de Briges.*

RUE DES ARÈNES.

Allant de la place du Marché à la place des Arènes.

3ᵉ canton. — Section 11.

Je n'entreprendrai pas ici de donner une description des Arènes, car ce serait sortir du cadre que je me suis tracé, et je me contenterai de renvoyer le lecteur aux ouvrages spéciaux qui ont été publiés et dont le plus complet est jusqu'à présent celui du savant et regretté M. Auguste Pellet ; on y trouvera les détails les plus minutieux et les plus intéressants. Je me bornerai donc à quelques considérations générales qui donneront une idée de ce qu'était autrefois ce monument avant qu'il eût été dégagé et séparé.

Il résulte des diverses études faites sur ce monument que l'empereur Adrien en fut le premier architecte l'an 119 de l'ère chrétienne et Antonin dut le continuer ; son inauguration peut être fixée à l'année 138. Servant successivement aux jeux publics ou abandonné selon les invasions de toute nature qui ont ensanglanté et agité les premières années de l'ère chrétienne, il a résisté à tous les assauts du temps et des hommes.

En 472, les Visigoths étant maîtres de la Narbonnaise entourèrent l'amphithéâtre d'un vaste fossé pour en faire une forteresse dans laquelle ils construisirent quelques maisons ; ils élevèrent du côté de la porte orientale deux tours carrées qui n'ont été démolies qu'en 1809 ; l'une était plus grande que l'autre. En 1800 on les appelait encore *tours visigothes* ; la plus basse a servi de chapelle sous l'invocation de Saint-Martin. Cette nouvelle citadelle fut appelée Castrum Arenarum. Les Sarrazins s'étant emparés de la contrée en 737, Charles-Martel, maire du palais, vint les assiéger et essaya de brûler le monument ; la couleur noire que l'on remarque du côté du Nord provient, dit-on, de cette tentative.

En 1100, la garde des Arènes fut confiée à des chevaliers qui formaient un ordre spécial ayant ses consuls particuliers et ses priviléges.

En 1278, le fossé qui entourait les Arènes fut comblé par ordre de Philippe le Hardi, mais les chevaliers conservèrent la garde des Arènes jusqu'à la fin du XIVe siècle, époque à laquelle fut construit par Charles VII un nouveau château fort à la Porte d'Auguste. Les chevaliers abandonnèrent alors leurs maisons, le peuple s'en empara et l'on vit s'élever pour ainsi dire un village dont la population était au moins de 2,000 âmes. Ces habitations formant ce qu'on appelait le quartier des Arènes, subsistaient encore en 1809, époque à laquelle par les soins de M. d'Alphonse, préfet du Gard, on opéra l'entier déblaiement de l'amphithéâtre. M. Edmond Foulc vient de faire hommage à la ville d'un certain nombre de pierres provenant de la chapelle des Arènes ; — ces pierres sculptées au couteau portent des inscriptions, des blasons et des scènes de la passion — on peut les voir dans le vestibule du Musée Gower où elles ont été provisoirement déposées. Cette chapelle était desservie par un prêtre qui se qualifiait *prieur* ; ses biens consistaient en une maison dans l'enceinte du monument. Un plan que j'ai trouvé dans les archives de la ville m'a permis de reconstituer l'intérieur des Arènes avec ses rues, ses places, le nom et la profession de la plupart de ses habitants (Voir la planche placée à la fin de l'ouvrage.)

Après que les fossés des Arènes eurent été comblés, des maisons vinrent se grouper sur cet emplacement et en certains endroits l'espace qui les séparait du monument était tellement étroit que c'est à peine si un homme pouvait y passer. Il y avait a peu près vis-à-vis l'endroit où finit aujourd'hui la rue des Arènes l'auberge de la *Mule* qui servait de corps de garde aux *vélites* pour surveiller la population interlope vivant dans ces mauvais quartiers, rendez-vous de tous les vagabonds. Du temps de Ménard, cette rue s'appelait rue de l'*Hôtellerie*. A son extrémité, la rue montait par une rampe jusqu'à la hauteur du premier étage des Arènes. Un escalier de quelques marches permettait de descendre dans la ruelle où se trouvaient la prison et la chapelle des conseillers et le palais de justice, mais l'accès de cette rue n'était possible que pour les piétons.

Vis-à-vis la porte latérale actuelle du palais de justice faisant face au couchant, se trouvait une ruelle fermée à ses deux issues par un arceau et conduisant à la salle de la Comédie appartenant à M. Lecointe, gérée en 1788 par un nommé Boissier.

Aujourd'hui un vaste boulevard et une grande place entourent le monument et lui permettent ainsi de se dégager dans toute sa splendeur et de faire l'admiration des étrangers.

Les seuls amphithéâtres dont il reste encore des ruines sont après Nimes ceux de Puzzole, du Colisée de Rome, de Capoue, de Vérone, de Pola, d'Arles, de Pompeï, d'El-Djem et de Taragone; celui de Nimes est sans contredit le mieux conservé.

L'amphithéâtre d'Arles fut probablement construit dans la période de Dioclétien à Constantin, c'est-à-dire de l'an 275 de Jésus-Christ à 337, à une époque de décadence, car si les défauts de construction que présentent les Arènes de Nimes ne s'y rencontrent pas, d'un autre côté, on n'y voit pas la forme élégante des arcades extérieures; la voûte principale de la galerie du rez-de-chaussée qui est si belle à Nimes, est remplacée à Arles par un simple plafond et l'ensemble du monument est moins bien conservé, la qualité des matériaux employés étant inférieure.

La rue Neuve-des-Arènes, ouverte il y a quelques années par M. Eugène Foulc sur des terrains lui appartenant, a porté pendant plusieurs années le nom de Cité Foulc, c'est dans cette rue que se trouve le square de la Mandragore, propriété particulière de M. Foulc, et l'Hôtel de la subdivision militaire.

RUE DE L'ASPIC.

Allant de la rue de la Madeleine au boulevard des Arènes.

3ᵉ Canton. — Section 11.
Niveau 47ᵐ93, 44ᵐ77.

Cette rue s'appelait autrefois rue *des Epis*, Ménard nous apprend (1) que c'est dans son périmètre que se trouvait, en 1480, la maison de Jean Nicot, notaire, père du célèbre Jean Nicot qui brilla au xvıᵉ siècle et devint sous le règne de François II ambassadeur de France en Portugal.

Le nom *des Epis* fut dénaturé plus tard en celui de rue de *l'Espic*, ainsi qu'on en voit encore la mention gravée à l'angle de la maison Arnaud, au coin de la rue de Bernis, et c'est par simple corruption qu'on en a fait le nom actuel de rue de *l'Aspic*.

Cette rue qui n'a plus qu'un seul nom en avait autrefois plusieurs ; depuis les Arènes jusqu'au coin de la rue de la Violette elle s'appelait rue des Quatre-Jambes. Ce nom lui venait de ce que dans l'impasse de la maison Jalaguier ayant appartenu autrefois à M. Massip, avocat du Roi, on voit incrustée dans le mur une statue de pierre de forme bizarre que le vulgaire appelle *l'homme des quatre jambes*. Elle représente de la ceinture en bas deux corps humains au-dessus de la grandeur naturelle avec des sexes de femme ; la poitrine semble couverte d'une draperie d'où l'on voit sortir une forme de bras ; elle n'a qu'une tête avec une longue barbe.

(1) V. Ménard, T. 3, p. 236.

Poïdo d'Albenas considérant cette figure par l'extrémité, depuis la ceinture en bas (1), l'a prise pour la représentation du Géryon de la fable qui fut défait en Espagne par Hercule; il suppose qu'elle avait trois têtes, trois corps, six pieds, six jambes et six mains, et il lui donne un sexe masculin. — Gaillard Guiran a commis la même erreur (2).

Cette statue n'est qu'un mauvais assemblage de trois parties qui n'ont aucun rapport entre elles. La tête n'est pas du corps de l'ouvrage, elle a été placée après coup pour donner à la statue une figure d'homme; cette tête même, a appartenu à une autre statue; la poitrine est une base de colonne qui a été aussi posée après coup. Le ventre et les jambes proviennent d'un autre fragment de statue à double corps. Cette dernière partie seule mérite quelque attention. C'est là sans contredit le fragment d'une autre statue cariatide; — comme il fallait vraisemblablement à l'édifice auquel elle fut employée plus de force qu'à l'ordinaire dans les colonnes destinées à en supporter l'entablement, l'architecte imagina ces deux figures qui formaient une double statue, plus propre par conséquent à supporter le fardeau d'un établissement plus considérable que les autres. Ce qui manque du reste du corps aura été détruit et perdu (3).

(1) V. Poldo d'Albenas, chap. 19, p. 91.

(2) Gaillard Guiran, antiq. Nim. m. 3, lib. 2, cop. 1.

(3) V. Ménard, T. 7, p. 201.

On voit encore dans la même rue à l'angle de la rue de la Violette, un marbre blanc représentant un aigle traînant par le bec des festons de laurier et de chêne chargés de fleurs et de fruits. Il paraît qu'on en avait trouvé plusieurs semblables dans les ruines des anciens édifices construits sur les terrains voisins du palais de justice ; ils servaient probablement d'ornements au frontispice ou sur la frise de quelque superbe monument. Ces fragments étaient tous semblables, de grandeur naturelle, et tous sans têtes. On suppose que ce sont les Visigoths, ennemis du nom Romain, qui auraient commis ces mutilations ; d'autres pensent que c'est Charles-Martel qui en brûlant les Arènes détruisit l'édifice voisin auquel ces aigles servaient d'ornement.

Un peu plus loin et à l'angle de la rue de l'Hôtel-de-Ville, on voit encore au 1er étage d'une maison une petite colonne supportant une guirlande de fleurs, le tout d'un travail assez délicat ; l'origine en pourrait bien être la même.

Au moyen âge, la partie de cette rue, comprise depuis le coin de la rue de la Violette jusqu'à la place de la rue de l'Aspic, s'appelait rue *Malestrenne* et dans la partie supérieure, jusqu'à la rue de la Madeleine, elle portait le nom de rue de la *Pelisserie*.

Le nom de *Mal-estrenne* se rencontre dans plusieurs villes et semble indiquer le danger qu'elle pouvait offrir aux passants, comme les rues *Vide-Gousset*, *Caguensol*, etc., etc.

A l'extrémité de la rue en face de la

statue des Quatre-Jambes, Rulman dit qu'il y avait une hôtellerie qui avait des balances pour enseigne, ce qui s'expliquerait par le voisinage du poids public qui se trouvait dans la rue de la Romaine, rue détruite aujourd'hui, mais qui se trouvait derrière le marché couvert, sur l'emplacement qu'occupe aujourd'hui la pharmacie Defferre.

Dans l'ancienne maison de M. Massip, avocat du roi (maison Jalaguier), on a trouvé différentes inscriptions romaines, dont on trouve la description dans Ménard. Voici les principales :

D. M.
SEX. IVL. MESSIANI
SEX. IVL. DION'SIVS
FILIO PIISSIMO
ET SIBI. V. P.

D. M.
D. PASSON PA
TERNI SEX. PAS
SON PATERNVS
PATRI OPTIMO
ET SEVERIA SE
VERINA MARI
TO RARISSIMO

SEX GRANIO SEX. F. VOL
BOVDO
ET DICETONI MATRI

D. M
VALERIAE MVNA
TIAE L. MVNATIVS
TITVLLVS SORORI
ET MVNATIA MAR
CELLA AVIÆ

L. IVLIO Q. F. VOL
NIGRO
AVRELIO SERVATO
OMNIB. HONORIB.
IN COLONIA SVA
FVNCTO
IIIIII VIRI CORPORAT.
NEMAVSENSES
PATRONO
EX POSTVLATIONE POTV.
L. D. D. D.

Voici l'explication que Ménard donne de cette dernière inscription :

L. Julius Niger en l'honneur de qui fut érigé ce monument, avait passé par toutes les charges honorables de sa colonie, et par là jouissait de la plus grande considération. Il paraît que cette colonie était la ville de Nimes. Le mot abrégé VOL., c'est-à-dire *Voltinia tribu*, qui était la tribu de Nimes, donne lieu de le conjecturer. PATRONO. Ce citoyen distingué était le patron ou le protecteur des Sexvirs de Nimes. Tel était l'usage des divers collèges, de se choisir des personnes illustres et puissantes par leur crédit pour leur servir de patrons.

EX POSTVLATIONE. POPVLI. Ce fut à la prière des habitants de Nimes que la corporation des Sexvirs augustaux consacra ce monument à son protecteur.

Locus Decreto Decurionum Datus. Cette formule qui revient souvent sur les monuments lapidaires, était employée pour marquer que le terrain où l'on érigeait le monument avait été assigné par les décurions.

Dans le vestibule de la maison Foulc, ancienne maison Prestreau, on trouva en 1778 une pierre tumulaire qui est dans un très-bon état de conservation et qui porte l'inscription suivante :

D. M
L. VELLOVDII
STATVTI DEC
SANIT. ET. DEC
ORN-COL-AVG. N.
SEMPRONIA
STATVTA-PATRIS
PIISSIMI

PLACE D'ASSAS

Allant du boulevard de la Comédie à la rue Antonin.

1ᵉʳ Canton. — Section 1.
Niveau 50ᵐ80 , 50ᵐ46.

Le chevalier Nicolas *d'Assas*, capitaine français dans le régiment d'Auvergne, né au Vigan (Gard), périt victime d'un dévoûment sublime dans la nuit du 15 octobre 1760 à Clostercamp, en Westphalie. En faisant une reconnaissance, il rencontra une colonne ennemie qui s'avançait en silence pour surprendre les Français. — On menace de l'égorger s'il dit un mot, mais il n'hésite pas et s'écrie: *A moi Auvergne, ce sont les ennemis* ; il tombe alors percé de coups, mais l'armée française fut avertie et la colonne ennemie dut se retirer. Ce trait héroïque, longtemps oublié, a été rapporté par Voltaire avec tous les éloges dont il est digne, et c'est la voix de cet historien qui en a provoqué les tardives récompenses. D'Assas étant célibataire, on créa pour sa famille une pension de 1,000 livres reversible à perpétuité aux aînés de son nom. — Supprimée pendant la Révolution de 1789, cette pension a été rétablie après 1830.

Une statue en bronze orne aujourd'hui la principale place du Vigan et porte son nom. C'est sur la place d'Assas à Nimes que se tient le marché aux fleurs, à côté du lavoir public qui reçoit directement les eaux de la Fontaine.

RUE ASTRUC.

Allant de la rue Puits-Couchoux à la Maison Centrale.

2e canton. — Section 2.
Niveau 58m93 , 53m36.

Jean Astruc, une des plus grandes célébrités médicales du XVIIIe siècle, naquit à Sauve le 19 mars 1684. Son père était ministre protestant, mais il embrassa le catholicisme quelque temps avant la révocation de l'édit de Nantes, de sorte que Jean Astruc quoique baptisé dans le temple de Sauve ne s'est jamais connu que catholique.

Jean Astruc après avoir fait ses études élémentaires à Montpellier s'y fit recevoir docteur à la faculté de cette ville en 1703. De 1707 à 1709 il suppléa comme professeur à cette faculté le docteur Chirac qui avait été appelé à l'armée auprès du duc d'Orléans. En 1710 il fut nommé au concours professeur d'anatomie à l'Université de Toulouse. En 1716 il remplaça Chirac à la Faculté de médecine de Montpellier et se distingua par la méthode et la clarté de son enseignement.

En 1729 sa réputation ayant encore grandi, le roi de Pologne l'appela auprès de lui comme premier médecin, mais il n'y resta qu'un an et retourna à Toulouse où il fut nommé Capitoul. Il fut au même moment choisi pour médecin consultatif du roi et désigné par la faculté de médecine de Paris pour professeur au collége royal. En 1736 il publia son grand travail sur les maladies vénériennes.

Au milieu de ses études, Astruc s'était occupé de recherches sur les antiquités et sur l'histoire naturelle du Languedoc. Il publia le résultat de ses études sur ce sujet en 1737 sous le titre de : *Mémoires pour servir à l'histoire naturelle du Languedoc*.

En 1743 il se fit agréger à la faculté de médecine de Paris. — Il a publié de nombreux mémoires sur toutes sortes de sujets de médecine et même de théologie — il ne lui restait plus qu'à faire imprimer ses Mémoires pour servir à l'histoire de la faculté de médecine de Montpellier lorsqu'il mourut le 5 mai 1766 à l'âge de 82 ans.— Cet ouvrage parut l'année suivante par les soins de Lorry.

Astruc avait épousé Jeanne Chaunel, issue d'une bonne famille du Languedoc ; il eut deux enfants de ce mariage : une fille qui se maria avec de Silhouette, ministre d'Etat, et qui mourut un an avant son père, et un fils qui fut président honoraire de la cour des Aydes de Paris et maître des requêtes ordinaires de l'hôtel du roi.

RUE AUGUSTE.

Allant de la place Belore à la Maison Carrée.
1er Canton. — Section I.
Niveau 49m, 50m18.

C. Julius-Cœsar-Octavianus Augustus, premier empereur romain, fils du sénateur Octavius et neveu de César, naquit à Rome l'an 63 avant J.-Ch., et mourut l'an 14 de J.-Ch., âgé de 77 ans. Tout le monde connaît sa lutte avec Antoine qu'il défit à la bataille d'Actium. Il fut le protecteur des lettres et attira à sa cour Virgile, Horace, Ovide, Tite-Live, etc., etc.

Auguste fonda une colonie romaine à Nîmes avec les vétérans qu'il avait ramenés d'Egypte, comme en fait foi la médaille dont les figures symboliques caractérisent cette conquête.

Sur cette médaille on voit deux têtes adossées dont l'une porte une couronne de laurier ou triomphale, et l'autre une couronne rostrale, qui était de proues de galères, toutes deux liées et attachées par derrière avec des bouts de rubans. Au-dessus de ces têtes sont les lettres IMP., à chaque côté la lettre P et au-dessous ces mots DIVIF. Sur le revers est un crocodile rampant, enchaîné à un palmier, du haut duquel pend du côté droit une couronne de chêne et du gauche flottent des bouts de rubans. Aux deux côtés de l'arbre et par-dessus le crocodile sont ces mots : COL.NEM.

Les deux têtes de la médaille représentent l'empereur Auguste et Agrippa, son gendre.

Auguste porte la couronne triomphale par sa qualité d'empereur à qui seul ces sortes de couronnes étaient décernées. Agrippa est ici associé avec lui parce qu'à l'époque où cette médaille fut frappée soit l'an 737 de Rome et 27 ans avant J.-Ch., date de l'établissement de la colonie de Nimes, Agrippa exerçait le consulat de Rome avec Auguste. Il porte la couronne rostrale parce que non-seulement il s'était distingué à la bataille d'Actium au succès de laquelle il avait fortement contribué, mais encore en souvenir de ses victoires navales remportées en Sicile contre Pompée.

Les lettres IMP. signifient *imperatori*; les deux P, *Patri Patriæ*, et les mots DIVIF. *divi filio*.

Sur le revers, le crocodile représente l'Egypte. Il est enchaîné en signe de la conquête qu'Auguste avait faite de ce pays, qui dès lors fut réduit en province romaine.

— Le palmier est encore un symbole de l'Egypte où l'on sait que cet arbre est très-abondant.

La couronne attachée aux branches désigne la victoire qu'Auguste remporta à la bataille d'Actium. — Les bouts de rubans qui flottent au-dessous des branches du palmier sont des marques du plus grand honneur et d'une victoire complète, c'était ce qu'on appelait *palma lemniscata*. — Les mots COL. NEM. signifient *Colonia Nemausensis*. Cet ensemble voulait dire que c'était la colonie nimoise qui avait frappé cette médaille pour honorer l'empereur Auguste, son bienfaiteur.

La rue Auguste se trouve en face de la Maison Carrée et permet à ce monument de paraître dans toute sa splendeur. Elle est très-large et construite sur un plan uniforme. Elle ne date que du commencement du siècle; avant il n'existait sur son emplacement qu'une rue étroite entrecoupée de jardins dont le niveau était à la hauteur du premier étage des maisons actuelles. — Elle porta dans le principe le nom de rue Dauphine.

RUE CHEMIN D'AVIGNON.

Partant de la place des Carmes. —
. Route nationale.
2e Canton. — Section 5.
Niveau 45m 18, 45m 08.

La ville d'Avignon, chef-lieu du département de Vaucluse, fondée par les Phocéens de Marseille vers 539 avant Jésus-Christ, fut longtemps la capitale des Cavares. Sous les Romains, elle fit partie de la Gaule Narbonnaise, fut prise par Gondebaud, roi des Bourguignons, par les Goths et par les Francs sous Thierry, en 612. Les Sarrazins s'en emparèrent en 730 et en 737, mais ils en furent deux fois chassés par Charles-Martel. Après le partage de l'empire de Charlemagne, Avignon fut comprise dans le royaume d'Arles et fut possédée en commun par les comtes de Provence et de Forcalquier, puis par ceux de Toulouse et de Provence. Au XIII° siècle, elle fut prise par le roi Louis VIII, En 1251, forcée de se soumettre aux deux frères de saint Louis, Alphonse de Poitiers et Charles d'Anjou, héritiers par les femmes des comtés de Toulouse et de Provence, et qui la possédèrent par moitié. Après la mort d'Alphonse, en 1271, Philippe-le-Hardi hérita de la part d'Avignon, et la transmit en 1285 à son fils, Philippe-le-Bel. Celui-ci la céda en 1290 à Charles d'Anjou, qui dès lors resta seul propriétaire de toute la ville d'Avignon. En 1809, sous le pape Clément V, Avignon devint la résidence des papes déjà possesseurs du comtat Venaissin. Elle fut achetée en 1348 par Clément VI à la comtesse de Provence, Jeanne de Sicile. Lorsque Grégoire XI reporta en 1377 le siége de la papauté à Rome, Avignon fut administrée par un légat, et resta soumise au Saint-Siége jusqu'à l'an 1791, où elle fut réunie à la France en même temps que le comtat

Venaissin. Cette réunion fut confirmée en 1797 par le traité de Tolentino.

C'est sur la route d'Avignon, en dehors de l'octroi de Nimes, que se trouve le cimetière catholique dit de Saint-Baudile ; on y remarque quelques tombeaux artistiques, tels que celui de Mgr *Cart*, évêque de Nimes, de Mme *Colin*, femme du directeur des écoles de dessin, de Jean Reboul, etc., etc. C'est en 1833 que les deux cimetières du chemin d'Uzès et du Cadereau ont été remplacés par le cimetière unique de Saint-Baudile livré au service public au commencement de 1836.

RUE DE BACHALAS

Allant de la place Saint-Charles à la rue de la Faïence.

2º Canton. — Section 2.

Niveau 43m15, 55m9.

M. Bachalas doit avoir été à un moment donné le propriétaire des terrains sur lesquels ont été pris la rue et le petit carrefour qui portent son nom. Rien de saillant sur cette personnalité n'est arrivé jusqu'à nous ; cependant ce nom un peu légendaire figure dans quelques chansons ou poésies nimoises.

Il m'a été dit qu'à l'époque où les voies de communication et les moyens de transport étaient encore dans un état assez primitif, on se rendait à Beaucaire à l'époque de la foire au moyen de charrettes et surtout d'ânes. Les voyageurs non chargés de bagages employaient de préférence ce moyen de locomotion et des caravanes nombreuses sillonnaient la route. C'était au plan de Bachalas, chez un nommé Simon, que se trouvait le principal dépôt de ces modestes coursiers.

RUE BADUEL.

Allant du boulevard du Grand-Cours à la Maison Centrale

2º canton. — Section 2.

Niveau, 48ᵐ01, 54ᵐ99.

Claude Baduel, né à Nimes en 1499, dut, à ce qu'on assure, aux bienfaits de la reine de Navarre, sœur de François Ier, une éducation libérale que l'humble position de sa famille ne lui aurait pas permis d'acquérir. On sait du moins que cette princesse lui donna en diverses circonstances des marques de sa bienveillance.

Claude Baduel fit honneur à sa protectrice ; il se distingua de bonne heure par ses connaissances, et un des premiers il fut professeur royal au collége de Paris, connu plus tard sous le nom de collége de France.

Lorsqu'en 1539 François Ier approuva l'établissement à Nimes d'un collége des Arts, la place de recteur fut offerte à Baduel, et quoique les honoraires ne fussent que de 200 livres, c'est-à-dire moindres de moitié que le traitement qui lui était accordé à

Paris, il ne balança pas à se rendre aux vœux de ses compatriotes.

La reine de Navarre avait recommandé elle-même le savant professeur au Conseil de la ville de Nimes. Ménard nous apprend que sa lettre, datée de Compiègne du 8 octobre 1539, était conservée dans les archives de l'hôtel de ville.

Baduel n'arriva à Nimes que vers le milieu de l'année suivante. Pendant cet intervalle, Jean Bergès fut chargé de remplir les fonctions de recteur et de professeur; ce fut le 12 juillet 1540 que le savant Nimois entra en possession de sa charge et prononça à cette occasion un discours qui fut imprimé. C'est surtout à l'excellence de son enseignement que le collége des Arts de Nimes dut ses premiers accroissements, et la réputation justement méritée de cet érudit attira à Nimes un si grand nombre d'étudiants, que le Conseil de ville fut bientôt obligé d'augmenter le nombre des professeurs.

L'un des premiers à Nimes, Claude Baduel embrassa le protestantisme. En 1555, il se démit de ses fonctions et se retira à Genève pour pouvoir professer en paix ses croyances religieuses. Il se fit même recevoir ministre et on lui donna une église à desservir en même temps qu'une chaire de philosophie et de mathématiques. A Genève comme à Nimes, il partagea son temps entre les charges qui lui étaient confiées et la composition d'ouvrages de littérature savante. Tous ses écrits sont en latin très-pur et très-élégant; la plupart ont été traduits en français; la liste en est longue et a été donnée par Ménard et par Senebier dans son histoire littéraire de Genève.

En 1542, il fit imprimer à Lyon, chez Dolet, une oraison funèbre qui fut traduite par Charles Rozel, avocat de Nimes, sous ce titre : *Oraison funèbre sur le trépas de vertueuse dame Florette Sarrasin, fille du Premier Président du Parlement de Toulouse et femme du sieur de Saint-Veran*. Cette dame, fille de Jean Sarra et femme de Jean de Montcalm, sieur de Saint-Veran, juge-mage à Nimes, avait été honorée de l'affection particulière de la reine de Navarre et ce fut principalement sans doute pour faire sa cour à cette princesse que le recteur du collége des Arts composa ce discours qu'il lui dédia comme un hommage public de sa reconnaissance. La traduction de Rozel a été réimprimée à Montpellier en 1829.

Claude Baduel mourut à Genève en 1561; il laissa un fils nommé Paul qui fut successivement pasteur à Bergerac, à Châtillon, à Castel-Gironde et à la Roquette Saint-André. C'est à ce fils que Claude Baduel adressa sa lettre sur le véritable héritage que les chrétiens doivent laisser à leurs enfants. Il parait que le recteur du collége des Arts avait consciencieusement suivi les préceptes qu'il développait dans cet ouvrage, car il sacrifia sans regret pour obéir à ses convictions religieuses, la fortune qu'il avait acquise par ses travaux littéraires et qui fut confisquée quand il passa à Genève.

Paul Baduel était dans une position voisine de la misère, lorsque le Synode national de la Rochelle, prenant en considération les pertes qu'il avait éprouvées pour cause de religion, lui accorda, comme indemnité et peut-être aussi comme hommage aux talents de son père, trois portions sur les fonds destinés à l'entretien des ministres.

RUE BAILLY

Allant de la rue Malesherbes au boulevard du Viaduc..

2º Canton. — Section 5.
Niveau 43ᵐ40, 44ᵐ98.

Puisque la municipalité nimoise a voulu, à un moment donné, faire revivre le souvenir de Malhesherbes, le courageux défenseur de Louis XVI, et cantonné dans le quartier du chemin d'Avignon des noms de personnages ayant vécu au siècle dernier, il était juste de ne pas oublier le nom de Bailly, le savant qui s'illustra dans toutes les branches dont il eut l'occasion de s'occuper.

Né à Paris en 1736, son père, qui était peintre et garde des tableaux de Versailles, le destinait à la peinture, mais il préféra les lettres et les sciences. Il travailla d'abord pour le théâtre, mais se voua bientôt à l'astronomie et fut admis à l'Académie des sciences en 1763. Son *Histoire de l'As-*

tronomie lui ouvrit les portes de l'Académie française en 1784.

Lorsque la Révolution éclata, Bailly fut arraché aux lettres qui avaient jusque-là fait son bonheur, pour être jeté dans la carrière politique, où il jouit pendant quelque temps d'une immense faveur.

Nommé député aux Etats généraux de 1789 par les électeurs de Paris et élevé à la présidence de cette Assemblée, il présida la fameuse séance du Jeu-de-Paume, où les députés jurèrent de ne pas se séparer avant d'avoir donné une constitution à la France (20 juin 1789). On le nomma maire de Paris le 15 juillet 1789.

S'étant vu obligé, après la fuite et l'arrestation de Louis XVI, de dissiper par la force les rassemblements qui se formaient au Champ-de-Mars pour demander la déchéance du roi (17 juillet 1791), Bailly perdit tout d'un coup sa popularité. Il se démit de ses fonctions et quitta la capitale ; mais en 1793 il fut reconnu à Melun, amené à Paris, traduit devant le tribunal révolutionnaire, condamné à mort et exécuté le 10 novembre.

A part ses ouvrages scientifiques, Bailly a laissé un *Essai sur les fables*, des *Mémoires d'un témoin de la Révolution* et un *Recueil de pièces intéressantes sur les Sciences, les Lettres et les Arts*. Ces diverses œuvres n'ont été publiées qu'après sa mort.

RUE DES BAINS

Allant du quai de la Fontaine à la rue Grétry.

1er Canton. — 1re Section.
Niveau 51m75, 52m68.

Ainsi appelée parce qu'elle est occupée dans presque toute sa longueur par deux établissements de bains ; celui tenu par M. Boucoiran-Pons permet d'y faire de l'hydrothérapie.

C'est au coin de cette rue qu'est construit l'Etablissement protestant des orphelines du Gard, dans l'intérieur duquel se trouve le tombeau de Paul Rabaud, le célèbre ministre protestant.

RUE BALORE.

Allant de la place Balore à la rue du Fort.

1er Canton. — Section 1.
Niveau 52m83, 52m43.

Pierre-Marie-Magdelaine Cortois de Balore, né à Dijon en 1734, d'une famille de magistrats eut un frère, Gabriel Cortois de Pressigny, qui fut évêque de Saint-Malo et archevêque de Besançon, mort en 1823; et un oncle, Cortois de Quincey, évêque de Belley. Entré dans les ordres, Pierre-Marie Magdelaine Cortois de Balore, fut promu à l'évêché d'Alais le 30 juin 1776, et à celui de Nimes le 11 août 1784; mais il ne fit son entrée dans cette ville que le 3 janvier 1785; la cérémonie de son installation eut lieu le lendemain 4 janvier. En 1787, il prêta les mains à la fondation du mont-de-piété. (V. le détail à la rue des Innocents). En 1789, il fut député par la sénéchaussée de Nimes pour la représenter aux Etats-Généraux. Parmi les 16 députés nommés, les quatre faisant partie du clergé furent les évêques de Nimes et d'Uzès et les curés de Pont-Saint-Esprit et de Villefort. En 1792, il se réfugia en Hollande, puis à Zurich et fut remplacé à Nimes par l'évêque assermenté Dumouchel. Il ne rentra en France qu'en 1801 et donna sa démission exigée par le Concordat. M. de Balore se retira à Polisy, près de Bar-sur-Aube où il rendit son âme à Dieu le 18 octobre 1812 à l'âge de 76 ans. Le souvenir du pontife a été consacré par l'inscription suivante placée dans la chapelle de Saint-Castor à Nimes.

Memoriæ illustrissimi et revevendissimi in Christo Patris Ptri, Mœ Mnœ Cortois de Balore. Ep. Nem. vir ingenii acumine, morum suavitate, animi constantia conspicuus, Ob fidelitatem divinis legibus et avitis institutis, in exilium pulsus apud Suevos et Batavos gentes pristin Sinceritatis, cum duobus Amantissimis fratribus, plures annos consumpsit, tandem pace Ecclesi oblata, in terrestrem patriam redux, ad patriam cœlestem migravit Die 18 oct. an 1812. Missam singulis annis pro animæ suæ juvamine, in hoc ecclesia Beatissimæ Mariæ et Sti Castoris celebraturam fore. Die principi apostolorum sacro, in votis habuit, codicilis consignavit

Parochus et Cives annuerunt. — Requiescat in pace.

RUE BAT-D'ARGENT.

Allant de la rue des Lombards à la place du Château.

2e canton. — Section 3.
Niveau 46m14, 46m10.

L'origine de ce nom est assez incertaine. — Quelques-uns ont pensé que dans cette rue devait se trouver une succursale de la Monnaie, mais rien dans les annales de la ville ne vient corroborer cette opinion — ce qui est beaucoup plus probable, c'est que dans cette rue devait se trouver une hôtellerie qui portait pour enseigne un bât d'argent. — On remarque en effet à l'angle de l'ancienne maison du docteur Pleindoux une porte sculptée ornée de têtes de béliers et de brebis ; c'était l'entrée d'un marché aux brebis — et dans la maison Reboul qui fait face il existe encore dans les caves les auges en pierre qui garnissaient les écuries de cette auberge, rendez-vous des marchands de bestiaux.

Ménard nous dit t. III, p. 235 qu'en 1480 on fit une appréciation de tous les fonds de chaque particulier et parmi les articles de ce cadastre il cite la maison d'Antoine Calvière, bachelier ès-lois, située près le marché aux brebis placé près de la porte des Carmes. — Or de la rue Bât-d'Argent à cette porte il n'y a pas très-loin.

RUE SAINT-BAUDILE

Allant de la rue des Tondeurs à la rue de l'Agau.

2º Canton. — Section 6.
Niveau 46ᵐ76 , 47ᵐ04.

Le martyre de saint Baudile ou saint Bauzille eut lieu à Nimes vers l'an 287 ; il fut décapité par une populace païenne et enseveli à l'endroit même de son supplice par les soins de sa femme. Son tombeau devint célèbre par les miracles que la superstition populaire lui attribuait, et l'on bâtit auprès un monastère et une église qui subsistèrent plusieurs siècles, mais dont il ne reste plus trace aujourd'hui. Ce monastère fut construit dans le quartier des Moulins-à-Vent au lieu dit des Quatre-Fontaines. Depuis peu on y a construit une petite chapelle qui sert de but à une dévotion spéciale.

C'est la cloche du monastère de saint Baudile qui servait à appeler les élèves qui suivaient les cours des écoles.

A propos de l'ancien monastère de saint Baudile, on lit dans les archives de l'hôtel de ville, page 69, que le 30 juillet 1784 le sieur Martin, premier consul et maire, exposa au conseil que le sieur Dumas, maçon, se disant fondé de pouvoirs des Pères Bénédictins de Nimes, avait entrepris de démolir les anciens vestiges et de fouiller l'emplacement de l'église du monastère de cet ordre, qu'il en avait même déjà enlevé et vendu des pièces curieuses par leur antiquité et par les formes et inscriptions dont elles étaient revêtues ; que ces entreprises étaient contraires aux droits de cette communauté et des citoyens puisque l'histoire constate que l'année 511 ils avaient fait construire cette église, et qu'en 1517 on avait fait édifier deux chapelles dans l'endroit où était l'ancien monument dont les fragments restants étaient ceux que ledit sieur Dumas avait commencé d'enlever. En conséquence, le conseil décida qu'il fallait s'opposer à la continuation des travaux de démolition.

RUE DE LA BAUME.

Allant du plan Bachalas à la Maison-Centrale.

2e canton. — Section 2.
Niveau 53m30, 49m04.

Charles Joseph de la Baume naquit à Nîmes en janvier 1644 et fut tenu sur les fonts baptismaux par Charles de Rochemaure, président au présidial, et par Magdeleine Padris. Son père appelé Louis, fut procureur du roi au présidial de Nîmes pendant 30 ans. Louis XIV le gratifia en récompense d'un brevet de conseiller d'Etat le 18 avril 1654 ; il mourut le 13 mars 1658. Charles-Joseph suivit les cours de l'Université de droit d'Avignon, et fut reçu avocat au présidial de Nîmes le 20 juin 1659. Il se maria en 1662 avec Gabrielle Pascal.

En 1664, il acheta une charge de conseiller au présidial de Nimes ; tout en remplissant les devoirs de sa charge, il cultiva les lettres, et fut un des premiers fondateurs de l'Académie de Nimes en 1682. Cette compagnie tint longtemps ses assemblées chez lui ; il en fut le secrétaire et l'orateur.

En 1694, nommé premier consul, il assista l'année suivante, en qualité d'assesseur de la ville de Nimes, aux Etats-Généraux de la province de Languedoc. Choisi pour faire partie de la députation chargée de présenter le cahier des doléances, il eut l'honneur, en l'absence des députés, du clergé et de la noblesse, de prononcer la harangue de présentation (1).

Zélé partisan de la cause royale et de la religion catholique, il reçut en récompense des services qu'il rendit à l'un et à l'autre dans son pays natal, une pension de 900 livres sur le trésor royal. Il mourut à Marguerittes le 30 avril 1715. On lui doit plusieurs ouvrages qui n'ont pas été publiés tels que : Une *Relation d'un voyage en Italie* écrite en prose et en vers, une *Relation historique de la révolte des fanatiques ou des Camisards*, des *Remarques sur l'histoire générale*, une *Description du Languedoc* et une *Dissertation des choses advenues en Languedoc en 1585*. De son mariage avec Gabrielle Pascal, il eut deux enfants, un fils nommé Joseph et une fille Catherine, qui fut mariée avec Henri Gévaudan, seigneur de

(1) Voir dans Ménard la relation de cette Cérémonie. T, 6, p. 415. Nouv. Edit.

Marguerittes, conseiller au présidial de Nimes. Au mois de février 1700, son fils Joseph prit possession de la charge de lieutenant général d'épée en la sénéchaussée de Nimes. Le roi avait créé une de ces charges dans chaque sénéchaussée et bailliage du royaume par édit du mois d'octobre 1703 et y avait attaché de beaux priviléges. Il donna à ces sortes d'officiers le droit de commander en l'absence et sous l'autorité du sénéchal, le ban et l'arrière-ban lorsqu'il serait convoqué dans l'étendue du ressort ; de prendre la qualité de chevalier ; d'entrer au palais en habit ordinaire, l'épée au côté, tant en l'audience qu'en la chambre du conseil ; d'y prendre place immédiatement après le lieutenant général civil ou juge-mage ; d'y opiner dans toutes les causes et affaires qu'on y jugerait ; de jouir du droit de *committimus* au parlement ; d'exemption de tutelle, de curatelle et autres charges, avec attribution de 300 livres de gages. Ce fut donc Joseph de la Baume qui fut le premier pourvu de cette nouvelle charge à Nimes.

RUE BAYARD.

Allant de la rue Jeanne-d'Arc au boulevard du Viaduc.

1er canton. — Section 12.

Pierre du *Terrail*, seigneur de Bayard, surnommé le *Chevalier sans peur et sans reproche*, né en 1476, au château de Bayard, près Grenoble, réunit en lui les vertus qu'on admire séparément dans plusieurs des héros de l'antiquité ; il commença à se signaler sous Charles VIII à la bataille de Fornoue en 1495. — Sous Louis XII il contribua puissamment à la conquête d'une partie de l'Italie. Comme Horatius Coclès, il défendit seul contre les Espagnols le pont de Garigliano, ce qui lui fit donner cette devise : *Vires agminis unus habet*. — Il prit la part la plus glorieuse à la victoire d'Agnadel (1509), puis il fit avec succès la guerre au pape Jules II ; mais, non moins loyal que Fabricius, il repoussa avec indignation les propositions d'un traître qui lui offrait d'empoisonner son ennemi. — A la prise de Brescia, il sauva l'honneur d'une famille qui allait être livrée à la brutalité du soldat et n'accepta un don de 2500 ducats que pour les partager entre deux jeunes filles dont il venait de protéger la vertu.

Sous François Ier il fit de nouveau la guerre en Italie et prit un des généraux ennemis, Prosper Colonna. — A Marignan, placé à côté du roi, il fit des prodiges de valeur et décida la victoire en 1515. Pour lui témoigner sa haute estime, François Ier voulut être armé chevalier de ses mains. — Chargé quelques années après de ramener une armée qu'avait compromise l'impéritie de Bonivet, il la sauva en lui faisant passer la Sesia à Romagnano, en présence des Espagnols, quoique ceux-ci fussent bien supérieurs en force ; mais étant resté le dernier pour couvrir la retraite, il reçut une

blessure dont il mourut peu d'instants après, le 30 avril 1524. Quoique expirant, il exigea qu'on le plaçât en face de l'ennemi, ne voulant pas, disait-il, lui tourner le dos pour la première fois. — Le connétable de Bourbon, qui servait dans les rangs des Espagnols, voyant Bayard à ses derniers moments, déplorait son sort : « Ce n'est pas
» moi qu'il faut plaindre, lui dit le héros,
» mais vous qui combattez contre votre roi
» et votre patrie. »

RUE DE BEAUCAIRE

Partant de la rue Notre-Dame et se dirigeant dans la direction de Beaucaire.

2° canton. — Section 5.

Beaucaire. Ugernum — chef-lieu de de canton — remarquable par sa position au bord du Rhône et par son château placé sur le sommet d'un rocher qui domine toute la plaine a subi de nombreux siéges de la part des Italiens, des Gascons, des Anglais et il a successivement appartenu à Berenger, vicomte de Narbonne (1067), aux comtes de Toulouse, aux rois de France à partir de Louis VIII en 1226.

La foire de Beaucaire, dont l'établissement remonte à 1168 environ (du moins c'est la date de l'acte le plus ancien qui en fasse mention), a pris à une certaine époque un tel développement qu'on y venait de toutes les parties du monde. Aujourd'hui cette importance a bien diminué par suite de la création du chemin de fer et de l'institution des commis-voyageurs.

Beaucaire a été pendant longtemps le siége de la sénéchaussée de Beaucaire et de Nîmes.

RUE BEC-DE-LIÈVRE

Allant de la rue Porte-de-France à la rue de l'Hôtel-Dieu.

1er Canton. — Section 10.

Niveau 49m36, 47m88.

Ainsi dénommée en souvenir de l'évêque de ce nom dont Ménard nous donne la biographie en ces termes : Le siége épiscopal de Nîmes étant demeuré vacant par suite de la mort de l'évêque La Parisière, le roi nomma pour le remplir, le 3 juillet 1737, Charles Prudent de Bec-de-Lièvre, issu d'une maison distinguée de Bretagne, fils de Pierre de Bec-de-Lièvre, chevalier, comte de Bouexis et de Louise Gabard. Il était né à Nantes le 27 février 1705, et avait embrassé l'état ecclésiastique en 1722. Après avoir fait sa licence en Sorbonne, l'évêque de Périgueux le choisit pour son vicaire-général et il en remplissait les fonctions lorsqu'il fut nommé évêque de Nîmes. Préconisé à Rome le 30 septembre 1737, sacré à Paris dans la chapelle du Séminaire de Saint-Sulpice le dimanche 12 janvier 1738 par l'archevêque de Sens assisté des évêques de Langres et de Blois, il prêta serment de fidélité au roi le 10 février suivant et fit son entrée épiscopale à Nimes le mardi 4 mars de la même année.

En 1742, député du premier ordre de la province de Narbonne, il assista à l'assemblée générale du clergé qui se tint à Paris, et profita de son séjour dans la capitale pour obtenir du roi des lettres patentes datées du mois de novembre 1742 à Versailles, confirmant l'établissement à Nimes de l'Hôpital général et lui donnant, comme à toutes les maisons de charité, le droit de recevoir tous les dons qui pourraient être faits en sa faveur.

En 1743, ce prélat fit partie de la députation ordinaire aux Etats généraux de Languedoc pour présenter au roi le cahier des doléances de la Province.

Le 28 octobre 1747, Bec-de-Lièvre fit la consécration de l'église des Carmes qui venait d'être terminée; il mourut le 1ᵉʳ février 1784. Le jour de son convoi il surgit un conflit que nous trouvons mentionné dans les termes suivants dans les archives municipales :

M. Martin, premier consul-maire, a dit que M. Charles Prudent de Bec-de-Lièvre, évêque de Nimes, étant décédé le 1ᵉʳ février courant à deux heures et demie du matin, Messieurs les consuls en furent informés dans la matinée du même jour de la part de MM. ses neveux ; qu'en conséquence, ils firent convoquer le conseil de ville et allèrent ensemble à l'évêché rendre visite à MM. les parents pour leur témoigner la part qu'ils prenaient à la perte d'un prélat si recommandable par son mérite. Que le jeudi, 5 février, ils furent invités de la part de MM. du chapitre à assister au convoi funèbre qui a été fait le vendredi, 6 du même mois, à neuf heures du matin, auquel en effet ils se rendirent en cérémonie avec MM. les conseillers politiques au palais épiscopal, où ils trouvèrent MM. du présidial et tous les ordres religieux qui devaient aussi assister au convoi.

Que MM. les consuls et conseillers politiques voulant prendre le rang qui leur était dû conformément à l'arrêt du conseil du 30 mai 1744, ils éprouvèrent des oppositions de la part de MM. du présidial, et pour éviter le scandale public que leur persévérance aurait pu occasionner en prenant le rang dans les défilés où ils devaient être placés et accompagner le deuil avec MM. du présidial, ils crurent devoir se restreindre, vu l'opposition de cette compagnie, à requérir l'exécution du susdit arrêt en le faisant notifier à M. Augier, juge-mage, par Ventujol, huissier de police qui en était nanti, avec protestation de tout ce que de droit au cas que le présidial persistât et refusât de s'y conformer.

Que MM. du présidial n'ayant pas déféré à cette notification et ayant au contraire défilé avec le deuil, le corps de ville se retira à l'hôtel de ville et dressa de suite procès-verbal sur ce qui s'était passé.

Qu'en conséquence, il pria l'assemblée de prendre connaissance de ce verbal et de vouloir bien délibérer sur ce qu'il convient de faire à cette occasion pour le soutien des droits de la ville et de ceux des officiers municipaux.

Sur quoi lecture faite du procès-verbal susdit, de l'arrêt du conseil du 30 mai 1744 et de celui du 20 juillet 1761 qui règle le rang de MM. les officiers municipaux et ceux du présidial dans les cérémonies publiques, l'Assemblée délibéra unanimement de donner pouvoir à M. les consuls d'envoyer au ministre copie dudit verbal et de le supplier d'accorder à la ville sa protection auprès de Sa Majesté à l'effet de statuer sur le trouble porté à l'exercice des droits de la ville et d'assurer à l'avenir l'exécution desdits arrêts du conseil, comme aussi d'envoyer en même temps à Monseigneur l'intendant une copie du procès-verbal et de réclamer sa protection à ce sujet.

J'ignore quel fut le résultat de cette protestation, mais si j'en parle aujourd'hui c'est que par une coïncidence assez curieuse, un conflit de même nature s'est élevé en 1875 à l'occasion des obsèques de Mgr Plantier, évêque de Nimes.

Le 1er juin 1875, pendant la cérémonie des funérailles, au moment où le cortège allait se mettre en marche pour sortir de la cathédrale, les membres du tribunal civil de 1re instance, après en avoir délibéré dans l'église même, se sont retirés parce que M. le président dudit tribunal n'avait pas reçu d'invitation pour porter l'un des coins du drap d'honneur, qui avait été offert à M. le premier président, à M. le préfet, à M. le général de brigade et à M. le maire de Nimes.

Nous ne nous ferons pas juge du bien ou mal fondé de la prétention du tribunal ; il nous suffira de dire qu'il y a, *paraît-il*, une distinction à faire entre la cérémonie religieuse célébrée dans l'intérieur de l'église, qui est pour ainsi dire obligatoire pour les autorités, et pendant laquelle les places respectives des principaux fonctionnaires sont réglées par le décret des préséances de messidor an XII, et la cérémonie extérieure qui consiste à accompagner le corps en procession jusqu'au lieu de la sépulture, cérémonie qui n'est que facultative et pendant laquelle les places d'honneur sont désignées par la famille du défunt.

Je le répète, je n'ai signalé cet incident d'histoire locale qu'à cause de la singularité du fait qui s'est reprodui à 91 ans de distance dans deux cérémonies identiques et à peu près entre les mêmes autorités.

PLACE DE LA BELLE-CROIX

Limitée par les rues Saint-Castor, Xavier-Sigalon — de l'Ancienne Poste, Curaterie et Grand'Rue.

2º Canton. — Section 7.
Niveau 44ᵐ58 , 43ᵐ63.

Au XVIᵉ siècle, il existait au quartier de la Curaterie une croix à laquelle la superstition populaire prêtait la faculté de faire des miracles ; s'il faut même en croire l'historien Ménard, il s'en produisait un chaque jour. Les voisins ayant résolu de faire couvrir cette croix, demandèrent cependant le concours de la ville. Cette requête ayant été accueillie dans un conseil de ville en date du 27 septembre 1528, une somme de vingt-cinq livres fut votée pour cet objet.

Cette croix ayant été détruite à l'époque des troubles religieux de 1561, ne fut rétablie qu'en 1661 à la demande de l'évêque Cohon et par les soins des consuls et des chanoines. La bénédiction en eut lieu le 2 octobre 1661, en présence des deux consuls catholiques : Jean Rozel, seigneur de Sauzette, et Antoine Lombard ; du chapitre, des ordres religieux, du présidial et des officiers de la cour royale ordinaire. La croix de marbre blanc fut placée sur un piédestal de pierres de taille, sur les quatre faces duquel on grava les armoiries de l'évêque, du chapitre, de la ville et de ses deux consuls, avec une inscription latine ; une grille en fer doré, ornée de fleurs de lys aux quatre coins, fut mise tout autour.

Autrefois, un acqueduc romain dont les traces existent encore traversait cette place et allait déverser ses eaux dans l'égoût de la Grand'Rue qui, à son tour, sortait de la ville par ce qu'on appelait la *Porte des Eaux* (1) ou *Castellum Morocipium*, en face de la rue des Greffes.

Un certain moment, l'évêché se trouvait sur cette place, puisqu'il avait été question

---

(1) V. Germer-Durand, p. 59.

d'y transférer l'hôtel de ville, à l'époque où la maison de ville, située près de l'Horloge, devint un refuge. Ce n'est qu'en 1685 que l'évêque Séguier, qui avait fait reconstruire l'évêché sur le même emplacement qu'occupait l'ancien, détruit pendant les troubles religieux, alla occuper la nouvelle maison épiscopale, place de la Cathédrale.

A cette époque, le service de l'ancien monastère et de l'église de Saint-Baudile, abandonné depuis longtemps à cause des difficultés survenues entre le prieur de ce monastère, Arthus de Lyonne, et les religieux du monastère de la Chaise-Dieu, dont celui de Saint-Baudile était une dépendance, fut transféré dans la ville, précisément dans le local qu'abandonnait l'évêque Séguier.

En 1745, les Pénitents-Blancs s'entendirent avec les chanoines de la cathédrale pour prendre d'eux, à titre d'inféodation, les locaux de la place Belle-Croix pour y construire une chapelle sous une albergue perpétuelle de 300 livres de cire blanche évaluées à vingt sols la livre, payable à la Saint-Martin de chaque année. Les travaux de cette chapelle furent terminés l'année suivante, et l'office divin y fut célébré le 3 décembre 1746.

Le réfectoire des chanoines, que ceux-ci cédèrent aux Pénitents-Blancs, était établi sur l'emplacement de la Poissonnerie actuelle. Cette chapelle existait encore en 1789 ; à cette date, les dignitaires étaient l'abbé Clavière, aumônier ; sieur Tempié, prieur ; et Vidal, sous-prieur.

En jetant les yeux sur l'ancien plan de Nimes, on voit que près de l'entrée de la rue Xavier-Sigalon, autrefois rue des *Esclafidous*, il y avait un puits public appelé Puits de la Curaterie, dont les rebords occupaient en espace assez large. En 1745, sur la plainte des propriétaires des maisons voisines, le conseil de ville ordinaire, réuni le 17 septembre, décida de faire fermer ce puits avec de grandes pierres plates munies d'anneaux de fer pour les enlever au besoin et de recouvrir le tout de terre.

Ménard cite deux inscriptions lapidaires trouvées dans les maisons de MM Cotelier et Pierre Novi, chanoine,

On remarque au-dessus de la maison de M. Duclap un bas-relief représentant un Saint-Georges. On sait en effet que, suivant la légende, saint Georges, jeune prince de Cappadoce, souffrit le martyre sous Dioclétien. On en fait le Persée chrétien et on en rapporte mille prodiges. Il tua un redoutable dragon et sauva la fille d'un roi que le monstre allait dévorer. Aussi, comme dans le bas-relief en question, est-il représenté armé d'une lance et pourfendant le dragon, tandis que la jeune princesse, agenouillée sur un rocher adresse sa prière à Dieu. J'ignore le motif pour lequel ce bas-relief se trouve sur cette maison ainsi que sur celle qui est à l'entrée de la rue de l'Ecole-Vieille.

RUE DES BÉNÉDICTINS.

Aboutissant à la rue des Fours-à-Chaux.

1er Canton. — Section 1.
Niveau 61m00, 56m41.

L'ordre des Bénédictins fondé par saint Benoît au vi⁰ siècle, mêlait sagement aux exercices de piété la culture des terres, les travaux littéraires et l'enseignement ; d'où il est résulté que cet ordre était devenu à la fois le plus riche et le plus savant de tous. Les religieux étaient vêtus de noir ce qui les a fait quelquefois appeler les moines noirs.

Le premier couvent des Bénédictins fut établi au mont Cassin par saint Benoît lui-même, vers 529. Ils se répandirent bientôt dans toute l'Europe et donnèrent naissance à plusieurs ordres ou congrégations devenus célèbres.

Le premier établissement qu'ils eurent à Nimes, remonte à l'année 1084.

Leur couvent existait encore en 1789; à cette époque, nous savons que leur prieur s'appelait dom Paillas et leur syndic dom Bousquet. Aujourd'hui leur ancien couvent reconstruit à différentes époques sert de refuge aux filles repenties — il a été rebâti en partie sur l'emplacement du jardin de M. Reumond.

Dans la partie haute de cette rue et dans le jardin de M. Héraut on a trouvé des traces de pavés romains, des débris de poteries, des ossements nombreux et à trois mètres de profondeur un *dolium* presque aussi grand que celui qui est à la Maison-Carrée, et dont il ne manque qu'un fragment.

Nous savons d'après M. Germer-Durand que le capitulaire du chapitre de la Cathédrale de Nimes désigne le portail de la Bouquerie sous le nom de *Castelletum*; cela nous explique pourquoi dans la rue des Bénédictins il y a encore une maison qu'on appelle le *Castellas*. Presque tout ce quartier a été construit sur l'emplacement de ce qu'on appelait l'enclos d'Albenas.

C'est dans l'impasse qui se trouve derrière le couvent, au coin de la maison Gervais, qu'on voit encore aujourd'hui une inscription romaine signalée par Ménard, et qui, au point de vue archéologique, offre un très-grand intérêt.

SULPICIVS COSMVS REST
LARIBVS AVG.
SACRVM ET
MINERVAE
NEMAVSO
VRNIAE
AVICANTO
T. CASSIVS. T. L.
FELICIO EXS
VOT.

C'est là ce qu'on appelle une inscription restituée ou rétablie par Sulpicius Cosmus. Le temps avait sans doute dégradé ce monument, qui était une espèce d'autel ou de table votive, et le zèle et la piété de ce particulier le portèrent à le rétablir. C'est ce qui explique pourquoi les caractères de la première ligne sont plus petits que les autres, puisqu'ils ont été ajoutés après coup.

Ce monument avait été élevé par T. Cassius Felicio, affranchi de Fitus Cassius, en l'honneur de Minerve, de Nemausus et de deux autres divinités topiques, VRNIA et AVICANTUS. On sait, en effet, que *Minerve* etait, dans toutes les Gaules et surtout dans la Narbonnaise, l'objet d'un culte particulier. *Nemausus* étant le prétendu fondateur de Nimes, avait naturellement sa place dans les vœux formés par un Nimois. URNIA était une divinité appartenant à l'ancienne ville d'Ugernum, et AVICANTVS à celle du Vigan (1).

RUE BERNARD-ATON.

Allant de l'avenue Feuchères à la rue Neuve-des-Arènes.

1er Canton. — Section 12.
Niveau 40m39, 40m71.

La famille des Bernard-Aton a donné une longue série de vicomtes de Nimes, depuis l'an 950 de J.-C. Le plus célèbre de tous fut le vicomte Bernard-Aton, époux

---

(1) Voir pour plus de développements, Ménard, T. 1, note VII, et T. 7, partie III, dissert. 1re.

de Cécile de Ravenne, qui mourut en 1130, dans un âge très-avancé. Pour donner une idée de l'étendue de ses possessions, il peut être intéressant de jeter un coup d'œil sur ses dispositions testamentaires ; il donna à Roger son fils aîné, les vicomtés de Carcassonne, de Rasez et d'Albi ; à Raimond Trencavel, son second fils, ceux de Béziers et d'Agde, et à Bernard-Aton son troisième fils, le vicomté de Nimes ; il les substitua l'un à l'autre.

Bernard-Aton V donna en 1144 aux habitants de Nimes la liberté du pâturage dans les Garrigues, et leur accorda la faveur de ne pouvoir être arrêté pour dettes ni d'avoir leurs meubles saisis dans leurs maisons, à moins que ce ne fût pour crime; il mourut en 1159. Ce même Aton V vendit aux habitants de Costebalena, lieu situé à environ 4 kilomètres à l'Orient de Nimes, les pâturages des coteaux d'alentour. La Charte porte que la vente fut passée en 1157 dans la Tour qui était proche de l'église de Saint-Martin des Arènes, d'où l'on peut conclure que les anciens vicomtes de Nimes faisaient leur résidence dans le château des Arènes qui était le chef-lieu de leur vicomté. Les chevaliers des Arènes se révoltèrent contre le jeune Bernard-Aton VI et sa mère Guillemette, mais celle-ci sut les ramener dans le devoir et leur fit prêter un nouveau serment de fidélité (1). Vers l'an 1166, Pons de Vézénobres, qui était sans doute à la tête de la noblesse ré-

---

(1) Ménard, T. 1, p. 209.

voltée, prêta le serment le premier, soit pour lui-même, soit pour ses complices et promit de donner cinq mille sols pour sûreté de sa promesse. Quelques autres chevaliers, du nombre desquels étaient R. de Brouzet, W. de Vilur, B. de la Calmette, Géraud de Clarensac, W. d'Arènes, Pierre de Porte-Vieille, et W. de Montmirat, écuyer, jurèrent la même chose.

La vicomtesse reçut ensuite d'eux, la veille de Saint-Jean-Baptiste, huit chevaux d'une part, et treize de l'autre, pour assurance de leur promesse. Après quoi ils prêtèrent serment de nouveau, et la vicomtesse promit solennellement, soit de son chef, soit de celui du vicomte, son fils, de leur donner une pleine et entière sûreté.

RUE SAINT-BERNARD.

Allant de la rue Grétry à la rue des Chassaintes

1er Canton. — Section I.
Niveau 52m68, 52m45.

Saint-Bernard, fondateur de l'Ordre des Bernardins, né en 1091, à Fontaine en Bourgogne, d'une famille noble, mort en 1153, entra dans l'Ordre de Citeaux, réforma cette communauté dont les religieux prirent de lui le nom de *Bernardins*, et fut le premier abbé de Clairvaux (1115); il se fit bientôt une telle réputation par sa piété et son éloquence, qu'il attira auprès de lui une foule de novices, dont plusieurs devinrent par la suite des hommes éminents, et que les évêques, les rois et les papes le prenaient pour arbitre de leurs différends. lorsque l'évêque Innocent II et Anaclet se disputèrent la tiare ; on s'en remit à sa décision.

En 1147, il fut chargé de prêcher une croisade, et il le fit avec un tel succès, que le roi Louis-le-Jeune et l'empereur Conrad III prirent eux-mêmes la croix.

Saint-Bernard fonda jusqu'à soixante-douze monastères ; plein de zèle pour l'orthodoxie il combattit les erreurs d'Abélard, de Pierre de Bruys, d'Arnaud de Brescia, de Gilbert de la Porée et du moine Raoul, qui voulait que l'on massacrât tous les juifs.

L'Eglise de Nimes a eu deux évêques qui ont porté le nom de Bernard.

Bernard Ier qui succéda à Rainard en 943 et Bernard II de la maison d'Anduze qui succéda à Bégon en 949. Ce Bernard II, fut du nombre des juges à qui Raimond II comte de Rouergue et marquis de Gothie, et Amélius, évêque d'Agde, remirent la décision du différend qu'ils avaient entre eux, sur la possession de l'église de Saint-Martin et de plusieurs villages situés dans le comté d'Adge. — Ils s'étaient rendus auparavant dans l'église de Notre-Dame de Nimes, pour terminer eux-mêmes à l'amiable, mais ils n'avaient pu s'accorder. Les juges qu'ils choisirent furent, outre l'évêque Bernard, Fulcrand, évêque de Lodève, la vicomte Seguin, Bernard son frère et divers autres seigneurs du pays. Ils s'assemblèrent à Nimes le vendredi 7 juillet 971 dans la sacristie de l'église de Saint-Baudile. Raimond II y plaida lui-même sa cause ; Amelius en fit de même. Les juges n'ayant pas trouvé Raimond fondé dans sa demande le condamnèrent à se désister des terres contestées. Ce prince respecta leur jugement, se soumit à la condamnation qu'ils avaient prononcée contre lui et abandonna à l'évêque d'Agde les biens qui avaient donné lieu à leur différend. Il l'en investit sur-le-champ, par un fétu de vigne, *per festucum de vite*, qui était une manière de mettre en possession qu'on pratiquait en ce temps-là.

RUE DE BERNIS.

Allant de la rue Fresque à la rue de l'Aspic.
3e Canton. — Section 11.
Niveau 45m74, 46m87.

C'est dans cette rue que se trouve la maison de la famille de Pierre de Bernis. Un des membres de cette famille, François-Joachim de Pierre de Bernis, fut cardinal et poëte. Né à Saint-Marcel (Ardèche), en 1715, d'une famille noble mais pauvre, il entra dans les ordres, prit le titre d'abbé et vint de bonne heure à Paris, où il se fit avantageusement connaître par des vers galants ainsi que par les grâces de son esprit et de sa personne. Il plut à Mme de Pompadour, qui lui fit obtenir une pension du roi et il fut reçu à l'Académie française dès l'âge de 29 ans. Après la mort du cardinal Fleury qui n'avait pas voulu l'employer, Bernis fit une fortune rapide ; il fut nommé ambassadeur à Venise et devitn cardinal.

En 1756, il fut chargé du ministère des affaires étrangères, et signa en cette qualité le traité d'alliance avec l'Autriche, mais après la désastreuse guerre de sept ans, il donna sa démission et fut disgracié en 1763. Cependant Louis XV le nomma l'année suivante archevêque d'Alby, et cinq ans après ambassadeur à Rome ; il conserva ces fonctions jusqu'à la Révolution française. Révoqué à cette époque, il mourut à Rome en 1794.

Les poésies qui firent sa réputation consistent en épitres, madrigaux, odes anacréontiques, etc... On y trouve de l'afféterie et une grande profusion de figures et de fleurs de rhétorique ; aussi Voltaire avait-il surnommé l'auteur *Babet la Bouquetière*. On a de Bernis un poème sérieux, *la Religion vengée*, qui n'a été publié qu'après sa mort.

Un sépulcre en marbre blanc, surmonté d'un coussin aussi en marbre, renferme ses restes déposés dans la cathédrale de Nimes à l'entrée de la chapelle du Saint-Sacrement, on y lit cette inscription :

Ci-gît
F.-J. de Pierre de Bernis,
cardinal-évêque de la S. E. R. mort à Rome
le 1ᵉʳ novembre 1794
déposé dans cette église par les soins de ses neveux, l'an 1813.
R. I. P.

La rue de Bernis s'appelait autrefois rue de la Petite Fusterie.

RUE DE LA BICHE.

Partant du chemin d'Uzès et se dirigeant vers le chemin de Broussan.

3ᵉ canton. — Section 4.
Niveau 49ᵐ75, 54ᵐ52.

Cette rue n'offre absolument rien de bien intéressant au point de vue historique ou archéologique ; son nom même ne peut s'expliquer que par la présence dans un jardin particulier d'une biche qui aura attiré la curiosité des voisins.

RUE DE LA BIENFAISANCE.

Allant de la Placette à la rue du Cadereau

1ᵉʳ Canton. — Section 10.
Niveau 49ᵐ08, 48ᵐ39.

Même observation. Elle doit son nom, comme quelques-unes de ses voisines, à la proximité de l'Hôtel-Dieu, et est presque le prolongement de la rue de ce nom.

RUE BONFA

Allant de la Porte-d'Alais à la rue Crucimèle.

2ᵉ canton. — Section 3.
Niveau 60ᵐ81, 63ᵐ04.

Le souvenir de deux personnes différentes peut avoir déterminé la municipalité à baptiser ainsi cette rue, car toutes les deux offrent un intérêt au point de vue de l'histoire locale. En 1557, on s'attachait à établir à Nîmes des manufactures et des fabriques de différents arts et métiers, afin de faire refleurir le commerce qui languissait depuis longtemps. On y avait entre autres, depuis quelque temps, établi une manufacture de velours, et l'on avait appelé, pour en avoir la conduite et la direction, un ouvrier de Ferrare appelé Antoine *Bonfar* ou *Bonfa* (1), auquel on s'était obligé de donner une maison commode pour établir ses métiers.

Ce fabricant ne se trouvant pas logé convenablement demanda une subvention de 25 livres tournois pour faire les réparations nécessaires, ce qui lui fut accordé dans un conseil de ville extraordinaire tenu devant Pierre Robert, écuyer, seigneur de Domessargues, viguier royal, le 24 novembre 1557.

De plus, afin d'entretenir une manufacture si importante, la ville avait délibéré dès le 29 juin précédent de faire apprendre l'art de dévider la soie à douze ou quinze filles bâtardes de l'hôpital, et de faire venir une femme d'Avignon pour le leur montrer. Le même conseil délibéra d'exempter du capage un maître tonnelier, le *seul* qu'il y eût alors à Nîmes, et cela afin d'encourager ce métier.

Jean Bonfa naquit à Nîmes le 30 mai 1638, de Firmin Bonfa, bourgeois de Ni-

(1) Voir les archives de l'hôtel de ville, registre du XVIe siècle, fo 89 vo.

mes et de Jeanne Anse, native de Tarascon. La nature l'ayant parfaitement doué, il fit d'excellentes études au collége de Nimes, et à seize ans il résolut de se consacrer à la vie religieuse; il fit son noviciat dans la maison des Jésuites à Avignon et y resta pour régenter les humanités, la théologie scolastique et enfin les mathématiques. C'est dans cette dernière partie qu'il brilla le plus et sut attirer un grand nombre d'élèves tant au collége d'Avignon qu'à celui de Marseille.

Le Père Bonfa fit imprimer des observations astronomiques qui furent unanimement approuvées par les savants et notamment par Cassini qui se lia d'amitié avec leur auteur. Bonfa publia aussi une carte géographique du Comtat-Venaissin, qui est très-exacte. Ce savant atteignit l'âge de quatre-vingt-six ans. Par la pratique de toutes les vertus religieuses et civiles et par la droiture et la sincérité de son cœur, il s'attira l'amitié, l'admiration et le regret de tous ceux qui le connurent. Il mourut à Avignon, le 5 déc. 1724 (2).

RUE DES BONS-ENFANTS.

Allant de la rue de l'Ecluse à la rue Sully.

2e Canton. — Section 5.
Niveau 45m 13, 46m 10.

Cette rue a été ainsi dénommée à cause d'une auberge qui portait cette enseigne.

(2) Précis de sa vie et de sa mort. Ménard, 516-517, t. 6.

C'est du reste un titre qu'on rencontre dans presque toutes les villes et qui qualifiant les habitués comme le propriétaire est de nature à attirer les pratiques.

Dans le peuple on a appelé cette rue à une certaine époque rue de M Cavalier, comme l'on disait rue de M. Paul, de M. de Meude, de M. de Marguerite, etc.

M. Cavalier a été pendant plusieurs années maire de la ville de Nimes et a donné son nom à la partie haute de la promenade de la Fontaine.

PLACE DE LA BOUQUERIE.

Niveau 50m82, 49m68.

Nous savons que l'enceinte de la ville, renfermée dans des murailles, était parsemée de tours ; l'une de ces tours, désignée dans le *Cartulaire du chapitre de Nimes* sous le nom de *Castelletum*, était située près du moulin *Perilhos* ou *Pezouilloux*, non loin de l'Agau, et donnait accès par une porte dans une rue très-importante et spécialement affectée aux boucheries, d'où le nom de rue de la Bouquerie, et, plus tard, en 1144 et en 1270 de porte de la Bouquerie, *Portale de Boccaria*, *Bocharia*, *Boqueria* et *Boccarié*.

M. Germer-Durand fils nous donne dans son intéressant ouvrage sur les murs de Nimes quelques détails très-curieux que je me fais un plaisir de reproduire ici.

En 1357, à propos des réparations qui furent faites à cette porte, il fut pris par le conseil de ville la délibération suivante :

« Que le premier arceau de la porte de
» la Bouquerie à l'intérieur soit fermé d'un
» bon mur, en y réservant un petit guichet
» muni d'une porte couverte de fer avec
» bonne serrure, et suffisant pour le pas-
» sage d'un cheval sellé (*Ronssinus incella-*
» *tus*) ; que la barbacane soit réparée et
» garnie de barrières ; que le dit portail
» soit surélevé ; qu'il soit construit une
» terrasse couverte, et que, du côté des
» Prêcheurs, il soit accompagné d'une tour
» avec terrasse couverte et escalier, à
» l'exemple des autres tours. »

Une dizaine d'hommes suffisait à la défense de cette entrée. Quelques autres réparations eurent lieu en 1363, et les consuls payèrent à un forgeron, nommé Pierre Scot, un florin deux gros et demi pour bande traversière nécessaire à la porte de la Bouquerie.

En 1489 on y plaça les armoiries de France soutenues par deux anges : la porte fut recouverte de plaques de fer, les paumelles (ferrures) réparées et une croix en fer placée au-dessus. Pour ces derniers travaux de serrurerie, les consuls payèrent quinze sous tournois à Pierre Roquerouge, sarrurier (*sarralherius*) (1).

Défendue par des casemates vers 1600,

---

(1) V. Ménard, T. 5, pr. jp. 49, 64.

murée de 1619 à 1629, elle fut démolie en 1687.

A cette époque l'enceinte de la ville fut changée — la citadelle qui venait d'être construite dut être reliée aux remparts ; on démolit en conséquence les murailles depuis la porte de la Bouquerie jusqu'à celle des Casernes, les fossés furent comblés et l'on créa les deux Cours.

Au commencement du siècle, la place de la Bouquerie était moins spacieuse que ce qu'elle est aujourd'hui ; le sol non nivelé n'offrait qu'une série de fondrières qui en rendaient l'accès difficile. Après la démolition des murailles, des constructions nombreuses durent s'établir et ce quartier devint un faubourg important. Sa proximité des routes venant des Cévennes en avait fait le centre d'un milieu commercial qui s'est perpétué jusqu'à nos jours. Deux auberges importantes s'étaient établies sur cette place en face l'une de l'autre. L'une sur l'emplacement actuel de la maison Salomon Roux, servait encore d'auberge (Bressac) en 1835. L'autre appelée le Cheval-Vert était construite sur le terrain occupé aujourd'hui par la maison Curnier et une partie de la maison Lagorce (la rue Ménard ne venant pas jusqu'au boulevard).

Cette auberge du Cheval-Vert a eu dans le monde commercial une certaine réputation. C'est là en effet que descendaient les fabricants de bas de soie des Cévennes qui certains jours de marché arrivaient avec de véritables cargaisons de leurs marchandises qu'ils étalaient dans trois ou quatre chambres de la susdite auberge. Les négociants étrangers se rendaient dans ce local et faisaient leurs achats. Chaque marchand vendant au petit poids, apportait sa balance. Des affaires très-importantes se sont traitées dans ces conditions. Rien n'était curieux comme de voir arriver de véritables convois de mulets chargés de grandes valises de cuir qui servaient à faire l'étalage desdits bas de soie.

La place de la Bouquerie qui pendant longtemps n'a offert aux habitants de ce quartier que de la boue et de la poussière ; a été il y a peu d'années convertie en un square arrosé par les eaux du Rhône, et qui couvert d'arbres, procure à la population ouvrière un lieu de repos très-agréable.

En 1830 et en 1848, la place de la Bouquerie a été décorée d'un arbre de la liberté, et ce quartier, dans les annales locales, a toujours passé pour être le rendez-vous des libéraux de chaque époque.

Dans le corridor de la maison Vincent, située place de la Bouquerie, on lit l'inscription suivante qui a été découverte l'an XII, dans les fouilles de Sainte-Perpétue.

POMPEIO CN. SEX. L.
PAL
LEMISONI
FRONTO ET FÉLIX LIBERT. (1).

(1) V. Mémoire de l'Académie du Gard. (1804-1805).

RUE BOURDALOUE.

Allant de la place Duguesclin au chemin de Saint-Gilles.

1ᵉʳ Canton. — Section 12.
Niveau 43ᵐ14, 41ᵐ50.

Bourdaloue, célèbre prédicateur, né à Bourges en 1632, mort en 1704, entra de bonne heure dans la société des Jésuites, et en devint un des plus beaux ornements. Après avoir prêché pendant quelque temps en province, il fut appelé par ses supérieurs à Paris en 1669, et eut un succès prodigieux. Il fut dix fois chargé de prêcher l'Avent ou le Carême devant Louis XIV et toute sa cour.

Lors de la révocation de l'Edit de Nantes, il fut envoyé dans le Languedoc pour tâcher de convertir les protestants, mais son éloquence échoua contre la fidélité des populations à la foi de leurs pères.

Bourdaloue est regardé comme le fondateur de l'éloquence chrétienne ; ce qui le distingue surtout, c'est la force du raisonnement et la solidité des preuves. On estime surtout son sermon sur la Passion.

La personnalité de Bourdaloue est assez connue pour qu'il soit inutile d'entrer dans de plus grands détails.

RUE DE BOURGOGNE.

Allant de la rue Enclos-Rey à la rue Rangueil.

3e Canton. — Section 4.
Niveau 46m44, 46m30.

Cette rue est probablement ainsi nommée en souvenir du passage à Nimes du duc de Bourgogne, petit-fils de Louis XIV. Ménard, dans son *Histoire de Nimes*, entre dans de très-longs détails sur la réception qui lui fut faite. Il est donc intéressant de les reproduire ici tels qu'il les donne.

Le duc d'Anjou, nommé à la couronne d'Espagne par le testament de Charles II, s'étant mis en route pour aller en prendre possession, fut accompagné jusqu'à Saint-Jean-de-Luz par les ducs de Bourgogne et de Berry.

Ceux-ci ayant annoncé qu'à leur retour ils prendraient la route de Languedoc et passeraient par Nimes, le conseil de ville, assemblé le 15 janvier 1701, décida d'emprunter 8,000 livres pour fournir, soit aux frais de la réception des princes, soit à l'achat des provisions de charbon, d'avoine, de foin et de bois nécessaire à leur passage. Tout le reste de ce mois et celui de février furent employés à faire les préparatifs de l'entrée.

On dressa un arc de verdure orné de festons et de bouquets à peu près au milieu de l'Esplanade, entre la porte de la Couronne et celle de Saint-Gilles. Sur le frontispice, étaient placées les armes du roi, avec celles du duc de Bourgogne à droite et celles du duc de Berry à gauche.

Ce fut le 2 mars 1701 que ces deux princes arrivèrent à Nimes sur les quatre heures du soir, accompagnés du maréchal duc de Noailles, du comte de Broglio, de l'intendant Baville, de gardes du corps et d'un grand nombre de nobles à cheval.

Dès que les princes parurent sur l'Esplanade, les consuls de Nimes, en robes et en chaperons, précédés de violons, de trompettes et de hautbois et de six hallebardiers, s'avancèrent jusqu'à la portière de leur carosse, présentés par le sieur des Granges, maître des cérémonies, et les haranguèrent, au nom de la ville, par l'organe de l'avocat Vérot le fils, qui remplissait les fonctions d'assesseur. Après quoi, les princes entrèrent par la porte de la Couronne, au bruit des trompettes, des violons et des hautbois.

La bourgeoisie sous les armes, bordait les rues où ils passèrent, et l'on avait tapissé le devant de toutes les maisons. Etant arrivés à l'évêché, où l'on avait préparé leur logement, les consuls s'y rendirent au même instant, et leur offrirent les premiers présents de ville, qui étaient portés par de jeunes garçons proprement vêtus, à qui les princes firent donner quatorze louis d'or. Ces présents se donnèrent séparément, d'abord au duc de Bourgogne, et ensuite au duc de Berry. Ils consistaient pour chacun en cinq grandes corbeilles, dont trois étaient remplies de bouteilles, l'une de vin muscat, la seconde de vin blanc et la troisième de vin rouge. Dans la quatrième, était une caisse de liqueurs et dans la cinquième vingt-quatre flambeaux de cire blanche, et vingt-cinq livres de bougies.

Ces princes soupèrent ensuite en public. Après quoi, il y eut un feu d'artifice au milieu de la place de la Cathédrale, qu'ils virent tirer des fenêtres de l'évêché. Mais, par un accident malheureux, quelques fusées à serpenteaux étant tombées dans une maison du voisinage, qui appartenait à un ingénieur de Nîmes, nommé Henri Gautier, le feu y prit subitement avec tant de violence qu'on ne put point y apporter des secours assez prompts, de manière que la plus grande partie de la maison fut consumée.

Les princes, informés de la chose, firent donner 50 louis pour indemniser le propriétaire, la ville accorda de son côté 1,000 livres. Il y eut, ce soir-là, des illuminations à toutes les fenêtres des façades des maisons.

On avait de plus mis des fontaines de vin au devant de l'évêché, de l'hôtel de ville et de la maison du président de Montclus, qui coulèrent pendant tout le temps du séjour des princes.

Le lendemain, les réceptions officielles eurent lieu, puis ils allèrent visiter les monuments anciens de la ville. Le soir, il y eut un nouveau feu d'artifice sur l'Esplanade, que firent tirer les marchands de drap et de soie. Ils s'assemblèrent pour cela à l'entrée de la nuit proprement habillés, rangés deux à deux, ayant chacun un flambeau à la main. Ils allèrent dans cet ordre passer à l'évêché devant les princes qui étaient aux fenêtres et qui soupèrent encore en public ; après quoi les consuls allèrent à leur petit coucher leur offrir un présent des différents ouvrages de senteur qui se font dans le pays.

Ce présent, porté dans une corbeille par deux jeunes enfants, était composé de deux couvre-pieds de taffetas blanc et rouge piqués, avec des herbes de senteur entre deux ; d'une douzaine de paires de poches de senteur, de deux sultans de satin blanc, avec les armes de France en broderie d'or au milieu de chaque face et à tous les coins, remplis aussi d'herbes odoriférantes, et enfin de douze douzaines de sachets de senteur brodés en or et en argent, de différentes manières, et diversifiés aussi dans les couleurs ainsi que dans les devises dont ils étaient ornés. Le duc de Bourgogne donna ordre d'envoyer le tout à la duchesse sa femme.

Le 4 du mois de mars, les princes partirent de Nimes pour Beaucaire et de là passèrent en Provence.

RUE BRIÇONNET.

Allant de la place de l'Esplanade au boulevard du Viaduc.

1er canton. — Section 12.
Niveau 38m36, 43m63

Cette rue, qui s'appelait autrefois chemin bas de Saint-Gilles, a reçu le nom de Briçonnet, en souvenir des prélats de ce nom.

A la mort de Jacques de Caulers, évêque de Nîmes, en 1496, le chapitre nomma pour lui succéder Jacques Faucon, prévôt de la cathédrale ; d'un autre côté, Guillaume Briçonnet, alors cardinal et évêque de Saint-Malo, se fit pourvoir de l'évêché de Nîmes par le pape Alexandre VI, non point à titre d'administrateur, mais purement et simplement à titre formel d'évêque ; ce qui fit la matière d'un procès considérable que le premier de ces deux compétiteurs porta au parlement de Toulouse et qui traîna plusieurs années.

Cependant le cardinal de Saint-Malo se mit en possession des revenus de l'évêché. Il fut reconnu par les habitants de Nîmes, à l'exception des chanoines qui continuèrent à soutenir leur élection.

Guillaume VI Briçonnet était issu d'une famille distinguée de Tours, et était fils de Jean Briçonnet, seigneur de Varennes, appelé le Père des pauvres, à cause de son extrême charité, secrétaire du roi Charles VII et receveur général des finances. Sa mère s'appelait Jeanne Berthelot. Il fut général des finances et exerça ces fonctions en Languedoc pendant plusieurs années. Il se maria avec Raoulette de Beaune dont il eut plusieurs enfants, et forma la branche des Briçonnets du Plessis-Rideau. Parmi ses enfants, on en distingue deux qui furent élevés à l'épiscopat, savoir : Guillaume, d'abord évêque de Lodève, puis de Meaux, et ensuite abbé de Saint-Germain-des-Prés ; et Denis, archidiacre de Reims et d'Avignon, puis évêque de Toulon, ensuite de Lodève, enfin de Saint-Malo et abbé de Cormeri et d'Espernai.

Après la mort de sa femme, il entra dans l'état ecclésiastique. Il fut d'abord doyen de l'église de Vienne en Dauphiné. Il fut nommé, en 1490, évêque de Saint-Malo et sacré en 1492. Il eut, en 1495, l'abbaye de Grandmont. La même année, à la prière du roi Charles VIII qui lui donna toute sa bienveillance, le pape Alexandre VI le fit cardinal du titre de Sainte-Pudentiane. Le roi était présent à sa promotion. Il servit avec valeur à l'expédition de Naples et combattit glorieusement à la journée de Fornoue le 6 juillet 1495.

Il fut nommé archevêque de Reims à la mort de Robert Briçonnet, son frère ; — prit possession de son siége le 6 novembre 1497, mais n'en poursuivit pas moins son procès pour l'évêché de Nîmes ; — se méfiant du parlement de Toulouse, il fit évoquer l'affaire en 1500 par le parlement de Bordeaux.

Cependant, Jacques Faucon, fatigué des longueurs de ce procès, consentit enfin à un accommodement. L'affaire fut terminée par un accord au mois d'octobre 1504. Il fut convenu que Jacques Faucon cédait au cardinal Guillaume Briçonnet tous les droits qu'il pouvait avoir en vertu de son élection, moyennant une pension annuelle de 500 livres tournois, et à la condition qu'il serait pourvu de bénéfices jusqu'à la somme de 800 livres de rente. Cet accord fut autorisé et homologué par le pape Jules II, le 15 novembre 1504.

En 1507, Guillaume VI Briçonnet qui continuait à tenir le siége épiscopal de Nîmes et à posséder à la fois l'archevêché de Reims et l'évêché de Saint-Malo, se démit de l'abbaye de Saint-Germain-des-Prés en faveur de Guillaume Briçonnet, son fils, évêque de Lodève, mais il eut à la place celle de Saint-Nicolas d'Angers.

Le roi Louis XII le nomma la même année lieutenant au gouverneur de Languedoc ; il se démit alors de l'archevêché de Reims pour celui de Narbonne dont il fut pourvu le 15 juillet 1507.

En 1510, il survint un différend entre Briçonnet et les habitants de Saint-Cézaire, au sujet de la dîme des laines et des huiles que réclamait cet évêque comme prieur de Saint-Cézaire.

Le 18 août 1513, Briçonnet se démit de l'évêché de Saint-Malo en faveur de *Denis Briçonnet*, son fils.

Peu de temps après, le 16 novembre, il vint présider les Etats généraux qui se tinrent à Nimes, et, en 1514, il se démit de l'évêché de Nimes en faveur de *Michel Briçonnet*, son neveu.

Sa mort suivit de près cette démission ; elle eut lieu le 14 décembre 1514. Il fut inhumé dans l'église de Saint-Just.

Michel Briçonnet prit possession du siége épiscopal de Nimes le 7 janvier 1515. Il était fils de Guillaume Briçonnet, seigneur de la Kaerie et du Portau, auditeur des comptes et conseiller au parlement de Paris, et de Jeanne Brinon.

Michel Briçonnet fut d'abord avocat et

n'entra que plus tard dans les ordres; il fut d'abord chanoine de l'église de Paris, puis vicaire général de l'évêché de Nimes et de l'archevêché de Narbonne. Il conserva l'évêché de Nimes jusqu'en 1554, époque à laquelle il s'en démit en faveur de *Claude Briçonnet*, son neveu.

Ce neveu était fils de Guillaume Briçonnet, seigneur de Glatigni, secrétaire du roi, trésorier de la maison de la reine et des cent gentilshommes et receveur général du Maine, et de Claudine Leveville.

Michel Briçonnet mourut en 1574, à l'âge de quatre-vingt-dix-sept ans.

Quant à Claude Briçonnet, il avait permuté vers le milieu de 1561 avec Bernard d'Elbène contre celui de Lodève dont il se démit en 1566 en faveur de Pierre Barraud. Il mourut à Saint-Etienne-de-Gourges près Lodève, en 1576.

C'est au commencement de cette rue, du côté de l'Esplanade, que se trouvait la porte de Saint-Gilles ou de Pertus. Placée à l'angle du Palais de Justice actuel, cette porte a eu successivement et quelquefois en même temps différents noms et je ne crois pas pouvoir mieux la décrire qu'en transcrivant la savante note que M. Germer-Durand fils a publiée à ce sujet :

La plus ancienne dénomination de cette porte (porte de Nages, *Porta Anagia*) est venue probablement des Romains. On retrouve cette formule dans le compoix de 1479.

Au XIIe siècle, il y avait à Nimes un fief appelé de la Porte-Vieille, lequel donnait son nom à une famille dont les membres signent comme témoins dans divers actes soit en 1144, 1145, 1151, 1155, 1207, *Bernardus de Porta Veteri, Vetula* ou *Vetera*. Cette porte était évidemment la porte des Arènes.

En 1495, les actes du temps fournissent l'appellation de *Porte du Canal*, et l'on sait que, deux ans plus tard, un chef de brigands, appelé le capitaine Boutefeu (*Boutefioc*), subit le supplice de la roue près la *Porte du Canal (prope portale Canalès).*

Outre les fossés de la ville, il y avait en cet endroit un canal qui, partant de la porte Saint-Antoine, séparait l'Amphithéâtre du reste de la ville et du palais ; aussi voyons-nous en 1609 que ce canal n'avait pas d'écoulement bien régulier et que ses eaux *cropissent au Portalon des Arènes*.

Le nom du Petit-Portail ou Portalet-de-la-Canal paraît en 1679, concurremment avec celui de *Porte de Saint-Gilles*, qui lui fut donné en 1664, année où on y établit un petit guichet.

De là partait l'ancien chemin de Saint-Gilles et tout auprès se trouvait la plateforme dite de Saint-Gilles, reste des fortifications de 1629, qui fut conservé jusqu'en 1793.

RUE BRIDAINE.
Allant de la rue Neuve-des-Arènes à la route de Saint-Gilles.

1er canton. — Section 12.
Niveau 43m11, 42m30.

Jacques Bridaine naquit le 17 mars 1701 dans le village de Chusclan, près Uzès, où son père exerçait la profession de chirurgien. De bonne heure il annonça cette facilité d'élocution et ce talent d'émouvoir et d'entraîner qui, plus tard, donnèrent tant de succès à sa prédication. En 1725, à peine revêtu des premiers ordres, il fut envoyé à Aiguesmortes pour y prêcher le carême. Sa jeunesse et la modestie de son équipage ne donnèrent pas aux habitants de cette ville une haute idée de ses talents. Le mercredi des cendres, quand il monta en chaire, l'église était déserte. Après avoir vainement attendu ses auditeurs, il eut recours, pour se former un auditoire à un moyen aussi hardi qu'étrange. Il sort de l'église revêtu de son surplis et parcourt les rues en agitant une clochette. A ce spectacle, chacun s'arrête, regarde le missionnaire et le suit pour voir quelle sera la fin de cette scène. Il l'entraîne dans l'Eglise, monte en chaire, entonne un cantique sur la mort et pour toute réponse aux éclats de rire qu'il excite, paraphrase ce terrible sujet avec une telle véhémence, qu'il fit bientôt succéder à une bruyante dérision, le silence, l'attention et l'effroi.

On raconte qu'un jour, pendant une procession, il termina une exhortation sur la brièveté de la vie par ces mots : « Je vais maintenant vous ramener chacun chez vous », et il conduisit la procession au cimetière.

C'est à lui qu'on doit le fameux exorde dont le cardinal Maury et la Harpe ont parlé. Ce sermon sur l'éternité fut improvisé par Bridaine dans l'église de Saint-Sulpice. En voici un passage : Eh ! savez-vous ce que c'est que l'éternité ? C'est une pendule dont le balancier dit et redit sans cesse ces deux mots seulement dans le silence des tombeaux : Toujours, jamais ! jamais, toujours ! Et toujours pendant ces effroyables révolutions, un réprouvé s'écrie : quelle heure est-il ? et la voix d'un autre misérable lui répond : l'éternité.

D'autres extraits de sermons ont été insérés dans sa vie publiée en 1804 par l'abbé Carron sous le titre de *Modèle des prêtres*. L'imagination ardente du père Bridaine et les tournures de phrases hardies auxquelles il se livrait, étaient secondées par une voix forte et sonore qui produisait un grand effet sur les masses.

Il avait formé un espèce de code de ses oraisons, cantiques et sermons qu'il appelait sa *méthode*. Il fit avec succès 556 missions dans le cours de sa vie. En France, il y a peu de villes, bourgs ou villages où il n'ait pas porté le soin de son apostolat.

Le chapitre de Chartres fit frapper une médaille en l'honneur de l'infatigable missionnaire. Le pape Benoît XIV lui conféra le pouvoir de faire la mission dans toute l'étendue de la chrétienté. Il prêchait toujours avec le même zèle quand la mort le frappa à Roquemaure, le 22 décembre 1767, après une mission qu'il venait de suivre à Villeneuve-lès-Avignon. Il fut enseveli dans l'église paroissiale de cette ville.

Si le genre d'éloquence de Bridaine a choqué beaucoup de gens, il faut avouer que prêchant devant un auditoire toujours nouveau et composé de gens du peuple, il devait donner à ses discours une couleur et une forme en rapport avec la nature de son ministère. On ne peut lui refuser la gloire d'avoir été le véritable modèle de l'éloquence du missionnaire.

RUE DES BROQUIERS.

Allant de la rue de l'Aspic à la place du Marché.

3e Canton. — Section 11.
Niveau 45m30, 46m02.

Il y a quarante ans environ, la place du Marché était loin de ressembler à ce qu'elle est aujourd'hui : au milieu se trouvait une halle couverte, bâtie en pierres, avec une série d'arceaux assez bas ; de chaque côté, des rues étroites et obscures, dont la rue Fresque peut nous donner une idée, permettaient à peine aux acheteurs de circuler.

Tout autour de ce monument étaient venus se grouper les divers corps de métiers qui ont donné leur nom aux rues dans lesquelles ils se sont trouvés en plus grand nombre. C'est là le cas de la rue dont nous nous occupons et dans laquelle s'étaient réunis presque tous les fabricants de brocs ou vases en bois de petites dimensions.

Au XVIe siècle, la culture de la vigne n'avait pas reçu l'extension qu'on lui a donnée de nos jours, aussi l'usage des grandes futailles était-il presque nul, les voies de communication étant aussi peu connues, les transports se faisaient à dos de mulets, de là l'emploi des petits vaisseaux de bois.

Le 29 juin 1557, le conseil de ville voulant favoriser l'industrie de la tonnellerie, déchargea du droit de capage le seul maitre tonnelier, qui existât alors à Nimes (1).

RUE DU CADEREAU.

Allant du Cours-Neuf au Cadereau.

1er Canton. — Section 1.
Niveau 52m33 , 52m01.

Le mot *Cadereau* vient du latin *cadere* tomber, parce qu'il n'y a de l'eau dans cette espèce de torrent que quand il en tombe; il est arrivé quelquefois que ce torrent, après de fortes pluies, a pris des proportions effrayantes, et il y a peu d'années qu'une crue de ce genre a causé la mort d'un enfant.

(1) Voir les archives de l'hôtel de ville, registre du XVIe siècle, fo 89.

Du temps des Romains, le quartier occupé aujourd'hui par le faubourg du Cours-Neuf était le plus élégant de tout Nîmes ; une tradition populaire dit que *la rue des Orfèvres* était le long du Cadereau : telle est la forme sous laquelle s'est conservé, dans la mémoire du peuple, le souvenir de la magnificence et du luxe de cette portion de la ville. Les récentes découvertes d'un très-grand nombre de mosaïques, de bases et de chapiteaux de colonnes, de stucs, etc., viennent confirmer et expliquer cette tradition. La plus remarquable de ces mosaïques est celle qui représente une tête de Mercure, et que, vu sa dimension, on a laissée sur place et recouverte de terre ; elle se trouve en face de la rue de la Placette.

La rue du Cadereau s'appelait autrefois rue Saint-Louis. On voit encore au coin d'une maison un écusson de pierre portant cette dénomination.

RUE DE LA CALADE.

Allant de la rue de la Madeleine à la place de la Calade.

2ᵉ Canton. — Section 6.
Niveau 48ᵐ17, 47ᵐ40.

En 1564, et le 24 décembre, le roi Charles IX étant à Nîmes accorda aux habitants religionnaires l'autorisation de construire un temple, et par lettre patente délivrée à Toulouse le 13 mars 1565, il confirma cette autorisation de le construire sur les terrains par eux choisis, savoir : une masure et jardin situés à la rue qui conduit de la porte de la Madeleine à la Maison-Carrée, que possédait un particulier nommé Roquerol et une maison et jardin appartenant à Tristan Chabaud, près de celle de Bernard Barrière, procureur du roi au présidial, rue appelée la Calade, avec permission de lever sur eux-mêmes et de gré à gré les sommes nécessaires pour l'achat de ces maisons et jardins et pour la construction du temple qu'ils voulaient y bâtir (1).

On en jeta les fondements le 27 juin 1565 avec beaucoup de pompe et de cérémonie, et un très-grand concours de peuple. Les officiers du présidial y assistèrent. La première pierre fut posée par le président Calvière, la seconde par Denis de Brueis, seigneur de Saint-Chaptes, lieutenant-criminel, et ainsi des autres par chaque officier. — On travailla à cet édifice avec tant de diligence et de zèle et l'on y employa un si grand nombre d'ouvriers que, dès le 17 octobre de la même année, le grand arceau du milieu fut entièrement achevé, et que le 27 janvier 1566 l'inauguration put avoir lieu. Ce jour-là on y fit trois prêches. Ce fut le ministre Chambrun qui fit le premier et donna la Sainte-Cène ; — le ministre Campagnan fit le second prêche, et le ministre la Source le troisième ; — la chaire n'était pas en place, et ce ne fut que le dernier dimanche de mars 1566 que le ministre Mauger y prêcha pour la première fois.

(1) Ménard T. 4 p. 378

On voit encore dans la rue de la Madeleine une des portes latérales dont le fronton existe assez bien conservé sauf l'inscription contenue dans un cartouche au-dessus de la porte et dont les caractères ont été effacés et brisés. — Il y avait un second passage latéral dans la rue de la Colonne — ce couloir appartient encore à la ville et se trouve entre la maison Tur et la maison Fontaine.

Le 30 juillet 1685, l'édit de Nantes ayant été révoqué par Louis XIV, l'exercice de la religion protestante fut interdit en France, et les temples durent être démolis dans le délai de deux mois par les protestants eux-mêmes, mais aucun d'eux n'ayant voulu prêter la main à cette œuvre de destruction, le syndic du diocèse la fit exécuter à leurs frais et dépens; ils durent être considérables, puisque le marteau des démolisseurs travaillait encore le 7 mai 1686, jour où la cloche, qui pesait 19 quintaux, fut achetée par les consuls au prix de 150 livres pour être employée à l'usage de l'église Sainte-Eugénie (1).

En 1730, l'emplacement du temple de la Calade fut donné aux sœurs des écoles royales chargées de l'éducation des jeunes filles. — On fit examiner les réparations qu'il y avait à faire et l'on en dressa un plan et devis qui, ayant été approuvé par l'intendant de la province fut mis à exécu-

---

(1) Borrel, p. 312.

tion (1) et terminé au commencement de 1733.

Aujourd'hui ce bâtiment est occupé par les écoles communales gratuites pour les garçons. — Ecoles des frères. — Ecole de fabrication. — Ecole de musique et Laboratoire de chimie.

La ruelle de la Calade s'appelait autrefois rue Buade.

RUE DES CALQUIÈRES

Allant du boulevard des Calquières à la rue Notre-Dame.

3e Canton. — Section 8.
Niveau 43m43 , 41m 80.

BOULEVARD DES CALQUIÈRES

Allant de la place des Carmes au boulevard de l'Esplanade.

Niveau 41m20, 43m80.

Les *Cauquières* ou *Tanneries* étaient situées hors de la ville dans des terrains bas et marécageux qui recevaient toutes les eaux de la Fontaine et des égouts, et comme elles étaient toutes groupées dans ce quartier, celui-ci en reçut sa dénomination.

M. Germer-Durand, dans son étude sur les murs de Nimes, nous donne sur cette

(1) Ménard T. 6 p. 473.

partie de l'enceinte fortifiée du moyen âge, les détails suivants que je crois intéressant de reproduire en leur entier :

« Les tours qui se trouvaient à cet endroit avant de porter le nom de *Tour-des-Bœufs* à cause du marché aux bœufs qui se tenait dans l'intérieur de la ville vers le collège actuel et la place de la Salamandre, formaient avec les ruines d'une porte romaine qui s'y trouvait et l'arceau pour le passage des eaux, le *Castellum Morocipium* dont il est question dans le cartulaire du chapitre de Nîmes. Entre la *Tour-des-Bœufs* et la *Tour-du-Temple*, il existait une échauguette ancienne bâtie sur les restes de la seconde tour de la porte romaine.

» Elle était défendue par quelques arbalétriers et la Tour-des-Bœufs par huit hommes dont trois arbalétriers. Deyron et Poldo d'Albénas ne parlent pas de cette porte romaine, mais ils indiquent cependant les trois arceaux qui se trouvaient en cet endroit.

» Lorsqu'après la bagarre de 1793 on eut démoli la Tour-de-Froment et les remparts, on retrouva le reste de la Porte-des-Eaux.

» Dans la *Topographie de Nîmes*, par Baumes et Vincens, ouvrage composé en 1790, mais qui reçut un supplément et fut imprimé en 1802, l'auteur dit qu'on retrouva trois arceaux de construction romaine, dont deux servaient de passage et le troisième laissait les eaux s'écouler dans le fossé.

» Dans un essai publié en 1849, M. Auguste Pelet dit avoir vu cette porte vingt ans auparavant, lors des réparations faites à cette partie du lycée. Elle se composait, dit-il, de deux arcades sans ornements séparées par un piédroit.

» La place de la Couronne qui termine ce boulevard était autrefois bien loin de ressembler à ce qu'elle est aujourd'hui. Située sur l'emplacement de l'ancien cimetière des Augustins, elle était moins spacieuse que le square actuel; de vieilles maisons l'entouraient et à côté du Luxembourg se trouvait une auberge avec grande remise qui fermait presque l'entrée de la rue Notre-Dame ; au milieu il existait une grande fontaine la plupart du temps sans eau et c'était de cette place que partaient généralement toutes les diligences.

» Aujourd'hui un très-beau square arrosé par une eau abondante qui retombe en gerbe dans un grand bassin animé par un couple de cygnes, vient donner à tout ce quartier l'ombre et la fraîcheur si nécessaires aux Nimois. C'est sous l'administration de M. Duplan, maire de Nîmes que cette transformation a eu lieu. »

BOULEVARD DES CARMES

Allant de la place des Casernes au boulevard des Calquières.

3e canton. — Section 4.
Niveau 46m45, 44m50.

Un moine, natif de Calabre, ayant bâti une église sur le Mont-Carmel, en Palestine, donna naissance à l'ordre des Carmes, qui, en 1244, fonda son premier établissement à Marseille, où ils bâtirent le couvent des Aigalades. C'est probablement quelques années après qu'ils durent s'établir à Nimes. Ce qui le prouve, c'est un testament d'un habitant de Nimes, appelé Guillaume André, qui, à la date du 2 mars 1263, légua six deniers aux frères du Mont-Carmel ; ce qui suppose sans contredit une communauté déjà formée et établie depuis quelque temps.

On ne connaît pas d'une manière certaine dans quelle partie de la ville fut cette première demeure. On sait seulement que ce ne fut qu'après l'an 1270 que leur couvent fut bâti hors de la ville, près de la porte Rades qui, plus tard, a pris le nom de porte des Carmes.

C'est là le deuxième ordre mendiant établi à Nimes.

Près de la porte des Carmes, et dans l'intérieur de la ville, se tenait au moyen âge le marché aux brebis, et je ne serais pas éloigné de croire que c'était dans la rue Bât-d'Argent, là où l'on voit encore une porte ornée de têtes de brebis sculptées.

Ménard nous apprend qu'en 1481, le dimanche des Rameaux (1), selon l'usage établi depuis un temps immémorial, on célébra, sur la place du Marché-aux-Brebis, l'office du jour. L'évêque et les chanoines s'y rendaient processionnellement, on y pré-

(1) Preuves, charte XLVII.

chait, et les consuls y assistaient avec un grand concours de monde. On y dressait un autel et une espèce de chapelle ardente, avec des bancs tout autour. C'étaient les chefs des charpentiers et des menuisiers qui faisaient ce travail et on leur donna, cette année-là, 2 livres 5 sols.

En 1643, le premier consul Trimoud, avocat, fit, avec l'autorisation du conseil, planter une allée d'ormes sur le chemin situé hors de Nimes et qui allait de la place de la Couronne à l'enclos des Carmes.

C'est en 1679 que les religieux commencèrent à bâtir un monastère dans cet enclos. On en bénit avec beaucoup de pompe la première pierre, qui fut posée le 11 février par le juge-mage François-Annibal de Rochemaure, en présence du corps de ville et des consuls en chaperon.

Ce couvent ne fut fini qu'en 1685, mais comme l'église n'était pas encore commencée, ils convertirent la salle d'en bas en une chapelle qui fut bénie, le 4 novembre, par l'archidiacre Causse, vicaire général et official de l'évêque Séguier. Elle fut dédiée à Dieu, sous l'invocation de saint Charles Boromée.

L'église des Carmes a été finie en 1747, et fut consacrée par l'évêque Becdelièvre. C'est là que les chirurgiens de Nimes, sous le titre de Saint-Cosme et Saint-Damiens, et les cardeurs, sous le titre de Saint-Blaise, avaient établi leur confrérie.

A côté du Château-Royal, il existait une ancienne porte romaine, désignée dans les actes sous le nom de Tour Episcopale (*Turris*

Episcopalis, 1146-1157) (1) appartenant à l'évêque de Nîmes et relevant du vicomte de Nîmes.

En 1356, cette porte fut murée, mais on ne sait pas au juste en quelle année elle fut réouverte pour prendre en même temps le nom de porte des Carmes. On voit cependant, dans le compte du clavaire des consuls de 1399, une dépense de 10 deniers tournois pour une réparation aux ferrures de la nouvelle porte des Carmes.

Ménard (2) nous apprend qu'un différend survint, en 1503, entre les consuls et le sénéchal, gouverneur de la ville, au sujet des clés que ce dernier avaient confiées à Pierre Bordier, dit Merchaudon, garde du Château-Royal. Il y avait là une atteinte aux libertés municipales et nos consuls surent en cette occasion les faire respecter et restituer par le gouverneur ce qu'il détenait indûment (3).

Murée en 1614, la porte des Carmes fut ouverte à la paix de 1629, et resta une des entrées principales de la ville.

En 1708, on démolit les degrés qui de cette porte descendaient dans les fossés et qui probablement servaient de lavoir. En 1717, quelques réparations furent également faites à la Tour de l'Evêque.

Cette tour est demeurée célèbre dans

---

(1) Hist. de Languedoc II. Preuves, p. 514-563. —Germer-Durand, p. 52.

(2) Ménard, T. IV, pr., p. 89.

(3) V. Germer-Durand, p. 54 et 55.

l'histoire de la *Bagarre* de 1790, sous le nom de tour Froment. Servant de centre de résistance au parti royaliste qui avait pris les armes, elle fut canonnée par le régiment de Guienne et prise d'assaut.

La porte des Carmes était appelée aussi, mais rarement, porte de la Croix ; une foire accordée par le roi aux habitants en 1566 se tenait du 8 au 23 février, dans la rue de la Porte-de-la-Croix jusqu'à la place Belle-Croix.

Près du boulevard des Carmes se trouvait le moulin du Petit-Saint-Jean, qui a été démoli en 1834.

C'est sur ce boulevard qu'on remarque la *Porte d'Auguste* qui, grâce au prolongement de la rue de l'Agau, est aujourd'hui isolée et offre au curieux un sujet plus complet d'étude.

Ce monument était autrefois plus élevé et, comme toutes les portes romaines, flanqué de deux grandes tours ; il était pour ainsi dire noyé dans les constructions du Château-Royal, et ce n'est qu'en 1693, lorsqu'on démolit ce dernier, qu'on fit pour ainsi dire la découverte de l'ouvrage des Romains.

Je n'entreprendrai pas ici de faire une description détaillée de ce monument, et je me hâte de renvoyer le lecteur au remarquable travail de M. Germer-Durand fils, couronné en 1875, par l'Académie du Gard. Je me bornerai donc à citer brièvement les points les plus saillants et ceux qui offrent le plus d'intérêt.

Une inscription qui appartenait à la frise

de cette porte et dont les fragments n'ont été qu'imparfaitement remis en place, donne la date certaine de la construction des fortifications romaines de Nîmes, la voici telle qu'elle a été rétablie :

IMP. CAESAR DIVI F. AVGVSTVS COS XI.
TRIBV.
POTEST. VIII PORTAS MVROS. COL. DAT.

Il est donc certain que nos murailles et nos portes s'élevèrent lorsque Auguste exerçait, pour la huitième fois, la puissance tribunitienne, l'an de Rome 786 et seize ans avant Jésus-Christ.

On remarque dans cet édifice quatre portes, deux d'égale grandeur devaient servir au passage des chevaux et des chars, les deux autres, plus petites, étaient réservées pour les piétons. Les deux cintres du grand portique sont surmontés d'une tête de taureaux en relief ; au-dessus des deux autres est une niche qui recevait probablement une statue. Les quatre pilastres sont d'ordre corinthien, ceux du milieu sont séparés par une petite colonne ionique appuyée sur une console, mais dépourvue de piédestal.

M. Auguste Pellot croit que cette colonne était le *milliare passum primum* de Nîmes, c'est-à-dire la pierre de laquelle on partait pour compter les milles, qui s'appelait aussi *lapis milliaris*, et qui, dans ce cas, était le milliaire zéro et sans numéro ; on sait, en effet, qu'à l'exemple de Rome, les colonies avaient le droit d'établir des milliaires jusqu'à leur dépendance, et que les milles se comptaient à partir de leur capitale, le milliaire n° 1 se trouvant à un mille des murs de la ville. Ce fait est prouvé par la distance du milliaire carré de l'empereur Tibère portant le n° IIII, qui se trouve sur la route de Beaucaire au point appelé le *Pont de Car*, comme pour dire pont *de quarto Lapide*. — Même origine pour le village d'Uchaud (8° milliaire sur la voie Domitienne).

RUE CART.

Allant du chemin de Montpellier à la rue Massillon.

1er Canton. — Section 12.
Niveau 44m09, 42m17.

Cette rue s'appelait autrefois rue de la Fonderie, mais il y a quelques années elle a reçu un autre nom pour consacrer le souvenir de l'avant-dernier évêque de Nimes.

Jean-François Marie Cart naquit le 30 août 1799 dans le village de Mouthe, département du Doubs ; il fit ses études d'abord au collége de Pontarlier ensuite au petit séminaire de Nozeroy et entra en 1817 au grand séminaire de Besançon. Ordonné sous-diacre le 28 août 1821 par Mgr de Cortois de Pressigny, archevêque de Besançon et frère de Magdelaine Cortois de Balore, évêque de Nimes à l'époque de la Révolution. Il reçut l'onction sacerdotale le 21 septembre 1822. Successivement vicaire à Pontarlier et à Besançon, vicaire général de Mgrs de Rohan, Dubourg et Mathieu jusqu'en 1837, il fut appelé au siége de Nimes le 3 décembre de cette année.

Le sacre de l'évêque de Nimes eut lieu à Besançon le 22 avril 1838 en présence de plusieurs évêques, des chanoines Sibour et Privat et du curé Couderc, représentant le chapitre et le clergé de Nimes.

Il fit son entrée solennelle dans sa ville épiscopale le 1er juillet 1838 et prit pour armoiries l'image de la Vierge avec cette devise : *Monstra te esse matrem*. Après un épiscopat qui dura dix-huit ans, il rendit son âme à Dieu le 13 août 1855.

Mgr Cart sut, par sa douceur, son aménité, sa foi véritablement chrétienne et sa tolérance se faire aimer et respecter par tout le monde et il a donné à ses successeurs un exemple de cette mansuétude et de cette charité qui doivent constituer le véritable apôtre de J.-C.

Un monument lui a été élevé dans le cimetière de Saint-Baudile au-devant de la chapelle à la place qu'il avait désignée lui-même : M. Révoil en a été l'architecte; le département, la ville et les fidèles en ont fait les frais.

BOULEVARD DES CASERNES.

Allant du boulevard du Petit-Cours au chemin d'Uzès.

2e Canton. — Section 5.
Niveau 46m43, 45m42.

Pour s'affranchir de l'obligation de loger les troupes de passage, les habitants de Nîmes résolurent, en 1695, de construire des casernes dans lesquelles à l'avenir les soldats auraient leur demeure ; mais comme pour cela il fallait dépenser une somme trop considérable pour la ville seule et que, d'un autre côté, le diocèse tout entier était intéressé à cet établissement, après de nombreuses conférences, il fut décidé qu'on ferait présenter une requête à l'intendant de la province afin d'obtenir que la dépense fût faite un tiers par le diocèse, un tiers par la ville comme communauté et l'autre tiers par les habitants sujets au logement.

Le premier consul s'étant rendu à Montpellier obtint de l'intendant Bâville, le 12 septembre 1695, une ordonnance entièrement favorable à tous ces chefs de demande. En conséquence, le plan fut dressé par Daviler, architecte du roi et de la province de Languedoc, et les travaux mis en adjudication.

Ce sont les mêmes casernes qui existent aujourd'hui, sauf quelques modifications intérieures.

Ce vaste bâtiment devait former quatre cours, savoir : une de cavalerie à la droite, une d'infanterie à gauche, celle de l'étape au milieu et autre petite cour pour la cavalerie derrière celle de l'étape.

Ces cours devaient être entourées de murs et formées par un corps de logis double contenant les écuries et casernes au rez-de-chaussée et au premier étage le logement des soldats. — Il fallait que, dans son étendue, le bâtiment pût contenir un régiment de cavalerie composé de 12 compagnies à 50 maîtres chacune, avec leurs officiers, et un régiment d'infanterie de 13 compagnies à 55 hommes chacune avec leurs officiers, et qu'il fût formé de 172 chambres où pussent loger 1,274 hommes et 37 écuries pour 763 chevaux.

On se mit immédiatement à l'œuvre et les travaux furent poussés avec une telle rapidité que le quartier de cavalerie et le bâtiment de l'étape furent finis en 1697 et le reste en 1700.

Il ne faut pas croire qu'à l'époque où la construction des casernes fut décidée l'emplacement fût disposé comme aujourd'hui : le boulevard du Petit-Cours s'arrêtait en face de la rue du Puits-Corcomaïre; son niveau était beaucoup plus élevé que celui des casernes; puisqu'en face de la rue du Château, presqu'au milieu du boulevard actuel, il y avait un escalier qui permettait aux habitants de l'intérieur de la ville de descendre jusqu'à la porte des casernes.

L'enceinte fortifiée, construite par Rohan, venait se relier à l'ancienne enceinte de la ville précisément en face de la rue du Château et remontant dans le faubourg des Prêcheurs, allait rejoindre la citadelle en passant par ce que l'on appelle encore aujourd'hui la rue du Rempart. Au devant des casernes, le terrain était très-irrégulier et en face se trouvaient des maisons souvent très-rapprochées.

En 1734, la ville comprit qu'il était urgent de dégager les abords des casernes et d'agrandir la place d'armes qui était au devant. En conséquence, et le 12 janvier

1734, elle passa un traité avec un sieur Salles, bourgeois, propriétaire de la plupart de ces maisons. Il fut convenu que Salles céderait une partie de son terrain et de ses maisons notamment de celle qui cachait une des portes de la caserne quand on venait de la porte de la Couronne, qu'il ferait enlever les terres qui seraient au-dessus du niveau de la place dans le terrain qu'il cédait, qu'il ferait démolir la muraille du fossé qui allait de la porte des Carmes jusque vis-à-vis les casernes, etc.; de son côté, la ville lui céda une portion de terrain, l'exempta de l'impôt pour ce terrain et lui céda tous les droits de *tretzein* qu'elle pouvait prétendre à raison des maisons qu'il avait acquises.

Ces maisons du sieur Salles sont devenues plus tard ce que l'on appelait l'île de l'Orange, à cause de l'auberge de ce nom. La ville en a fait l'acquisition en 1836, et l'on a construit sur cet emplacement une église pour remplacer celle des Carmes qui, disait-on, menaçait ruine.

Cette église, dans le style gothique, a été construite d'après les plans de M. Mondet, architecte de Bordeaux; les vitraux sont l'œuvre de M. l. Villiet, et les sculptures de MM. Bosc, Michel, Bremont, Morice et Jouandot; les entrepreneurs ont été MM. Ormières et Goëytes.

CASERNE DES PASSAGERS.

Allant de la rue de l'Abattoir à la rue du Cadereau.

1er Canton. — Section 12.
Niveau 46m08, 42m50.

La municipalité de Nîmes, voulant dégrever les habitants de l'obligation de loger les troupes de passage, obligation qui n'incombait qu'à un certain nombre de citoyens, décida, en 1842, qu'on mettrait en adjudication l'entreprise du logement des troupes de passage, et ce fut le 15 octobre 1842, sous l'administration de M. Girard, maire, qu'elle eut lieu.

RUE SAINT-CASTOR

Allant de la place aux Herbes à la place Belle-Croix

2e canton. — Section 7.
Niveau 45m97, 44m58.

Saint Castor, évêque d'Apt (Vaucluse), était né à Nîmes vers le milieu du IVe siècle de parents distingués. Il avait épousé une jeune fille d'Arles qui lui apporta en dot le domaine de Manancha, près d'Apt, sur lequel il fit construire un monastère dont il fut le premier abbé. Ses vertus le rendirent bientôt célèbre dans toute la contrée, et lorsque saint Quentin, évêque d'Apt vint à mourir, le clergé et le peuple de cette ville l'élurent à l'unanimité pour lui succéder. — Il mourut le 2 septembre 419.

Quelques auteurs ont prétendu, se basant pour cela sur une fausse tradition, que saint Castor est né dans les Arènes de Nimes; on allait même jusqu'à montrer sa maison, sa chambre et son bénitier. C'est là une erreur grossière, car à l'époque où il naquit, l'amphithéâtre était en très-bon état, et il n'y avait pas encore de maisons de bâties dans l'intérieur. Ce ne fut que longtemps après l'arrivée des Visigoths que ce monument fut converti en forteresse, et ce n'est qu'au milieu du v⁰ siècle qu'on construisit dans les portiques des maisons pour loger la garnison.

Une autre tradition porte que Saint-Castor est né dans une maison située place du Marché à côté de la pharmacie Michel. Cette maison qui conserve encore son caractère roman, a été pendant longtemps l'objet d'une dévotion qui se faisait le jour de la fête du saint. Le clergé de la cathédrale venait y faire une station, et une prédication avait lieu en l'honneur de saint Castor. Cet usage est complétement perdu aujourd'hui quoique la maison existe toujours.

Saint Castor est le patron de l'église cathédrale de Nimes.

En 1095, le pape Urbain II revenant du concile de Clermont (en Auvergne) dans lequel se fit la publication de la Croisade pour la délivrance des lieux saints, arriva à Nimes pour y tenir un concile qui eut lieu le 5 juillet 1095. Le 6 juillet, il consacra l'église cathédrale. Le comte Raymond de Saint-Gilles épousa cette église, la dota et lui assigna tout ce qu'il possédait dans le lieu de Font-Couverte, située près de Nimes. — On voyait sur le bâtiment du domaine de la Bastide qui faisait partie de celui de Font-Couverte les armes de la maison de Toulouse aussi, dit Ménard (1), depuis ce temps-là, le chapitre de Nimes a-t-il adopté les armes des comtes de Toulouse qui sont de *gueules à la croix d'or vuidée cléchée et poumetée.* — A cette époque, la cathédrale venait d'être bâtie, elle était construite à trois nefs, et sa façade était ornée de sculptures dans le goût du temps représentant des sujets de l'Ecriture sainte.

Le soubassement en larges dalles qu'on remarque aujourd'hui à l'entrée de la rue Saint-Castor, les précieuses mosaïques qui existaient encore au xvi° siècle à l'intérieur de la cathédrale, les deux taureaux de marbre en saillie sur la porte du nord, constatés à la même époque, enfin les fouilles exécutées en 1824 qui ont exhumé des fragments accusant une ordonnance pareille à celle de la Maison-Carrée, ont fait supposer que c'était sur cet emplacement que se trouvait autrefois la fameuse basilique érigée à Nimes par l'empereur Adrien en l'honneur de Plotine et que Spartien cite comme un chef-d'œuvre (2).

(1) Ménard, tome I, page 159.

(2) V. Eyssette, *Notice archéologique sur la basilique de Sainte-Marie*, n° 1. V. Lentheric, *Villes mortes*, 2° partie, chap. 8, p. 280.

L'espace libre qui se trouvait devant l'église était loin de ressembler à ce qu'i est aujourd'hui ; de nombreux *tabliers* sur lesquels les marchands exposaient leurs marchandises l'encombraient et venaient même s'appuyer contre ses murs.

Au mois de juin 1117, Raymond (fils de Raymond, comte de Toulouse et de la reine Constance), comte de Toulouse et de Nimes, marquis de Provence, concéda aux chanoines de l'église Sainte-Marie de Nimes tous les étaux existants depuis le clocher de Sainte-Eulalie jusqu'à la rue qui conduit au *Pré* (On sait que la partie de la ville comprise entre la cathédrale, la rue Dorée et la Grand'rue s'appelait quartier du Prat) *et tous ceux qui existent ou pourront exister depuis l'angle de la maison de Pierre Geoffroi jusqu'à la maison de Durand Layati*. Il donna et céda à perpétuité et en *aleu* aux mêmes chanoines tous les étaux qui existaient devant le four du chapitre entre la maison *Malfeste* et la maison *Layati, c'est-à-dire quinze étaux et deux tiers*. Ces étaux étaient ceux employés par les corroyeurs et savetiers pour la vente de leurs cuirs et de tout ce qui a rapport à leur industrie.

Nous voyons encore qu'en 1149, Aldebert d'Uzès, de concert avec le vicomte Bernard-Athon et la vicomtesse Guillemette, donna en fief à Bernard Geoffroi et à ses fils toutes les nouvelles tables d'étalage qui pourraient être construites près des leurs, devant la porte rouge de l'église de Notre-Dame de Nîmes (1).

Le 18 décembre 1270, les commissaires de la cour royale de Nîmes firent un règlement pour déterminer la hauteur et la largeur de ces tables d'étalage afin d'empêcher les empiétements des particuliers (2).

En 1405, il intervint un accord entre les chanoines de la cathédrale et les consuls pour placer une horloge sur le clocher de la cathédrale. Ce furent les consuls qui firent toute la dépense.

En 1504, on fit construire une chapelle sous le titre de Saint-Pierre dans la place qui était au-devant de l'église cathédrale et l'on y mit une grille de fer. Jacques Faucon, évêque élu, fit acheter pour cette grille cent quintaux de fer (3).

En 1567, à la suite des troubles religieux pendant lesquels eut lieu le massacre appelé la *Michelade*, l'église cathédrale fut démolie par les religionnaires qui ne laissèrent subsister que le clocher et la façade.

En 1610, la cathédrale fut reconstruite, et, en 1612, Louis Maridat, chanoine, donna l'inspection de ce bâtiment à un architecte de Béziers, nommé Didier de la Gaïolle (4), mais le 29 novembre 1621, elle fut une nouvelle fois démolie.

(1) V. *Trésor des chartes du roi*. Toulouse, lac. 13, n° 9.
(2) V. Ménard, preuves, charte LXVIII.
(3) V. Ménard, nouvelle édition, titre 4, p. 70.
(4) V. Ménard, nouvelle édition, tome 5, p. 372.

En 1746, les chanoines de la cathédrale prirent la détermination de transférer et rétablir dans leur église le service de la paroisse Saint-Castor qui s'était fait jusqu'alors dans l'église Sainte-Eugénie. Cette translation eut lieu en 1746. Après maintes péripéties (1), on songea alors à pourvoir au logement du curé et des vicaires et à leur donner une habitation qui fût à portée de l'église cathédrale pour la facilité du service paroissial. On jeta les yeux sur la maison qui avait autrefois appartenu à l'archidiacre Bégault, située presque à l'entrée de la petite porte. C'est la même qui sert encore aujourd'hui d'habitation au curé de la cathédrale. Cette maison se distingue encore par son architecture et mérite d'être visitée avec attention. On remarque dans la cour intérieure un puits surmonté d'une cariatide qui tient la poulie.

La rue Saint-Castor a porté successivement les noms de rue du Clocher, de Notre-Dame et de la Vieille-Draperie.

Dans l'intérieur de la cathédrale, on remarque les tombeaux du cardinal de Bernis, dont les poésies ont eu tant de vogue dans le temps, et celui d'Esprit Fléchier, évêque de Nimes. Mgr Plantier y a été inhumé le 1er juin 1875. On y voit aussi des tableaux de Mignard, de Natoire et de Levieux, ainsi qu'une belle toile de Sigalon représentant le baptême de Jésus-Christ.

Dans les archives hospitalières de Nimes, on lit à la date du 16 mars 1667 la descrip-

---

(1) V. l'abbé Goiffon, *Evêques de Nimes*, p. 79.

tion du rétable du maître-autel exécuté par maître André Eustache, menuisier. Dans cet acte nous voyons que Jean-Jacques de Queyras et Jean-Etienne Servel étaient chanoines de ladite cathédrale (1).

La nouvelle église restaurée fut consacrée en 1835 par Mgr de Chaffoy. C'est en vertu d'une délibération du conseil municipal, en date du 1ᵉʳ avril 1824, que la rue dont nous nous occupons porte définitivement le nom de Saint-Castor. Avant que les consuls de Nimes eussent acquis une cloche particulière et l'eussent établie à la tour d'observation et de signaux, aujourd'hui Tour de l'Horloge, le bourdon de la cathédrale servait à tous les usages religieux et politiques de la cité. Nous voyons dans l'information consulaire dirigée contre les partisans de Raymond VII pendant que Nimes se défendait contre les armes de ce prince, que les conspirateurs munis de cuirasses devaient se jeter dans l'église, fermer les portes, fortifier le clocher et mettre en branle la cloche *Bernard, Invadere regias, munire cloquerium et pulsare signum Barnarum.*

Tannegui du Chastel, sénéchal de Beaucaire, ayant voulu, par abus de pouvoir, nommer de son chef un prélat en dehors des règles canoniques, la communauté canoniale ferma les portes de l'église et se retrancha en armes dans les tours. Le roi

---

(1) V. la *Semaine religieuse* du 2 octobre 1875.

Louis XI cassa la nomination ainsi faite et fit désarmer les chanoines (1).

RUE SAINTE-CATHERINE.

Allant du Cours-Neuf au Cadereau.

1ᵉʳ canton. — Section 10.
Niveau 49ᵐ10, 49ᵐ68.

Sainte Catherine, vierge et martyre, vivait, à ce qu'on croit, au commencement du IVᵉ siècle, et subit le martyre sous Maximin Daza, vers 312. Elle avait une instruction au-dessus de son sexe. On prétend qu'elle convertit plusieurs philosophes qui avaient été chargés par l'empereur de la faire renoncer à sa foi. Elle est la patronne des écoles de filles. Longtemps aussi les élèves de philosophie l'ont prise pour patronne. On croit qu'elle s'appelait Dorothée, et que le nom de Catherine lui fut donné du mot syriaque *Céthar* (couronne), parce qu'elle remporta, dit saint Jérôme, la triple couronne du martyre, de la virginité et de la science. On la représente d'ordinaire appuyée sur une roue à demi-rompue et teinte de sang. On célèbre sa fête le 25 novembre.

Sainte Catherine est considérée comme la patronne des vieilles filles. On dit vulgairement *coiffer sainte Catherine*.

La rue de ce nom n'offre, au point de vue archéologique, rien qui mérite d'être signalé.

(1) V. Eyssette, *Notice archéologique sur la basilique Sainte-Marie*, p. 174.

RUE CATINAT.

Allant du chemin d'Avignon au chemin d'Uzès.

2e canton. — Section 5.
Niveau 45ᵐ70, 47ᵐ02.

Catinat Nicolas, maréchal de France, né à Paris, en 1637, mort en 1712, quitta dans sa jeunesse le barreau pour le métier des armes, fut nommé lieutenant-général en 1688, et vainquit le duc de Savoie à Staffarde et à la Marsaille. Le bâton de maréchal fut le prix de ces exploits. Placé une seconde fois à la tête des troupes françaises en Italie, il eut à combattre le prince Eugène; mais le mauvais état de l'armée, le manque d'argent et de subsistances paralysèrent ses efforts, et il éprouva quelques échecs qui amenèrent sa disgrâce. Il subit en philosophe cet injuste traitement, et vécut depuis dans la retraite, fuyant la cour et pratiquant toutes les vertus. Il a publié ses mémoires.

Le nom de Catinat a acquis une célébrité d'un autre genre dans le Midi. Il fut porté par un nommé Morel, compagnon de Cavalier, chef des Camisards.

Ce *Morel dit Catinat*, nature ferme, taillée dans le roc, poussant le fanatisme religieux jusqu'à l'exagération, se distingua par sa valeur et par son austérité; il refusa toute transaction et ne voulut pas suivre l'exemple de Cavalier lors de la soumission de celui-ci à l'autorité royale. Avec Ravanel, autre lieutenant de Cavalier, il retourna dans les Cévennes pour continuer la lutte. Poursuivi et trahi à Nimes par de faux amis, il fut brûlé vif le 22 avril 1705.

RUE DU CÉRISIER.

Allant du chemin de Sauve à la rue Isabelle.

1er canton. — Section 1.
Niveau 54m73, 51m87

La dénomination de cette rue remonte à une classification qui se fit au commencement du siècle et qui avait donné à plusieurs d'elles des noms d'arbres, comme rue des Tilleuls, des Marronniers, du Cyprès.

RUE DE CHAFFOY.

Allant de l'avenue Feuchères à la rue de Servie.

3e canton. — Section 9.
Niveau 39m92, 39m85.

Ainsi appelée en souvenir de Claude-François-Marie *Petit-Benoît de Chaffoy*, né à Besançon, au mois de février 1752, de noble Bonaventure de Chaffoy, conseiller au parlement, et de Thérèse-Pierrette Bélin.

Après avoir fait ses études au collége de Pontarlier, il entra à seize ans au séminaire de Saint-Sulpice et s'y fit remarquer par de brillants succès; il prit ses grades de théologie à Navarre, et fut nommé chanoine par brevet de joyeux avénement de Louis XVI; ordonné prêtre à Paris et immédiatement après placé sous le chandelier de l'église de Besançon par Mgr de Durfort, archevêque de cette ville, il fut nommé par lui grand-vicaire; il n'avait alors que vingt-cinq ans.

En 1791, il se retira à Soleure et l'évêque de Lausanne l'ayant nommé grand-vicaire, il vint s'établir à Crécier, dans la principauté de Neufchâtel sur les frontières du diocèse de Besançon. Rentré en France après la tourmente révolutionnaire, il fut nommé grand vicaire de Mgr de Pressigny, évêque de Besançon, et puis évêque de Nimes en 1817.

Les informations de l'évêque de Nimes avaient été envoyées à Rome en 1818, mais les difficultés qui s'élevèrent contre l'exécution du concordat de 1817 retardèrent sa préconisation qui n'eut lieu qu'en 1821. Il fut sacré le 21 octobre dans l'église de Saint-Sulpice à Paris, par M. de Latil, évêque de Chartres, et fit son entrée solennelle à Nimes le 19 décembre. Pendant dix-sept ans, il administra son diocèse avec une charité et une douceur qui ont laissé les plus doux souvenirs dans les cœurs de tous les Nimois. Sa devise était : *Secure et leniter pascor*. Il mourut le 29 septembre 1837, à l'âge de quatre-vingt-cinq ans, après un épiscopat de seize ans.

Le chanoine Couderc a publié une biographie de Mgr de Chaffoy en 1837.

C'est par arrêté municipal du 8 décembre 1858 approuvé par un arrêté ministériel du 27 mai 1859 que cette rue a reçu le nom de Chaffoy.

RUE DES CHAPELIERS.

Allant de la rue Régale à la place de la Salamandre.

3e Canton. — Section 8.
Niveau 44m45, 42m92.

Le nom de cette rue vient probablement de ce qu'un plus grand nombre d'artisans de cette profession s'y étaient établis. A l'époque où les corporations des divers métiers étaient en plein fonctionnement, chacune avec ses droits, ses obligations et ses priviléges, on comprenait ce groupement qui avait sa raison d'être et ce fait s'est produit dans presque toutes les villes de France. C'est ainsi qu'à Nimes il y avait autrefois la rue des Espasiers, de la Corregerie, de la Fusterie, de la Pelisserie et qu'on trouve encore celle des Orfèvres, des Broquiers et des Chapeliers.

En 1789 Messire Jean-Baptiste d'Augier, conseiller d'Etat, lieutenant général et officier de justice de l'assiette, habitait cette rue qui pendant longtemps a porté son nom.

Depuis 1874, la ville y a établi une salle de vente à la criée.

RUE DU CHAPITRE.

Allant de la rue des Marchands à la Grand'rue.

2e canton. — Section 7.
Niveau 45ᵐ98, 43ᵐ30.

Cette rue s'appelait rue du *Campnau* ou *Cannau Supérieur* (*de Camponovo Superiori*) (1) ou de l'évêché; et tout le quartier compris entre le Grand Temple actuel et les Arènes, s'appelait au XIIᵉ siècle et jusqu'au siècle dernier, le quartier de *Prat* (*Quarto de Prato*), c'était en effet dans l'enceinte romaine la partie la plus facilement arrosable et la moins abritée.

Le 24 janvier 1739 le conseil de ville avait délibéré de construire une église paroissale devenue nécessaire par l'augmentation des habitants, et le 8 juillet il nomma des commissaires pour se concerter sur les moyens de parvenir à cette construction, mais le chapitre de la cathédrale (dont les membres habitaient la maison actuellement la propriété de M. Henri de Rouville), s'opposa vivement à la translation du service curial de la paroisse Saint-Castor dans une nouvelle église, réclama ses droits, sa qualité de curé primitif de cette paroisse et se mit en état de faire ce service dans l'église cathédrale même. Sur le refus du curé, le chapitre le fit assigner, le 28 septembre 1740, aux re-

---

(1) V. Germer-Durand, p. 24.

quêtes du palais, à Toulouse, pour s'y voir condamner à venir désormais faire le service curial de l'église Sainte-Eugénie dans la cathédrale. Un jugement du 10 janvier 1741 maintint le chapitre de Nimes comme curé primitif de la paroisse Saint-Castor, au droit et en la possession d'avoir, dans l'église cathédrale, le service entier de cette paroisse, et condamna le vicaire perpétuel à y faire à l'avenir ce service paroissial avec défense de le faire ailleurs (1). Ce jugement ne fut signifié au vicaire perpétuel Gaillère que le 27 novembre 1745, mais celui-ci refusa d'y obtempérer tant que l'évêque de Nimes n'aurait pas fait connaître ses intentions et ses ordres.

Celui-ci fit tenir un chapitre extraordinaire le lundi 17 janvier 1746 dans lequel il fut décidé que cette translation aurait lieu et le vicaire Gaillère promit de s'y conformer.

En 1783 et le 7 novembre, le conseil de ville ayant décidé l'élargissement de la rue du Chapitre à l'endroit où elle débouche sur la place du Puits de la Grand-Table, fit démolir l'angle de la maison du sieur Rang, tailleur d'habits et lui alloua une indemnité de 300 livres.

La rue du Chapitre longe le jardin de l'évêché. Cet évêché supprimé par les lois révolutionnaires ne fut pas compris dans le nombre des cinquante siéges épiscopaux organisés par le concordat de 1801 et la loi

---

(1) V. Abbé Goiffon, p. 79.

du 10 germinal an x d'après lequel Nimes et le Gard dépendaient de la juridiction de l'évêché de Vaucluse. Ce fut une ordonnance royale du 19 octobre 1821 rendue en vertu de la faculté laissée au roi par l'article 2 de la loi du 4 juillet 1821 sur les pensions ecclésiastiques qui le rétablit.

Une disposition insérée dans la loi des finances du 28 juin 1833 sur la proposition du député Eschassériaux menaçait l'évêché d'une nouvelle suppression, mais le conseil municipal présidé par M. Girard, maire, s'opposa à la chose et envoya un mémoire qui eut un plein succès. (1)

Dans la rue du Chapitre se trouve l'ancienne maison Baudan de Trescol aujourd'hui maison de Régis dans la cour de laquelle on lit les inscriptions suivantes :

D. M.	D. M.
OPPIAE L. F.	POMPIAE
VARENNIAE	HYGIAE
ANN. VI. M. IX. D. V.	POMPIA GR ° ✝ CE
OPPIA L. PIL.	SOROR B
SECVNDILLA FILIAE	LVCINVS VITALIS
KARISSIMAE (2)	FIL MARITVS. (3)

De nombreuses inscriptions chrétiennes dont Ménard donne le texte se trouvaient contre les murs de la cour du chapitre.

(1) V. le *Courrier du Gard* du 9 avril 1834.
(2) V. Ménard, T. 7, p. 382. — Gruter. — Grasser. — Rulman et Guiran.
(3) V. Ménard, T. 7, p. 395. — Gruter. — Rulman et Guiran.

Il peut n'être pas sans intérêt de rappeler ici l'origine des chapitres en général.

Un concile d'Aix-la-Chapelle, tenu sous l'empereur Louis-le-Débonnaire, avait créé pour les deux sexes une institution de chanoines réguliers, vivant sous une règle commune, celle de Saint-Augustin, et dont la mission était de chanter (*canere*) les louanges de Dieu et de servir les pauvres.

C'est là l'origine des chapitres de chanoinesses en Allemagne et des principaux chapitres cathédraux en France. L'institution des chanoines réguliers était une protestation et une barrière contre les envahissements des bénéfices ecclésiastiques par les seigneurs ; ces derniers se montraient, en effet, très-jaloux, de cumuler les bénéfices sacrés et les bénéfices militaires. Les chapitres nobles ou réservés aux chevaliers n'ont point d'autre origine. Dans l'ancienne église de Viviers, sous la loi impériale et germanique, les chanoines d'épée se rendaient à l'église à cheval et n'en descendaient qu'à la porte du chœur pour prendre place dans les hautes stalles avec leurs femmes et leurs enfants, tous en chapes et en mitres ; il est vrai que l'évêque de Viviers, comme comte du Saint-Empire, officiait en éperons d'or et faisait porter devant lui, par son écuyer, une épée dont la pointe était tenue levée au moment de la consécration.

Ce n'est qu'au commencement du XIe siècle, que le chapitre de Nîmes adopta définitivement et d'une manière constante la vie commune et que la règle de Saint-Augustin fut rigoureusement observée (1).

Le nom de rue du Chapitre a été officiellement donné à cette voie de communication par délibération du conseil municipal du 1er avril 1824.

RUE SAINT-CHARLES.

Allant de la place Saint-Charles à la rue Puits-Couchoux.

2e Canton. — Section 3.
Niveau 55m69. — 47m48.

Saint Charles Boromée, cardinal-archevêque de Milan, issu d'une illustre famille de Lombardie, naquit en 1538 à Arona, dans le Milanais. — Adopté en 1560 par le pape Pie IV, son oncle, il fut revêtu de la pourpre dès l'âge de vingt-trois ans, fut comblé de dignités et de richesses et obtint une grande influence dans les affaires de l'église. Il fut l'âme du Concile de Trente et s'y attacha à réformer les abus qui s'étaient introduits dans l'église.— Nommé archevêque de Milan, il se démit de toutes ses autres charges pour aller résider dans son diocèse, il y donna l'exemple de toutes les vertus et rétablit partout la discipline — Un des ordres qu'il voulait réformer l'ordre des *Humiliés*, tenta de le faire assassiner, mais il échappa heureusement aux coups de l'assassin. — Lors de la peste

(1) V. Eyssette, p. 162, ch. VIII.

qui désola Milan en 1576, il accourut dans cette ville et bravant la contagion il porta partout des secours et des consolations. Il mourut en 1584 épuisé par les fatigues et les austérités à l'âge de quarante-six ans. Paul V le canonisa en 1610.

En 1685, les Carmes de Nîmes achevèrent la construction de leur monastère. — Ils en prirent possession le 4 novembre. — Comme leur église n'était pas encore commencée, ils convertirent la salle d'en bas en une chapelle qui fut bénite le même jour par l'archidiacre Causse, vicaire-général et official de l'évêque Séguier qui l'avait commis pour cela. Elle fut dédiée à Dieu sous l'invocation de Saint Charles Borromée, patron de l'église et du couvent.

RUE CHARLES-MARTEL.

Allant du chemin de Montpellier au chemin de Générac.

1er canton. — Section 12.
Niveau 43m80, 41m65.

Charles-Martel, duc d'Austrasie, fils naturel de Pepin d'Heristal, et père de Pepin le Bref, né vers l'an 691, mort en 741, régna longtemps sur toute la France avec le simple titre de maire du palais. Après la mort de son père, en 714, il défit en différents combats, Chilpéric II, roi de France, et lui substitua, en 718, un enfant du sang royal, Clotaire IV, afin de régner sous son nom. Ce dernier étant mort, Charles se fit livrer Chilpéric II, qu'il avait battu à Vincy, en 719 ; il lui conserva néanmoins la couronne et se contenta du titre de maire du palais, mais il avait de fait toute l'autorité. Charles-Martel vainquit les Saxons, les Frisons, les Allemands, les Bavarois, et remporta à Poitiers, en 732, une victoire complète sur les Sarrazins, qui, sous la conduite d'Abderame, avaient envahi la France. On prétend même qu'on lui donna le surnom de *Martel* parce qu'il avait écrasé comme avec un marteau ces formidables ennemis. Charles-Martel, en mourant, partagea le royaume entre ses trois fils, Carloman, Grifon et Pépin-le-Bref, mais sans leur donner le titre de roi qu'il n'avait pas pris lui-même.

Dans la campagne que Charles-Martel entreprit contre les Sarrazins, il s'attacha surtout à ravager les villes qui appartenaient à ses ennemis ou qui leur donnaient asile, c'est ainsi qu'il fit raser les murs et les faubourgs de Béziers et d'Agde, de Narbonne et d'Avignon, et qu'il détruisit entièrement la ville de Maguelonne qui servait de place d'armes aux Sarrazins. La ville de Nimes ne fut pas épargnée par lui, mais il y fit moins de ravage ; il en fit seulement brûler les portes et abattre une partie des murs, et comme l'amphithéâtre servait encore alors de forteresse, il y fit mettre le feu pour en ôter l'usage aux Sarrazins et aux habitants du pays. Mais ce vaste et solide édifice résista aux flammes dont on voit encore les traces sur la façade noircie du côté du Nord.

RUE CHARLEMAGNE

Allant du chemin de Montpellier au chemiu de Générac.

1er Canton. — Section 12.
Niveau, 42m29, 41m10.

Charles Ier dit Charlemagne, roi de France et empereur d'Occident, deuxième fils de Pépin-le-Bref, naquit en 742, au château de Saltzbourg, dans la Haute-Bavière. Après la mort de son père, en 768, il fut couronné roi de France et partagea d'abord le trône avec son jeune frère Carloman ; mais il en demeura seul possesseur à la mort de ce dernier, en 771. Il avait remporté dès 770 une victoire complète sur les peuples d'Aquitaine qui voulaient se rendre indépendants. Il étendit partout ses conquêtes, et fit une guerre acharnée aux Saxons qui, commandés par Witikind, lui opposèrent une vigoureuse résistance, et ne furent entièrement soumis qu'en 804. — En 774 il défit Didier roi des Lombards et s'empara de ses Etats, passa en Espagne en 778 et y remporta plusieurs victoires sur les Sarrazins ; mais son arrière-garde fut défaite à Roncevaux où fut tué son fidèle compagnon Rolland. — En 796 il détruisit l'empire des Avares. — Léon III le couronna empereur d'Occident l'an 800. En

813 il associa son fils Louis à l'empire, et mourut peu après en 814.

Le vaste empire de Charlemagne était borné à l'Ouest par l'Océan atlantique, au Sud par l'Ebre en Espagne et par le Vulture en Italie ; — à l'Est par la Saxe, la Theiss, les monts Krapacks et l'Oder ; au Nord par la Baltique, l'Eyder, la mer du Nord et la Manche.

Cet empereur mérita le titre de Grand non-seulement par ses conquêtes, mais aussi par ses sages institutions. Il fut le restaurateur des lettres, attira en France par ses libéralités les savants les plus distingués de l'Europe, fonda dans son palais même la première Académie qu'on eût vue dans les Gaules et s'honora d'en être membre. Il établit des écoles où l'on enseignait la grammaire, l'arithmétique, la théologie, et les humanités. — C'est à Charlemagne que la France dut ses premiers progrès dans la marine ; il fit creuser plusieurs ports, favorisa aussi l'agriculture et s'immortalisa par la sagesse de ses lois. On lui doit le code connu sous le nom de Capitulaires qu'il fit promulguer en 805.

RUE DES CHASSAINTES.

Allant de la rue Racine au Cours-Neuf

1er Canton. — Section 1.
Niveau 52m02, 50m10.

Le nom de cette rue vient de celui d'un sieur Antoine *Chassaing*, prêtre de Nimes, qui, en 1740, avait fondé, dans un immeuble lui appartenant, une maison de travail en faveur des jeunes filles orphelines catholiques. Cette institution patronnée aussi par Thomas Jean Pén curé, acquit bientôt une certaine importance, et par ordonnance du 29 septembre 1747, elle fut érigée par l'évêque de Nîmes, en communauté séculière sous le titre de *Maison de travail pour les pauvres filles catholiques ou orphelines*; ces filles furent désignées sous le nom de *Chassaintes*.

Le conseil de Ville et Monseigneur de Balore, ayant en 1785 fait de nouvelles démarches afin d'avoir les lettres-patentes nécessaires pour la consolidation de cette œuvre, M. Chassaing les obtint au mois d'août 1788 et elles étaient ainsi conçues :

« Louis par la grâce de Dieu roi de
» France et de Navarre, à tous présents et à
» venir, salut. Notre amé et féal conseiller
» le sieur Pierre Marie-Magdelaine Cortois
» de Balore, évêque de Nîmes, nous a fait
» exposer que s'étant occupé des moyens de
» procurer aux pauvres enfants orphelins
» de la classe du peuple une éducation con-
» venable à leur état, il n'en a point trou-
» vé de plus propre à y parvenir que de
» rassembler ces enfants dans des maisons
» d'écoles gratuites et de les confier à des
» personnes capables de seconder ses
» vues.

» Que le sieur Chassaing, prêtre et cha-
» noine de l'église de Nîmes, conduit par
» le même zèle, a depuis plusieurs années
» fait construire une maison dans laquelle

» il a rassemblé des filles pauvres orphe-
» lines et nouvelles converties, sous la di-
» rection d'une association de filles pieuses
» appelées les sœurs du Sacré-Cœur de Jé-
» sus; qu'il y a dans ladite maison une cha-
» pelle desservie par un prêtre auquel on
» a déjà assuré un revenu de cent cinquante
» livres, et que cette chapelle est de la plus
» grande utilité pour les habitants du quar-
» tier, qui est éloigné de toutes autres
» églises; — qu'il se fait en outre dans la
» dite maison deux fois le jour une école
» gratuite également utile aux habitants
» de ce quartier; — que cette maison est
» assez grande pour contenir jusqu'à cent
» filles qui seront de bonne heure formées
» aux ouvrages propres à leur sexe et à
» leur condition; que pour premier fonds de
» cet établissement, ledit abbé Chassaing
» est dans l'intention de donner, outre la
» dite maison, d'autres objets qui sont le
» produit de ses économies; — que ledit
» exposant offre aussi de donner une somme
» de six mille livres et qu'il y a lieu d'es-
» pérer que la dotation de cet établisse-
» ment sera d'autant moins difficile que
» tous les ordres des citoyens y ont ap-
» plaudi et ont montré le désir de contri-
» buer à son accroissement, s'il nous plai-
» sait, en le confirmant, lui permettre d'ac-
» cepter tant la maison dudit sieur Chas-
» saing que tous les autres dons qui peu-
» vent lui avoir été faits et qui peuvent lui
» être faits à l'avenir jusqu'à concurrence
» de six mille livres de rentes, des béné-
» fices simples de son diocèse réguliers ou

» séculiers, pourquoi ledit exposant nous a
» très-humblement supplié de lui accorder
» nos lettres patentes sur ce nécessaires.

» A ces causes, et de l'avis de notre con-
» seil, nous avons confirmé par ces présen-
» tes signées de notre main et confirmons
» l'établissement de la maison d'Ecole gra-
» tuite à travail formée en dehors de la
» ville de Nimes, pour les filles pauvres,
» les orphelines et pour les nouvelles con-
» verties, permettons audit sieur abbé
» Chassaing de donner audit établissement
» la maison qu'il a fait construire à cet effet,
» ordonnons que le service de la chapelle
» qui est établi dans ladite maison, sera
» fait par un prêtre qui sera nommé par
» ledit sieur évêque de Nimes, et par ses
» successeurs audit évêché, lesquels seront
» seuls supérieurs immédiats de ladite
» maison et des sœurs directrices qu'ils
» nommeront et commettront pour l'ins-
» truction et éducation des filles qui y se-
» ront reçues et élevées conformément aux
» règlements qui seront faits par ledit évê-
» que de Nimes; permettons en outre audit
» établissement de recevoir tous les dons
» et legs qui pourront lui être faits jusques à
» la concurrence de six mille livres de rentes
» y compris les sommes qu'il peut avoir
» déjà reçues, lesquelles nous avons déjà
» validé et validons la donation, à la char-
» ge par le dit établissement de se confor-
» mer à ce qui est prescrit à cet égard par
» les articles 10, 11 et 12 de la déclaration
» du 20 juillet 1762 aux dispositions des-
» quelles nous avons dérogé et dérogeons

» pour ce qui concerne le don de la maison
» où est placé le dit établissement, comme
» aussi, authorisons le dit évêque de Ni-
» mes à réunir à la dite maison les bé-
» néfices simples, réguliers ou séculiers de
» son diocèze, pareillement jusqu'à la con-
» currence de six mille livres de revenus
» en observant à cet égard les règles pres-
» cristes par les d¹ts canons et par les or-
» donnances de nôtre royaume, dérogeons
» pour raison de ce à l'édit du mois d'août
» 1749 et à tous autres édits, déclarations
» et règlements contraires. — Si donnons
» en mandement à nos amis et féaux con-
» seillers tenant nôtre cour de parlement à
» Toulouse, que ces présentes ils ayent à
» enregistrer et du contenu en ycelles faire
» jouir et user la dite maison d'éducation
» pleinement, paisiblement et perpétuelle-
» ment, cár tel est nôtre bon plaisir et afin
» que ce soit chose ferme et stable à tou-
» jours, nous avons fait mettre nôtre scel
» à ces dites présentes. — Donné à Ver-
» sailles, au mois d'août, l'an de grâce mil
» sept cent quatre vingt-huit, et de nôtre
» règne la quinzième. Signé Louis, et plas
» bas pour le roy, Laurent de Villedueil,
» visa Barentin."

« L'an mille sept cent quatre-vingt-neuf
» et le neuvième jour du mois de février
» avant midy, par moy, Pierre Valès,
» huissier royal en cour de Nismes, y ha-
» bitant soussigné, à la requête de Monsei-
» gneur Pierre-Marie-Magdelaine Cortois
» de Balore, évêque de Nimes où il a domi-
» cile élu en son palais épiscopal, les let-

» tres-patentes par lui obtenues de Sa Ma-
» jesté, en date du mois d'août dernier, et
» dont copie est cy-devant, ont été dûment
» intimées et signifiées à MM. les officiers
» municipaux de la dite ville de Nimes
» afin qu'ils n'en prétendent cause d'igno-
» rance, auquel effet, leur avons baillé cette
» copie, en parlant au sieur Berdinecq,
» greffier consulaire. »

Le parlement de Toulouse enregistra ces lettres après enquête de commodo et incommodo, le 26 février 1789, mais à la Révolution cette institution disparut. Le séminaire actuel est construit sur l'emplacement de l'ancienne maison d'Antoine Chassaing; en y faisant des réparations on y a trouvé une très-belle mosaïque romaine en marbre blanc portant aux quatre coins des oiseaux de différentes couleurs et ayant la forme des ibis. Une partie de cette mosaïque fut mise dans la chapelle de l'établissement et l'autre fut offerte au roi Charles X, qui la fit placer dans la chapelle du château de Versailles où elle existe encore.

En souvenir de ce cadeau, le roi Charles X donna au Séminaire un tableau de la Vierge qui orne la chapelle de la campagne du dit Séminaire.

C'est dans la rue des Chassaintes qu'a été construit, par M. Nègre, le théâtre des Variétés, il y a quelques années seulement. Lors des fouilles pour les fondations de la scène, on trouva une superbe mosaïque en marbre blanc qu'on a conservée et qui se trouve sous l'orchestre à quelques centimètres de profondeur. M. Auguste Pellet en a donné une description détaillée.

PLACE DU CHATEAU,

limitée par les rues de l'Ecole-Vieille, des Oranyers, de l'Agau et le boulevard du Petit-Cours.

Niveau 46ᵐ10, 45ᵐ30.

Il paraît qu'à une époque fort reculée et qu'il est impossible de préciser d'une manière exacte, une forteresse aurait été construite sur l'emplacement de la Porte-d'Auguste. Ce fait résulterait d'une bulle du pape Adrien IV accordée en 1156 en faveur d'Aldebert, évêque de Nimes, pour confirmer à ce prélat et à ses successeurs, la possession du Château appelé de la Porte-d'Arles, *castrum quod dicitur porta Arelatensis*; or, comme c'était là même qu'était autrefois placée la porte de ce nom, parce qu'elle conduisait au chemin d'Arles, on peut supposer que le château dont il est question dans cette bulle, avait été bâti à l'endroit où elle était située.

A la fin du XIVᵉ siècle, la vieille citadelle était en ruines; il n'y avait de visible que les deux tours romaines.

En 1390, le roi Charles VI passant à Nimes, chargea Pierre de Chevreuse de mettre la ville en état de défense; il ordonna par une lettre datée de Carcassonne le 20 juillet 1391, « qu'un château fût construit en certain lieu de Nîmes, appelé *le Sonal des Carmes, auquel sont deux grosses tours accouplées de gros murs.* » Ce château, auquel on donna une forme carrée, était flanqué de quatre fortes tours, deux desquelles faisaient face à la ville et deux à la campagne. Au milieu de l'édifice était une vaste cour avec un puits très-profond et solidement bâti, qui subsiste encore ; sur la porte placée entre les deux tours regardant la campagne, on voyait cinq écussons rangés sur une même ligne ; le premier portait les armoiries du duc d'Anjou, le suivant celles du duc de Berry, celui du milieu, plus grand que les autres, contenait les armes de France ; le quatrième, celles du duc de Bourgogne, et le dernier, les armoiries du duc de Bourbon. On sait que ces quatre princes étaient oncles du roi Charles VI, les trois premiers par son père et le dernier par sa mère.

Un chanoine, nommé Geoffroy Paumier, institua le roi Charles VI son héritier, sous cette condition singulière, que son héritage entier serait employé à la dotation d'une chapelle qu'on fonderait en l'honneur de saint Michel dans le château royal qui se bâtissait alors à Nîmes ; le buste de ce donateur fut placé dans cette chapelle.

Pendant la maladie du roi Charles VI la reine Isabeau de Bavière voulant prendre le gouvernement de l'Etat, s'unit avec le duc de Bourgogne, destitua tous les officiers de Languedoc et chercha à attirer les populations dans son parti en promettant la suppression de tous les impôts et subsides, excepté la gabelle du sel. La ville de Nîmes se laissa entraîner et accueillit en 1417 une armée Bourguignonne conduite par Louis de Chalon, comte de Genève, fils aîné du prince d'Orange. Le château royal seul, contenant une garnison dévouée au roi et au dauphin, résista et soutint un siége en règle.

Après quelques jours d'attaque, la garnison promit de se rendre, s'il ne lui venait dans un certain temps le secours qu'elle attendait ; cet espoir ne s'étant pas réalisé, elle se soumit.

Le dauphin s'étant mis lui-même à la tête de ses troupes vint, en 1420, assiéger le château et la ville de Nîmes ; après dix ou douze jours d'attaque, il s'en empara et la garnison fut passée au fil de l'épée ou faite prisonnière ; il destitua les consuls, priva les habitants du consulat et leur ôta la capitainerie de la ville. De plus, afin de châtier le reste de ses habitants, et punir la communauté de son obstinée rebellion, il fit abattre une partie des murs de Nîmes, et fit arracher du côté des fossés deux rangées des moëllons d'assise.

« Ces dégradations furent faites, nous
» dit Ménard, en deux endroits différents,
» sur le pan de mur ou courtine qui règne
» depuis la porte de la Couronne jusqu'à
» celle des Carmes ; — telles furent les
» marques durables que le Dauphin voulut
» laisser à la postérité de la vengeance
» qu'il avait exercée sur une ville qui lui

» avait si longtemps et si opiniâtrement
» résisté. » (1)

Le château de Nîmes qui en 1550 était encore en très-bon état, fut détruit en partie pendant les guerres de religion en 1560.

En 1635, le roi Louis XIII en donna l'emplacement et les matériaux aux frères prêcheurs pour y établir leur couvent. Ce fut par lettres-patentes données à Chantilly au mois d'août qu'il leur fit ce don à la charge par lesdits religieux lorsqu'ils bâtiraient leur église, de construire une chapelle en l'honneur de saint Louis et d'y célébrer une messe tous les dimanches et fêtes à perpétuité, soit 70 messes par an (2).

Les frères Prêcheurs se mirent immédiatement à l'œuvre, mais les ressources leur manquant ils s'adressèrent aux consuls qui leur firent accorder par le Conseil de Ville, en 1714, un secours de quinze cents livres. Ils commencèrent alors la construction de leur église dont la première pierre fut posée le 28 mars 1714 par François Morel, vicaire-général de l'évêque la Parisière. En souvenir du don de Louis XIII et pour se conformer à ses désirs, cette église fut dédiée sous l'invocation de saint Louis, roi de France. La première pierre portait d'après Ménard l'inscription suivante :

« Pietate fidelium, ac SS. Ludovici Gal-
» lorum regis, patrocinio, munificentiâ et

---

(1) V. Ménard T. 3, note XIV.
(2) V. Archives de la Préfecture du Gard, n° G. 1070.

» charitate Col. Nem, templum hoc erexere
» fratrum prœdicatorum zelus et religio.
» Ponebat lapidem in titulum jussu Joannis
» Cœsaris, Nem. Epis. ejus ab omnibus ju-
» diciis Franciscus Morel. Anno ab epoc
» Christi 1714. » (1)

Cet état de choses dura jusqu'à l'époque de la Révolution où les biens des couvents devinrent des biens nationaux. Nous savons qu'à cette époque le prieur était le R. P. Roux et le syndic le R. P. Audric.

Le couvent et l'église n'occupaient pas tout l'emplacement de l'ancien château dont les ruines jonchaient encore le sol et servaient de refuge à une population misérable; ce ne fut qu'en 1793, lorsqu'on eut décidé la démolition des murs de la ville, que toutes ces mauvaises constructions disparurent et qu'on découvrit pour la première fois enchâssé dans ces ruines le monument romain que nous appelons la Porte d'Auguste.

Cet édifice allait éprouver le même sort que le château lorsqu'il se trouva, nous dit M. Auguste-Pellet (2) un citoyen assez courageux (M. Alexandre Vincens) pour s'opposer à ce vandalisme; l'inscription déjà renversée en partie fut remise à sa place et grâce à lui l'un des premiers monuments de la colonie romaine fait encore partie des richesses archéologiques de Nimes.

La liberté des cultes étant une des conquêtes de la Révolution de 1789, les réfor-

(1) V. Ménard, T. 6, preuves, note CXII.
(2) V. le *Courrier du Gard* du 8 février 1849.

més de Nimes s'empressèrent de jouir d'un si grand bienfait et devinrent acquéreurs de l'église des ci-devant dominicains lorsqu'elle fut mise en vente comme bien national. Le 26 mai 1792, elle fut consacrée au culte protestant, et ce fut Paul Rabaut qui en fit la dédicace.

Pendant les sanglants orages de la Terreur, les temples de tous les cultes chrétiens furent fermés, et ce ne fut qu'en 1803 qu'un décret du gouvernement rendit cet édifice aux protestants et confirma la dédicace de 1792; cette église prit le nom de Grand-Temple en souvenir de l'ancien Grand-Temple de la Calade détruit pendant les guerres de religion.

Les constructions de l'ancien couvent furent converties en caserne de gendarmerie et ont conservé cette destination jusqu'en 1872. — Le 31 mars 1811 le conseil municipal avait décidé la translation de cette caserne dans le pavillon du milieu de la caserne actuelle d'infanterie occupée jadis par la maréchaussée, mais aucune suite ne fut donnée à ce projet (qui avait été cependant approuvé par un décret daté de Saint-Cloud, le 26 juin 1813), à cause des événements qui se produisirent en France à cette époque.

En 1828, sur la demande des officiers de gendarmerie qui se plaignaient du mauvais état de leur caserne, il fut de nouveau question de la changer de place, et un moment il sembla qu'elle devait être transférée dans les bâtiments de l'hôtel du Louvre; mais on se contenta de faire faire des réparations considérables à l'ancien local, et les travaux en furent adjugés à l'entrepreneur Louis Estève.

Le département ayant fait construire une nouvelle caserne à côté de la préfecture, sur les plans de M. Feuchères, architecte, a vendu l'ancien local, dont M. Samuel Guérin est devenu acquéreur par jugement d'adjudication en date du 30 décembre 1872.

Une rue continuant celle de l'Agau a été ouverte le long de la façade latérale de la Porte d'Auguste, en sorte que ce monument est aujourd'hui complétement isolé. Il est à regretter, seulement, que cette rue ne soit pas en ligne droite, et que la municipalité ait laissé s'exécuter des alignements fantaisistes qui empêchent à tout jamais que cette grande artère, qui part de la Fontaine pour se terminer par un de nos monuments les plus curieux, devienne un de nos quartiers les plus beaux. C'est d'autant plus fâcheux que M. Guérin vient de construire dans son immeuble un très-beau passage couvert, le seul que la ville de Nîmes possède encore (1).

En 1875, lors des démolitions de l'ancienne gendarmerie, on a trouvé une pierre portant dans un encadrement le mot *Bibliotheca* 1689. Elle provenait de l'ancien couvent des dominicains et se trouve actuellement dans le vestibule de la Bibliothèque de la ville, à laquelle M. Samuel Guérin en a fait hommage.

(1) V. le présent ouvrage, p. 26.

RUE DU CHATEAU-FADÈSE

ou Fadaise.

Allant de la rue Porte-de-France à la rue Saint-Mathieu.

1er Canton. — Section 10.
Niveau 49m45, 46m19.

Avant que les eaux de la Fontaine fussent enfermées dans les canaux tracés par Maréchal, elles suivaient leur pente naturelle et passant tout autour des murs de la ville, mettaient en mouvement plusieurs moulins établis surtout près de la Porte de la Madeleine ; elles arrosaient aussi de vastes prairies qui se garnissant rapidement de maisons ont fini par constituer les immenses faubourgs dont la superficie est bien plus considérable que celle de la ville proprement dite.

A côté des vastes terrains occupés par divers monastères ou couvents tous situés en dehors des murailles, de riches particuliers construisirent des maisons de plaisance dont une des principales dut être celle qui est devenue plus tard le Château-Fadèse.

Malgré les minutieuses recherches auxquelles je me suis livré, il m'a été impossible jusqu'à présent de remonter d'une manière certaine à l'origine véritable de la construction et de la qualification de ce bel immeuble. Tout ce que je puis certifier c'est qu'en 1667 et le 29 juin le sieur Pierre de Serres acheta cet immeuble à la dame Louise de Baudau, veuve et héritière de M. Guillaume Brun.

Le sieur Pierre de Serres laissa deux enfants François de Serres et Marie de Serres, femme Reynaud. Celle-ci ayant hérité de son frère devint seule propriétaire de tous les immeubles de la succession paternelle, et dans le nombre nous voyons désigné le Château-Fadèse ainsi que cela résulte d'un acte reçu Darlhac, notaire, à la date du 3 août 1729. Donc à cette date la qualification était déjà donnée.

Marie de Serres, femme d'Alexandre Reynaud, laissa une fille, Margueritte Reynaud, qui épousa Simon de Possac. Ce dernier étant mort, laissa une fille, Françoise de Possac, qui épousa le sieur Pauc; de ce mariage naquit une fille, Marthe-Sophie Pauc, qui hérita du Château-Fadèse suivant acte de partage du 19 février 1795, et épousa Jean-Jacques Destrems de Saint-Christol.

Le 19 mars 1828, M. Liotard acquit de ladite dame veuve Destrems le Château-Fadèse, suivant acte reçu Mᵉ Gide, notaire, et le 15 juillet 1865, M. Samuel Guérin en est devenu propriétaire suivant acte reçu Mᵉ Canonge.

Le champ des suppositions reste donc complétement ouvert et l'imagination de chacun peut suppléer à l'absence de renseignements positifs.

Ce château, à la gracieuse colonnade, au perystile rappelant l'école italienne, aux vastes salles et galeries, peut avoir été construit à la fin du xviie siècle, et l'on croit que c'est Gabriel Dardaillon qui en a été l'architecte. On sait en effet qu'en

1688, c'est ce même Dardaillon qui créa le boulevard du Grand-Cours.

Quant au nom de Château-Fadèse, l'étymologie qui se présente naturellement à l'esprit est celle de Château des Fées (Fadas) Le public peut avoir été impressionné soit par la rapidité avec laquelle il fut construit, soit par son élégance et 'a richesse de son ornementation, se trouvant isolé au milieu de vastes terrains probablement boisés, la superstition populaire peut l'avoir cru hanté par des fantômes, ou bien encore s'est-on contenté de lui donner tout simplement le nom du quartier ; il existe en effet le long du Cadereau une colline qui porte le nom de *les fades*. Chacun choisira donc l'explication qui lui conviendra le mieux.

Un fait assez curieux à signaler, c'est que les différents propriétaires de ce château, tout en voulant profiter de la plus value que les terrains acquerraient chaque jour par suite de la création du quartier de la Fontaine, ont voulu conserver au château Fadèse l'avantage de son isolement et l'agrément de la vue. Aussi, dans tous les actes de vente a-t-il été stipulé que les maisons voisines ne pourraient pas être élevées de plus d'un étage. Ces diverses ventes ont été faites moyennant des rentes perpétuelles dont quelques-unes existent encore aujourd'hui.

Dans la rue du Château-Fadèse, il existait une salpetrerie avec privilége du roi. On sait en effet qu'autrefois la fabrication de la poudre était libre et que lorsque les nécessités de la guerre l'exigeaient, le roi demandait aux villes la quantité dont il avait besoin.

En démolissant une partie de la maison Breton, on a trouvé une plaque de marbre blanc sur laquelle sont gravés deux canons avec deux pyramides de boulets, le tout surmonté d'un tonneau et de deux fleurs de lys avec ces mots : *Sauvgarde du roi. — Salpetriers de Sa Majesté.*

RUE DE LA CHÈVRE.

Allant de la rue Crucimèle à la rue Enclos-Rey.

2º Canton. — Section 4.
Niveau 55ᵐ06, 55ᵐ29.

Le nom de cette rue, qui n'offre rien d'intéressant au point de vue historique, vient de sa situation élevée dans un quartier éloigné, presque en pleine garrigue et dont l'accès en parlant au figuré n'était possible qu'à ces représentants de la race encornée. — Ce doit être le même sentiment qui a fait appeler d'un nom à peu près semblable la rue de la Biche, qui conduit du reste à une colline appelée le Puech de la Biche.

RUE CHILDEBERT.

Allant de la rue de l'Abattoir à la rue du Cadereau.

1er Canton. — Section 12.
Niveau, 43m91, 42m75.

Childebert Ier, troisième fils de Clovis, eut en partage le royaume de Paris et commença de régner en 511. Il se joignit à ses frères Clodomir et Clotaire Ier contre Sigismond, roi de Bourgogne, le fit périr avec sa famille et démembra ses Etats (534) peu après, il eut part à l'assassinat de ses neveux, fils de Clodomir, qui devaient hériter du roi d'Orléans et partagea leur héritage avec Clotaire. Il tourna ensuite ses armes contre l'Espagne et prit Pampelune; mais il fit en vain le siège de Saragosse. Il mourut à Paris en 558 sans enfants mâles, laissant son frère Clotaire seul roi des Francs. C'est lui qui fit bâtir Saint-Germain-des-Prés.

RUE CLÉRISSEAU.

Allant de la place Balore à la rue Bachelas.

2e canton. — Section 2.
Niveau 54m74, 47m64.

Clérisseau (Charles-Louis), peintre et architecte français, né en 1720, fut dès le commencement de sa longue carrière destiné à la culture des arts et se rendit à Rome où il séjourna longtemps pour y étudier les modèles de l'antiquité; il fut lié dans cette cette capitale avec ce qu'il y avait de plus distingué par le rang et le talent. On trouve dans les lettres familières de Winckelmann un extrait de la correspondance qu'il entretint pendant plusieurs années avec cet homme célèbre.

Il rapporta de son voyage en Italie vingt volumes de dessins d'après l'antique, qui furent achetés par l'impératrice de Russie. Revenu en France bien avant la Révolution, Clérisseau s'y fit dans les arts une réputation solide et y acquit une existence honorable. On lui doit, entr'autres ouvrages, l'hôtel du Gouvernement de Metz qu'il fit exécuter d'après les ordres du maréchal de Broglie.

Il était de l'Académie de peinture et sculpture de Paris, et il en fut longtemps le doyen. Il était aussi des Académies de Londres et de Saint-Pétersbourg, et prenait le titre de peintre de l'impératrice de Russie Catherine II.

La Révolution, à laquelle il ne prit point part, changea sa position. Dès ce temps-là, il vécut retiré à la campagne. Le gouvernement impérial lui accorda la décoration de la Légion d'honneur. Lorsque le prince d'Anhalt, qui l'avait autrefois connu à Rome, se rendit en France, en 1810, pour les fêtes du mariage de Napoléon, il alla le visiter dans sa retraite et lui donna toutes sortes de témoignages d'estime et d'affection. Clérisseau (1) avait alors 87 ans. Il

---

(1) V. Biographie Universelle de Michaud.

mourut à Auteuil le 19 janvier 1820, dans sa 99ᵉ année.

A son retour d'Italie, Clérisseau ne pouvait pas travers le Midi de la France sans s'arrêter à Nimes. Il y séjourna assez lontemps pour faire une étude spéciale de ses monuments romains, — et en 1778, il publia un superbe volume intitulé *les Monuments de Nimes*, contenant 42 planches. C'est, paraît-il, pendant son séjour dans notre ville, que des travaux ayant été exécutés parmi les constructions formant l'ancien château et les murs de la ville, on mit à jour l'ancienne porte Romaine dite d'Auguste, et que, par ses conseils, on reconstitua ce nouveau monument inconnu de la population d'alors.

La rue Clérisseau était autrefois désignée dans tout son parcours de trois manières différentes : rue *Clérisseau*, rue *Basse-du-Fort* et rue *Balore*. Par arrêté municipal du 27 mars 1857, approuvé par arrêté préfectoral du 22 avril 1857, cette rue ne porte plus aujourd'hui que le nom de *Clérisseau*.

RUE CLOVIS.

Allant de la rue Charlemagne à la rue du Cadereau.

1ᵉʳ canton. — Section 12.
Niveau 41ᵐ83.

Clovis, fondateur de la monarchie française, né l'an 465, succéda, l'an 481, à son père, Childéric Ier. Le royaume qu'il reçut en héritage était resserré à l'Orient et au Midi par la mer et l'Escaut, à l'ouest par les diocèses de Thérouane et de Boulogne, au sud par le diocèse de Cambray. Il ne tarda pas à l'étendre. Il attaqua d'abord et vainquit Syagrius, qui gouvernait pour les Romains le diocèse de Soissons (486), et, s'étant emparé de ce diocèse, fit de Soissons sa capitale. Quelques années après, il s'empara de Paris et y transporta sa résidence. En 496, Clovis tourna ses armes contre les Allemands et les défit à Tolbiac; après cette victoire, il embrassa le christianisme à la sollicitation de son épouse, Clotilde, et reçut à Reims le baptême et l'onction sainte des mains de saint Rémy. Il envahit, en 497, l'Armorique et battit, en 500, Gondebaud, roi de Bourgogne. En 507, il gagna la bataille de Vouillé sur Alaric, roi des Visigoths, qu'il tua de sa main, et lui enleva l'Aquitaine. Ce fut alors que Clovis, au faîte de la puissance, reçut les honneurs du consulat qui lui furent conférés par l'empereur Anastase. Mais il souilla la fin de son règne par le meurtre de plusieurs chefs dont il redoutait l'ambition, de Clodéric, roi de Cologne, de Ragnacaire, roi de Cambray, etc. Il mourut en 511, laissant ses États à ses quatre fils : Thierri, Clodomir, Childebert et Clotaire.

RUE COLBERT

Allant du boulevard des Calquières au boulevard du Viaduc.

3e canton. — Section 8.
Niveau 44m45, 39m89

Jean-Baptiste Colbert, ministre et secrétaire d'Etat, contrôleur général des finances sous Louis XIV, né à Reims en 1619, mort en 1683, était fils d'un négociant en drap et en vins, selon les uns, d'un conseiller d'Etat suivant les autres, et prétendait descendre d'une ancienne famille d'Ecosse. Il fut placé en 1648 dans les bureaux du secrétaire d'Etat Le Tellier, et passa peu de temps après dans ceux du cardinal Mazarin, dont il devint l'intendant. Il gagna l'estime de ce nouveau maître, qui, au lit de mort en 1661, le recommanda à Louis XIV, et l'année suivante, à la chute du surintendant Fouquet, il fut nommé contrôleur général des finances.

Par ses soins, l'ordre et l'abondance remplacèrent bientôt le désordre et la disette ; il mit un terme aux dépradations et liquida les dettes de l'Etat, rétablit les anciennes manufactures, en introduisit de nouvelles, particulièrement des manufactures de glaces et de tapis ; il fit réparer les grandes routes, en ouvrit plusieurs, et joignit les deux mers par le canal du Languedoc. Il encouragea les sciences, les lettres et les arts, fonda l'Académie des Inscriptions, 1663 ; celle des Sciences, 1666 ; celle d'Architecture, 1671 ; établit l'Ecole de Rome ; fit élever l'Observatoire où Huygens et Cassini furent appelés, et embellit Paris de quais, de places publiques, de portes triomphales. On lui doit aussi la colonnade du Louvre et le jardin des Tuileries.

En 1669, Louis XIV ajouta aux attributions de Colbert le département de la marine, et bientôt la marine prit un nouvel essor ; en 1681, la France, victorieuse sur mer comme sur terre, comptait 198 bâtiments de guerre, tandis que quelques années auparavant elle en avait à peine une cinquantaine. En faisant d'une manière si brillante les affaires de l'Etat, Colbert avait amassé une fortune considérable qui s'élevait à environ dix millions. Aussi, à sa mort, le peuple, croyant voir dans cette fortune un signe de déprédations, insulta son cercueil ; la postérité ne l'en a pas moins proclamé un des plus grands hommes du siècle.

Colbert laissa plusieurs enfants, qui prirent aussi part aux affaires, entr'autres le marquis de Seignelay, et un neveu, le marquis de Torcy, qui fut aussi ministre.

La rue Colbert n'a été prolongée jusqu'au boulevart des Calquières qu'en 1836. Jusqu'à cette époque il existait là un petit moulin dit du Petit Saint-Jean, qui a été démoli en 1835. L'ouverture de cette rue jusqu'au boulevard des Calquières donna lieu à une longue discussion et opposition de la part des principaux propriétaires voisins, mais enfin, l'intérêt général l'emporta sur l'intérêt particulier, et aujourd'hui une large rue met en communication le boulevard des Calquières avec le chemin d'Avignon.

BOULEVARD DE LA COMÉDIE.

Allant de la place de la Comédie au square Antonin.

1er Canton. — Section 1.
Niveau 50m45, 50m15.

Au moyen-âge, les eaux de la Fontaine faisaient le tour des murailles, arrosaient en même temps les prairies et les jardins qui se trouvaient en dehors de la ville et qui plus tard se sont couverts d'habitations; elles mettaient aussi en mouvement de nombreux moulins qui servaient à l'alimentation publique. Ces parages étaient donc très-fréquentés tant à cause de la proximité de la route des Cévennes que de l'existence hors des murs de plusieurs couvents, tels que les Recollets, les Saintes-Maries, etc.... Pour embellir la partie des fossés comprise entre la porte de la Madeleine et celle de la Bouquerie, le premier consul Louis Trimond, avocat, fit décider par le conseil de la ville, en 1643, qu'on planterait deux allées d'ormeaux et c'est ce qui eut lieu.

A la suite de l'incendie du théâtre situé en face des casernes, on s'occupa, en 1799, de la construction d'une nouvelle salle de spectacle et l'emplacement choisi fut celui sur lequel elle existe aujourd'hui. Ce fut l'architecte Meunier qui en dressa le plan et Lesueur, l'un des peintres les plus célèbres de cette époque, qui fut chargé des peintures et de la décoration. Les travaux de construction furent exécutés avec assez de rapidité par une société d'actionnaires, puisque le 14 pluviôse an VIII (3 février 1800) l'ouverture de la nouvelle salle eut lieu. On donna un prologue en un acte et en vers, composé pour la circonstance par M. Gaillard Novis. A cette époque la façade n'était pas achevée et le monument resta longtemps dans cet état, puisque ce ne fut qu'en 1821 que la colonnade fut bâtie. C'est à ce moment que la ville devint propriétaire de cet immeuble et qu'elle s'occupa d'une manière sérieuse de l'installation définitive de la salle. Ce genre de travaux ne fut terminé qu'en 1828.

La disposition actuelle du foyer et du vestibule remonte à l'année 1837.

RUE CONDÉ

Allant du boulevard des Casernes à la place des Casernes.

3º canton. — Section 4.
Niveau 45m45, 46m40.

Louis I prince de Condé, chef du parti Calviniste, né en 1530 de Charles de Bourbon duc de Vendôme, fit ses premières armes sous le général de Brissac en Piémont, et se distingua dans plusieurs actions; mais, après la mort de Henri II, les mécontentements que lui firent éprouver les Guises, le jetèrent dans le parti des réformés. Il fut dit-on, le moteur secret de la conspiration d'Amboise, et comme tel il venait d'être condamné au dernier supplice, lorsque la mort de François II le sauva Charles IX, lui ayant rendu la liberté, il se mit à la tête des protestants, s'empara de plusieurs villes mais perdit la bataille de Dreux et y fut fait prisonnier (1562). Rendu à la liberté par la paix de 1562, il reprit les armes en 1567, livra la bataille indécise de Saint-Denis, puis celle de Jarnac en 1569, et périt à cette dernière. Il s'était déjà rendu prisonnier lorsqu'il fut lâchement assassiné après le combat par Montesquiou, capitaine aux gardes du duc d'Anjou. C'est depuis lors qu'a été consacrée l'expression de *coup de Jarnac* pour signifier coup de traître.

Son petit fils Henri II de Bourbon prince de Condé, passa à Nîmes en 1607 en compagnie de Philippe Guillaume de Nassau, prince d'Orange son beau-frère et de la princesse d'Orange sa sœur. Les consuls délibérèrent en conséquence, qu'ils iraient en robes et en chaperons rouges, hors de la porte de la Couronne, rendre aux uns et aux autres les hommages de la ville; que la bourgeoisie irait en armes au devant d'eux, sous la conduite de Guillaume Gérard, seigneur de Moussac; que les canons placés sur la plate-forme de la porte de la Couronne tireraient à leur arrivée; que les consuls accompagneraient le prince de Condé jusqu'à la maison du roi à la Trésorerie, où il serait logé, et lui feraient ensuite un présent de vin, de chasse, de gibier et de confitures.

Ce fut le 14 mai 1607 que ces princes firent leur entrée dans Nimes; Anne Rulman avocat, les harangua au nom de la ville, à la place de Jacques Bonhomme docteur et avocat, qui aurait dû le faire en qualité d'assesseur, mais qui était absent. C'est cet Henri de Bourbon qui fut le père du Grand-Condé.

RUE CORCOMAIRE

Allant du boulevard du Petit-Cours à la rue de l'Agau.

2e canton. — Section 7.

Niveau 45m17, 45m20.

Cette rue très-étroite et assez tortueuse donne bien une idée de ce qu'étaient autrefois les rues de la ville. Il y a encore dans cette rue un puits romain dont l'eau est très-bonne est très-abondante; c'est un des puits qui en temps de grande sécheresse étaient rouverts pour parer aux besoins de la population. Aujourd'hui grâce aux travaux considérables exécutés par la ville pour amener l'eau du Rhône, une pareille nécessité ne se fera probablement plus sentir.

C'est l'existence de ce puits qui a donné son nom à la rue et voici pourquoi :

Le mot *Corecomaïre* en vieux langage Languedocien veut dire ouvrier tanneur. Or, l'on sait que les tanneries de la ville se trouvaient en dehors des remparts dans des terrains marécageux, entrecoupés de canaux et qui recevaient non-seulement les eaux de la Fontaine, mais encore tous les égouts de la ville. Il était impossible de trouver dans ce quartier appelé des Cau-quières (Calquières) de l'eau potable, les ouvriers employés aux tanneries étaient donc obligés de venir en chercher au puits le plus rapproché qui n'était autre que celui dont nous venons de parler et qui reçut le nom de puits des tanneurs des *Corccomaï-res*. C'est par élision qu'on a fait plus tard le mot *Corcomaire*.

Il y avait bien un autre puits romain plus rapproché encore du quartier des Cau-quières, mais il était situé dans la cour du Château-Royal et l'accès n'en était pas per-mis à la population.

Ménard t. 7 p. 390 parle d'une inscription romaine trouvée dans la maison de Léo-nard Corcomayre et ainsi conçue :

D. M.

Q. SENNIL

ONESIPHORI

SENNIA PORPVRIS

MATER FIL

PIISSIMO

Ménard en donnant cette indication sem-ble supposer que Corcomayre est le nom de famille du sieur Léonard — mais il se trom-pe, car, dans aucun document on ne trouve de famille de ce nom; c'est la description de la profession du sieur Léonard qu'il faut y voir; ce qui le prouve c'est que quelques pages plus loin, ce même Ménard cite une inscription trouvée dans la maison de Fontanès, au quartier de Corcomaire et ainsi conçue : (t. 7 p. 391.)

D. M.
... RANI APRODI
SI
... ANIA APROSSIA
MATER.

RUE DE CORCONNE

Allant du boulevard du Grand-Cours à la rue de l'Agau.

2º Canton. — Section 7.
Niveau 46ᵐ25, 45ᵐ50.

Deux événements se rattachant à l'histoire locale peuvent nous expliquer le nom de cette rue :

En 1566, le roi Charles IX empiétant sur les franchises municipales de la ville de Nimes, malgré deux élections faites par les habitants, choisit lui-même les quatre consuls qui devaient cette année-là avoir l'administration de la ville, — il nomma Jean Saurin, seigneur de la Blaquières ; — noble Jean Combes, bourgeois ; — Louis Grimaldy, notaire, — et Bernard *Corconne* laboureur. La nomination étant arrivée de la cour, où en fit la remise à l'hôtel de ville, le 20 janvier 1566 (1).

En 1628, Rohan, général en chef des calvinistes, fit entourer la ville d'une série de fortifications qui formèrent ce que l'on appela l'enceinte de Rohan. L'un des bastions situé à l'entrée de la rue dont nous nous occupons porta le nom de Tour-de-Corconne, en souvenir du château de Corconne, situé près de Quissac, à l'entrée des Cevennes, dont Rohan s'était emparé en l'année 1627 (2).

Le roi Louis XIII étant venu à Nîmes en 1629 et ayant accordé une amnistie aux habitants par la paix d'Alais, une des conditions de cette paix fut que les fortifications de la ville seraient démolies ; c'est ce qui eut lieu ; mais la rue aboutissant à la porte de la Tour-de-Corconne a conservé son nom.

Cette rue s'appelait autrefois rue du Moulin-de-Campagnan. On sait, en effet, que tout le long du canal de l'Agau, il y avait une série de moulins. C'est par arrêté municipal du 1er avril 1828 que le nom de Tour-de-Corconne lui a été officiellement donné ; un des aboutissants de cette rue s'appelait *Descente de la Ravaute*.

La désignation actuelle est incomplète, car elle devrait s'appeler *Tour-de-Corconne*.

(1) Voir les archives de l'hôtel de ville, registre du XVIe siècle, f° 110 v°.

(2) V. Germer-Durand, p. 24.

RUE DES CORDIERS.

Allant du chemin de Beaucaire au boulevard du Viaduc.

3e Canton. — Section 9.
Niveau 41m87, 42m96.

Cette rue est de création toute moderne comme la plupart de celles de ce faubourg qui depuis l'établissement du chemin de fer s'est considérablement agrandi.

C'est à la présence sur son emplacement de plusieurs ouvriers cordiers que l'on doit attribuer sa dénomination. De tout temps, en effet, les diverses industries se sont toujours groupées et nous ne pouvons que répéter ce qui a été déjà dit, c'est que les anciennes corporations, très-jalouses de leurs prérogatives, avaient soin de ne pas confondre les professions et pour cela chacune avait son quartier et sa rue spéciale. Le même fait s'est produit dans toutes les villes et s'est généralisé.

RUE CORNEILLE.

Allant de la place de la Comédie à la rue Racine.

1er Canton. — Section 1.
Niveau 50m 15, 49m49.

Pierre *Corneille*, né à Rouen en 1606, mort en 1684, était fils d'un avocat général et fut d'abord destiné au barreau, mais il préféra le théâtre. Il débuta par des comédies qui eurent un certain succès : *Mélite*, 1629 ; *Clitandre*, 1632, etc.... En 1635, il donna sa première tragédie *Médée*, qui annonça ce qu'il devait être. L'année suivante parut *le Cid*, les *Horaces* et *Cinna*, furent jouées en 1639 ; *Polyeucte* en 1640 ; *Pompée* en 1641 ; *Rodogune* en 1646.

En 1647 il fut nommé de l'Académie française et resta quelque temps sans rien produire. En 1659, il fit paraître *Œdipe*, en 1662 *Sertorius*, en 1664 *Othon*, en 1666 *Agesilas*, mais ces dernières tragédies sont loin de valoir ses premières œuvres.

En 1642, Corneille avait donné le *Menteur*, comédie qui eut un grand succès.

Ce poète que l'on a nommé à juste titre le *Grand Corneille* est le vrai créateur de l'art dramatique en France, il était évidemment simple dans ses mœurs et dans ses manières et brillait peu dans la couversation. Il pratiquait toutes les vertus domestiques, et resta toujours uni avec son frère *Thomas* Corneille, qui eut aussi un assez grand talent comme auteur dramatique, et dont la comédie appelée le *Festin de Pierre* eut un très-grand succès.

RUE COTELIER.
Allant du chemin de Beaucaire à l'ancien chemin d'Arles.

3e canton. — Section 9.
Niveau 40m72, 43m49.

Jean-Baptiste Cotelier naquit à Nîmes en 1629. Quelques mois après sa naissance, la peste s'étant déclarée, ses parents se réfugièrent dans les environs de Saint-Gilles, mais sa nourrice ayant succombé au fléau il dût être allaité par un chèvre, ce qui contribua à lui donner un tempérament très-valétudinaire.

Son père, qui avait succédé à Jérémie Ferrier comme pasteur à Nimes, et qui, comme lui, s'était vendu au catholicisme, après avoir été dépossédé de sa chaire, se consacra tout entier à son éducation, et tel fut l'heureux effet de ses soins et des dispositions de l'élève, qu'à l'âge de douze ans, cet enfant, amené devant l'assemblée générale du clergé tenue à Nantes, à la fin de 1641, interpréta sans préparation l'Ancien et le Nouveau Testament dans leurs langues originales, répondit à toutes les difficultés qui lui furent proposées tant sur l'hébreu et le grec que sur les usages et l'histoire des hébreux et expliqua les définitions mathémathiques d'Euclide.

Le clergé, désirant assurer à l'Eglise un sujet qui donnait de si grandes espérances, porta immédiatement à 1,000 livres la pension de 600 livres donnée à son père pour récompense de son abjuration et prit des mesures pour que ses études pussent être continuées avec le même succès.

Cependant le jeune Cotelier ne répondit pas entièrement aux vœux des membres de cette assemblée, car, après avoir pris le grade de bachelier en Sorbonne, il refusa d'aller plus loin et se voua tout entier à la culture des lettres savantes et surtout à celles des antiquités ecclésiastiques.

Peu d'hommes ont rendu des services plus réels et plus solides à cette partie de l'histoire, et les travaux qu'il a publiés jouissent encore aujourd'hui de l'estime de tous les savants.

En 1661, il publia le texte grec et la traduction latine de quatre homélies de J. Chrysostome et une traduction de deux lettres de saint Clément.

Sa réputation de savant étant faite, il fut chargé avec sept autres, de rechercher quel était le véritable auteur de l'*Imitation de Jésus-Christ*. La part qu'il prit à ces recherches lui valut l'estime et la protection de Colbert qui, en 1667, l'employa avec Du Cange à la révision et au catalogue des manuscrits grecs de la bibliothèque du roi.

En 1676, on lui donna la chaire grecque au Collége Royal (1).

En 1672, il avait publié une collection des écrits des pères apostoliques Barnabas, Clément, Ignace, Polycarpe et Hermas.

De 1677 à 1686, il publia trois forts volumes de documents grecs très-rares trouvés dans la bibliothèque du roi et dans celle de Colbert, et il allait publier le quatrième, quand il mourut le 12 août 1686.

En outre de son immense érudition, Co-

---

(1) Voir Michel Nicolas, tome I, pages 361 et suivantes. — Id. Fr. Graverol, *Mémoires pour la vie de Sorbière et de Cotelier*. — Id. Ménard, *Histoire de Nimes*, tome VI, page 293.

tellier se distingua par la modestie et la franchise de son caractère. Comme écrivain, il avait une qualité que n'ont pas toujours ceux qui aspirent à la réputation d'érudit. Son exactitude allait jusqu'au scrupule. Il ne citait rien dans ses notes qu'il ne l'eût vérifié lui-même sur les originaux et il passait quelquefois plusieurs jours à chercher un passage que lui rappelait sa mémoire, mais qu'il voulait revoir avant de s'en servir.

Sa maison paternelle se trouvait à Nimes place de la Belle-Croix. Ménard cite une inscription romaine qu'on y voyait et qui était ainsi conçue :

ISIDI
CINNAMVS
V. S. L. M.

et il traduit ces quatre dernières lettres par la formule : *Votum solvit lubens merito*, qui n'est qu'un équivalent de *ex-voto*.

RUE DE LA COURONNE.

Allant de la place de la Salamandre au boulevard de l'Esplanade.

3º Canton. — Section 8.
Niveau, 43m87, 43m54.

Parmi les portes de la ville, celle qui se trouvait à l'extrémité de la rue dont nous nous occupons était une des plus importantes et des plus anciennes, car dès 1270 nous la voyons mentionnée dans un acte réglant la hauteur et la largeur des tables d'étalage. Elle portait alors le nom de Portail de Posquières (la route de Vauvert partait en effet de là); plus tard, au xiv° siècle, elle fut désignée sous le nom de Porte-Neuve du Mûrier, *Portale Novum de Morerio*, à cause d'une maison voisine servant de prison et dans la bâtisse de laquelle un mûrier parasite avait poussé. Enfin elle prit le nom de Porte de la Couronne, à cause d'une hôtellerie à la porte de laquelle pendant l'enseigne de la *Couronne*. Cette hôtellerie était placée en dehors des murs de la ville, tout près de l'angle saillant des remparts où se trouvait une tour romaine.

On lit dans l'ouvrage de M. Germer-Durand fils les curieux détails suivants :
« Il est dit, en 1356, dans un différend sur-
» venu entre Pierre de Caseton, sénéchal,
» et les consuls, que cette porte est ou-
» verte depuis peu, dans un état insuffisant
» pour la défense, et que, au lieu de fermer
» la porte des Arènes, on devait murer
» celle-ci. »

« Un règlement des consuls en 1357
» prescrit de faire à la brèche qui est en-
» tre la tour du Marché aux bœufs et le
» portail nouveau de la Couronne, à l'em-
» placement d'une très-ancienne tour, une
» nouvelle tour saillant d'une canne sur le
» parement du mur, de la largeur de la
» brèche du mur antique ; de faire cette
» tour de douze pans plus élevée que les
» créneaux des murs, munie de mantelets
» (*cadasalsi, échaffauds, hourds.*) avec un
» chemin de ronde en pierre tout autour.

» Il est aussi prescrit de faire une ouver-
» ture au milieu de la hauteur de la tour,
» avec porte et serrure, ainsi qu'un petit
» escalier de pierre pour aller de cette
» porte au chemin de ronde. De même
» qu'il soit fait un plancher au-dessus de la
» tour nouvelle avec une toiture en tuiles
» par dessus et qu'il y soit mis des mante-
» lets (houds) ; que, dans la tour existant
» au-dessus du portail neuf, il y ait deux
» arbalétriers avec deux autres hommes, et
» dans la tourelle de l'autre côté deux ar-
» balétriers avec deux hommes.

» En 1363 le consul Jean Ponchet paya
» une somme de trois florins au charpen-
» tier Bernard Salelle pour la construction
» d'une palissade et d'une barrière au de-
» vant du portail.

» A cause du voisinage de l'hôtellerie,
» où bon nombre d'étrangers venaient loger,
» ce point des remparts prit une grande
» importance et nécessita de fréquentes ré-
» parations; ainsi le pont de bois fut rem-
» placé plus tard par un pont en pierre de
» deux arcs, construit par Pierre de Pey-
» rière, maçon, pour la somme de deux
» livres tournois (1).

» Au XV° siècle, les portes de la ville
» furent plusieurs fois murées à cause des
» Tuchins et des Routiers; on garda seule-
» ment dans ces circonstances deux portes,
» et ce sont toujours celle de la Couronne
» au midi et celle des Prêcheurs au nord.

(1) Ménard, III Pr., p. 176; IV Pr., p. 51, 64;
VI, p. 238; VII, p. 127.

» Comme toutes les autres, elle fut dé-
» corée, en 1489, des armes royales, sculp-
» tées sur le mur de la tour du côté exté-
» rieur et soutenues par deux anges ;
» mais en 1524, elle prit une importance
» particulière au point de vue archéologi-
» que, et Jacques Albenas, consul, faisant
» construire une plate-forme au devant de
» la porte de la Couronne, y rassembla un
» grand nombre de débris romains, inscrip-
» tions ou sculptures qu'il encastra dans le
» mur du petit boulevard qu'on y construi-
» sait. On y remarquait entre autres la
» statue dite des Quatre-Jambes qui a été
» transportée plus tard sur la façade du
» midi de la maison de M° Massip, avocat
» du roi, aujourd'hui maison Jalaguier,
» rue de l'Aspic.

» La plate-forme de la Couronne fut
» faite pour les besoins de l'artillerie (2)
» qui y était installée tantôt pour la défense
» de la ville, tantôt pour la réception des
» personnages à qui étaient dues les salves
» d'honneur. » C'est en effet par la porte
de la Couronne que François Ier en 1533,
Henri II en 1544, et Louis XIII en 1629 firent leur entrée solennelle dans la ville de
Nimes.

En 1630 sur l'ordre de la cour et après
l'édit de pacification, appelé la Paix de
Nimes, d'après lequel l'exercice des deux
religions dans Nimes fut autorisé, les fortifications de la ville durent être démolies;

(2) Archives communales LL, p. 15, 28, 30 52

le conseiller Caudiac délégué pour surveiller cette opération ne conserva que le ravelin de la porte de la Couronne et un pan de muraille qui servait au jeu de ballon.

En 1666 les consuls firent réparer convenablement l'emplacement de l'ancien jeu de ballon et unir toute la partie irrégulière et inégale de l'Esplanade qu'ils ornèrent de rangées d'arbres.

C'est à la porte de la Couronne que se tenait au XVI° siècle le marché des chèvres et brebis (3).

En 1747, le conseil de ville s'occupa de l'affermissement des foires franches et publiques établies à Nimes. Il y en avait trois, celle de la Saint-Michel, accordée par le roi Charles VI, celle du 16 août accordée par le roi Henri IV, et enfin celle du 8 février accordée par le roi Charles IX. Les deux premières seules se tenaient régulièrement; mais sur la demande des consuls, il intervint, à la date du 2 juillet 1748, un arrêt du conseil d'Etat du roi qui accorda de nouveau à la ville la foire franche du 8 février pour durer jusqu'au 22 du même mois et être tenue dans la rue de la Couronne jusqu'à la place de la Belle-Croix, avec tous les droits et prérogatives des foires franches accordées aux autres villes de France.

En 1678, on avait placé sur la porte de la Couronne du côté de la ville une statue de la Vierge. Cette statue en marbre blanc

---

(3) Ibid. LL, p. 7.

a été, paraît-il, conservée et serait encore dans la nouvelle église Sainte-Perpétue.

En dehors de la ville et sur les terrains qui sont occupés aujourd'hui par le square de la Couronne se trouvait autrefois un cimetière appartenant aux protestants, mais à la suite des persécutions ordonnées par Louis XIV, tous leurs biens furent saisis et leurs cimetières cédés aux catholiques.

La bénédiction de ce cimetière eut lieu le 24 février 1688 et ce fut le curé Novi qui en prit possession au nom de l'Eglise. Jusqu'à la Révolution, les inhumations se firent sur cet emplacement.

Cette place qui s'appelait, il y a peu de temps encore, place de l'Hôtel-du-Midi, était ornée au milieu d'une fontaine monumentale, mais qui n'avait rien de remarquable. Alors que les diligences étaient les seuls moyens de transport à la portée du public, c'était sur cette place que se trouvaient les principales entreprises. Il y avait à l'entrée de la rue Notre-Dame, en face de l'hôtel du Luxembourg, une île composée de trois maisons qui rendaient le passage très-étroit et diminuaient considérablement l'espace libre ; c'est à M. Duplan, maire, que l'on doit la création du square de la Couronne.

BOULEVARD DU GRAND-COURS.

Allant de la place de la Bouquerie au boulevard du Petit-Cours.

2ᵉ Canton. — Section 2.
Niveau 51ᵐ00 , 46ᵐ32.

En 1688, par suite de la construction de la citadelle, tout ce quartier de la ville se trouva modifié. On abattit alors les deux anciennes portes de la Bouquerie et des Prêcheurs, de même que la partie des remparts allant de l'une à l'autre. On construisait en même temps de nouvelles murailles qui, se joignant avec le fort, renfermèrent dans leur enceinte tout le faubourg des Prêcheurs. Trois nouvelles portes furent ouvertes, l'une appelée d'Alais, la seconde, assez voisine de l'ancien château, prit dans la suite le nom des Casernes; la troisième tout près du fort.

Alors aussi, sur l'idée qu'en donna l'architecte Gabriel Dardalhion, l'on fit des terres du terre-plein de la vieille enceinte, un cours assez étendu qu'on plaça précisément sur la même ligne que celle des murailles qu'on avait abattues et qui se terminait dans ses extrémités, du côté de l'orient, à une des nouvelles portes, et, du côté de l'occident, à l'avenue du fort. — Le devis de ces ouvrages avait été dressé par l'ingénieur des ouvrages du Roi à Nimes, nommé Du Plessis, et l'entreprise adjugée par l'intendant à un architecte nommé Lyon, pour la somme de 2,150 livres. Le 2 janvier 1689, le conseil de ville vota l'emprunt de cette somme et chargea en même temps les consuls de faire observer à l'ingénieur les endroits du cours qui se trouvaient défectueux, soit à cause des murailles bâties par les entrepreneurs et dont les fondements n'étaient pas bien faits, soit par un trop grand transport de terres qu'ils avaient faits dans le chemin qui se trouvait plus élevé que le sol des maisons voisines, ce qui pouvait occasionner des ravages dans le temps des pluies. Il fut aussi décidé qu'on planterait tout le long de cours trois rangées d'ormes.

Ces divers travaux étaient en pleine voie d'exécution, lorsqu'on s'aperçut que la nouvelle porte qu'on avait construite près du fort, du côté de l'occident, était extrêmement incommode, soit parce qu'elle était trop éloignée des maisons des habitants, soit parce qu'elle se trouvait trop voisine de l'entrée du fort, ce qui faisait que les étrangers qui apportaient des marchandises n'osaient point entrer par cette porte de crainte d'être insultés par les soldats de la garnison. Il fut donc jugé beaucoup plus avantageux, plus convenable même à l'embellissement de faire faire une autre porte plus bas, vis-à-vis du cours, qui ferait face, et répondrait à celle qu'on avait faite à l'autre extrémité, près de l'ancien château.

En conséquence, le conseil de ville extraordinairement assemblé le jeudi 26 juin 1689, auquel présida Pierre Chazel, lieutenant principal, délibéra de présenter requête à l'intendant pour avoir la permission de faire faire cette nouvelle porte et fermer celle qui était à côté du fort, pour n'être ouverte qu'en cas de nécessité, ce qui fut permis et exécuté. Ce fut la porte qui s'appela de la Bouquerie.

De plus, on remédia au dommage que causait journellement aux jeunes ormes du Cours le passage des carrosses et des voitures, en établissant des balustrades de bois aux avenues du Cours.

C'est le long de ce boulevard que se trouvent l'hôtel des Postes, l'église Saint-Charles et l'école d'artillerie.

BOULEVARD DU PETIT-COURS.

Allant du boulevart du Grand-Cours au boulevard des Casernes.

2e canton. — Section 8.
Niveau 46m32, 46m45.

La construction du boulevard du Petit-Cours remonte, comme celle du Grand-Cours, à l'année 1689 et est dûe à l'architecte Gabriel Dardalhion; seulement il y avait entre les deux une différence de niveau très-considérable, le Petit-Cours était de beaucoup en contre-bas et se terminait par une porte dite des Casernes à laquelle on arrivait par une série d'escaliers. C'était là que passait la nouvelle enceint efortifiée dite de Rohan. Près de cette porte se trouvait un puits romain dont on s'est souvent servi lors des grandes sécheresses, mais il parait qu'on en a perdu la trace, car il a été impossible de le retrouver lorsqu'il y a quelques années on a voulu l'utiliser.

Au coin de la rue du Château sur l'emplacement occupé aujourd'hui par la maison Rouvier, on voyait l'ancienne salle de spectacle qui fut brûlée en 1799.

Il n'existait avant 1788 qu'une petite salle de spectacle sur la place des Arènes, appartenant à M. Lecointe et gérée par un sieur Boissier, mais cette salle très-petite et mal installée était insuffisante pour la population qui à cette époque était déjà très-nombreuse.

C'est à ce moment que se présenta une Compagnie qui proposa à la ville de construire une nouvelle salle de spectacle, et je ne crois pas pouvoir mieux résumer la procédure qui fut alors suivie, qu'en reproduisant le texte de la délibération du conseil de ville telle qu'on la lit dans les archives municipales à la date du 28 mars 1788.

« M. Martin, 1er consul-maire, a dit
» que l'assemblée est instruite des diffé-
» rentes propositions qui ont été faites à
» l'administration touchant la construc-
» tion d'une salle de spectacle décente et
» commode ; que parmi ces propositions se
» trouve celle faite par le sieur Boyer au
» nom d'une compagnie avantageusement
» connue, laquelle offre de faire construire
» dans trois mois une salle provisoire dans
» le nouveau genre, faite intérieurement
« sur le modèle du théâtre de la Nation et
» extérieurement en briques et plâtre ; —
» mais cette compagnie désirerait que la
» ville lui accordât pour cette salle un pri-

» vilége exclusif pour cinq ans et qu'elle
» donnât pour autant du temps qu'elle sub-
» sisterait le terrain sur lequel elle se-
» rait établie.

» Le mémoire contenant la propo-
» sition porte qu'on la construirait dans
» l'angle que forme extérieurement le
» rempart à la porte de la caserne, du
» côté du midi et pour cela la compagnie
» demande la permission de déblayer la
» partie terrassée du rempart qui va de-
» puis le Cours jusqu'au fossé, et de pren-
» dre les matériaux qui proviendraient de
» ce déblai ainsi que quelques autres, s'ils
» lui étaient nécessaires, pour faire les
» fondements et les quatre angles de la
» salle qui seraient totalement en pierres.

» Que ce placet ayant été également
» mis sous les yeux de Monseigneur l'in-
» tendant par le sieur Boyer, ce magistrat,
» toujours occupé des embellissements de
» cette ville et de tout ce qui peut lui être
» avantageux, l'avait apostillé le dix-neuf
» mars 1788 d'un « soit communiqué aux
» officiers municipaux pour donner leur avis
» et rapporter le plan du sieur Raymond,
» afin de vérifier si la construction de la
» salle provisoire ne contrarie pas les
» dispositions de ce plan, et, pour cet effet,
» il sera nommé un député pour traiter
» avec moi cette affaire.

» Que dans l'intervalle, M. Lecointe,
» avocat, propriétaire de la salle actuelle,
» instruit de la demande formée par Ch.
» Boyer et Compagnie avait présenté à
» l'administration un mémoire dont les

» conclusions se bornaient à demander qu'il
» ne fût accordé aucun privilége exclusif
» comme contraire à la liberté et à la pro-
» priété de son immeuble ;

» Que MM. les administrateurs toujours
» impartiaux avaient prévenu les désirs
» de M. Lecointe à cet égard, puisqu'ils
» avaient d'avance exigé du sieur Boyer
» qu'il retractât verbalement la demande
» du privilége exclusif pendant cinq an-
» nées ;

» Qu'en exécution des intentions de Mgr
» l'intendant il avait été assemblé le 22 de
« ce mois une commission extraordinaire
» et renforcée pour examiner tant le mé-
» moire du sieur Lecointe que celui du
» sieur Boyer ;

» Qu'au moment où la commission com-
» mençait ses opérations, le sieur Cham-
» baud, entrepreneur de bâtiments, avait
» remis une soumission par lui signée, par
» laquelle il offrait deconstruire une salle
» en pierres sous des conditions onéreuses
» à la communauté et pour lesquelles on
» se réfère au mémoire.

« Que la commission avait cru, avant de
» prendre aucune détermination, devoir
» entendre tant le sieur Boissier, cession-
» naire du privilége des spectacles de cette
» ville, que le sieur Boyer agissant pour
» la Compagnie qui propose de bâtir la
» salle provisoire ;

» Que la commission s'étant convaincue
» que la salle de M. Lecointe ne pouvait
» pas fournir un nombre suffisant de pre-
» mières places pour tous les abonnés, ni

» contenir en totalité un nombre suffisant
» de spectateurs, et que par conséquent
» elle ne pouvait pas procurer des recettes
» capables de faire face à la dépense d'une
» troupe de comédie bien montée, telle
» que le sieur Boissier l'a offerte et que le
» public la désire depuis longtemps ;

» Que ces considérations l'avaient dé-
» terminée à accueillir la demande du sieur
» Boyer, mais sous des modifications, et en
» retranchant comme il a été dit toute con-
» cession de privilége exclusif, elle exigea
» même du sieur Boyer agissant pour sa
» Compagnie, des soumissions par écrit qui
» seront mises sous les yeux de l'assem-
» blée ainsi que l'avis de la commission ;

» Que conformément aux intentions de
» Mgr l'intendant, la commission nomma
» deux députés pour aller rendre compte à
» ce magistrat des déterminations prises
» par les commissaires en lui présentant ie
» le plan du sieur Raymond ainsi que le
» portait l'apostille, et, en conséquence,
» lui, premier consul et M. le baron de
» Marguerittes, s'étant rendus à Montpell-
» ier et ayant conféré tant avec Mgr l'in-
» tendant qu'avec M. le comte de Périgord,
» le premier avait regardé la proposition
» du sieur Boyer comme avantageuse pour
» le public et propre à augmenter ses amu-
» sements, et le second avait pensé que le
« spectacle serait plus décent et plus tran-
» quille dans une salle commode et spa-
» cieuse.

» Que Mgr l'intendant avait pourtant
» décidé que la communauté ne pouvait

» pas prêter pour le terme de cinq années
» au sieur Boyer et Compagnie les maté-
» riaux qui proviendraient de la partie
» terrassée des remparts, et qu'il fallait
» absolument les faire estimer à l'amiable
» et que la valeur en fût payée à la com-
» munauté, en ayant cependant égard aux
» frais de la démolition.

» Que cette proposition se réduit donc
» à adopter l'avis de la commission, ap-
» prouvé par Mgr l'intendant, relativement
» à la salle provisoire que le sieur Boyer et
» sa Compagnie offrent de construire, avec
» la réserve du paiement des matériaux
» sus-énoncés; l'assemblée est en consé-
» quence priée de délibérer.

» Sur quoi, lecture faite du mémoire du
» sieur Boyer, de l'apostille de Mgr l'in-
» tendant, de la soumission particulière
» dudit sieur Boyer, du mémoire de M.
» Lecointe et de celui du sieur Cham-
» baud, ensemble de l'avis de la commis-
» sion présenté à Mgr l'intendant, l'assem-
» blée pénétrée de reconnaissance pour
» les bontés dont ce magistrat ne cesse de
» donner des preuves à cette ville, et pour
» tous les soins qu'il veut bien prendre
» pour son embellissement et sa pros-
» périté, a unanimement approuvé la
» proposition et l'avis de la commission, et
» en conséquence et sous le bon plaisir de
» Mgr l'intendant elle a permis et permet
» au sieur Boyer et à sa Compagnie de
» faire construire la salle provisoire énon-
» cée dans son mémoire et dans l'en-
» droit désigné en la proposition, et pour

» cet effet de faire démolir la partie ter-
» rassée adossée au rempart, d'employer
» à la construction dont il s'agit les ma-
» tériaux qui parviendront de cette dé-
» molition, à la charge néanmoins par le
» sieur Boyer et sa Compagnie d'en payer
» la valeur à la communauté sur l'estima-
» tion qui en sera faite à l'amiable, à la
» charge encore par le sieur Boyer et
» Compagnie de remplir les engagements
» consignés tant dans leur mémoire, que
» dans les soumissions particulières dudit
» sieur Boyer, le tout demeurant annexé
» à la présente délibération qui ne sortira
» à effet qu'après qu'elle aura été autori-
» sée par Mgr l'intendant ; à l'effet de
» quoi MM. les consuls sont instamment
» priés de lui présenter requête. »

Cette salle, nous dit Baragnon, t. 4, p. 143, fut construite sur les plans de M. Adam, machiniste à Feydan; mais en 1799, un incendie, résultat de l'imprudence d'un machiniste, la détruisit complétement. — En attendant qu'on en reconstruisît une autre, on éleva des tréteaux à l'ancien Jeu-de-Paume qui était tout ce qu'on avait conservé de l'ancienne salle de spectacle, située place des Arènes.

BOULEVARD DU COURS-NEUF.

Allant du quai de la Fontaine au chemin de Montpellier.

1er canton. — Section 10.
Niveau 52^{m}15, 43^{m}50.

La création de ce boulevard remonte à l'époque où Maréchal traça la nouvelle disposition des canaux et du jardin de la Fontaine. D'après cet architecte, tout ce quartier était soumis à un plan uniforme, les maisons situées le long et autour de la promenade devaient être construites sur le même modèle, et l'on voit encore à l'angle de plusieurs rues des murs établis d'après ces indications.

Le plan de Maréchal ne fut exécuté que jusqu'à la hauteur de la rue du Mail. A cet endroit, il y avait une différence de niveau assez considérable, et l'on n'avait accès dans la susdite rue qu'au moyen de plusieurs marches d'escaliers.

Cette promenade est restée dans cet état jusqu'en 1848. A cette époque, et pour donner du travail aux ouvriers nécessiteux, la municipalité fit l'acquisition d'une maison qui fermait l'avenue et prolongea le boulevard.

Il était dit que ce ne serait qu'une seconde révolution qui ferait continuer l'exécution d'un projet qui aujourd'hui s'impose de lui-même. En effet, en 1870, un chantier municipal fut ouvert pour les ouvriers sans travail, et, cette fois, les travaux furent poussés presque jusqu'à la route de Montpellier. En sorte qu'il ne reste plus que peu de terrain à acquérir pour que l'œuvre soit terminée. Il faut espérer que, l'ère des révolutions étant finie, ce sera en pleine paix et prospérité que ce travail s'accomplira, et qu'au lieu du nom insignifiant et si mal famé qu'elle porte, cette belle promenade digne d'une grande ville recevra, dans un intérêt historique, un nom rappelant ses deux origines républicaines.

Pendant qu'on ouvrait les tranchées destinées à recevoir les aqueducs et les plantations, on a découvert une très-grande quantité de vestiges de l'occupation romaine, mosaïques nombreuses, vases, lampes, tombeaux, monnaies et bronzes divers; tout a été recueilli et décrit dans les archives de notre Académie. On sait, en effet, que le quartier de la Fontaine était alors occupé par les plus riches habitants, que le quai du Cadereau était la rue des Orfèvres, et que le champs de mars où avaient lieu les courses de chars occupait l'emplacement devenu plus tard le Jeu de Mail.

« Parmi les découvertes les plus inté-
» ressantes, on peut signaler une grande
» mosaïque rencontrée à plus de deux
» mètres de profondeur, entre la rue Hôtel-
» Dieu et la rue de la Placette, plus près
» du coin de cette dernière. Elle forme le
» sol d'une pièce dont voici les dimensions
» en mesures romaines : longueur, 27
» pieds; largeur, 15 pieds; espace com-
» pris entre le mur (encore debout sur une
» hauteur variant de vingt-cinq à qua-
» rante centimètres, avec sa plinthe et
» son enduit) et la bordure (formée d'une
» simple bande noire) 2 pieds. Au milieu
» de l'espace circonscrit par cette bordure,
» on voit un caisson de quatre pieds en
» carré, dont le centre est occupé par une
» tête colossale de Mercure, parfaitement
» reconnaissable à l'ailette de son pétase.

» Cette tête est entourée d'une torsade
» circulaire de cinq pouces de largeur. Les
» angles sont remplis par quatre vases,
» tous de forme variée. A l'exception de
» la torsade, où l'on remarque ce carac-
» tère d'élégante simplicité qui est le ca-
» chet des œuvres de la bonne époque, le
» reste de ce caisson accuse un travail qui
» est loin d'être en rapport avec la richesse
» des matériaux employés. — Un des va-
» ses, celui qui occupe l'angle inférieur de
» gauche, est en partie caché par une base
» de colonne qui empiète ainsi sur le cais-
» son. Cette base est-elle là à sa place
» primitive ? Il n'est guère permis de le
» penser. On a trouvé, reposant sur la
» mosaïque, une pioche, oubliée sans doute
» par les démolisseurs. La couche de terre
» la plus voisine de ce pavé était entre-
» mêlée d'assez grandes plaques de stuc
» peint en rouge » (1).

Le tout a été recouvert de terre et pourra donner lieu plus tard à de nouvelles fouilles.

Au rond point du Cours-Neuf, entre le grand séminaire et la rue Traversière, on a rencontré d'énormes constructions et notamment une voûte en très-grand appareil. Malheureusement encore les fouilles n'ont pas été poussées assez loin pour qu'on puisse se rendre compte de la destination de cette construction ; il est cependant probable que c'était une partie du grand aqueduc qui recevait les eaux de

(1) V. *Mémoires de l'Académie du Gard*, 1872, p. 103.

la Fontaine et qui à cet endroit, devait se diviser en plusieurs branches secondaires.

Une découverte intéressante au point appelé quartier *de la Galère*, est celle d'une voie secondaire, latérale au Cadereau et qui, descendant du nord au sud, allait aboutir à la voie Domitienne, représentée aujourd'hui par le chemin vieux de Montpellier. C'est sur les bords de cette voie, dont l'empierrement était parfaitement reconnaissable, que l'on a trouvé un certain nombre de sépultures. On sait en effet, que les Romains avaient l'habitude d'ensevelir leurs morts le long des routes.

La municipalité nîmoise vient de faire établir vers l'extrémité du Cours un lavoir public alimenté par les eaux du Rhône et qui rend de très-grands services à ce quartier très-populeux. A l'angle de la rue du Mail et du Cours il existe encore aujourd'hui un ancien cimetière juif dont la communauté s'est servie depuis le moment où la Révolution de 1789, en déclarant l'égalité des cultes devant la loi, leur permit de rentrer en France ; ce n'est qu'en 1810 que ce local fut remplacé par celui actuel du chemin de Saint-Gilles. A ce sujet on peut rappeler que ce nouveau cimetière fut créé avec les fonds de la communauté ; la ville ne donna que l'autorisation de prendre pour faire les murs de clôture les pierres provenant de la démolition des maisons existant autrefois dans les Arènes.

Le cimetière de la rue du Mail a donc été fermé à cette époque et depuis lors personne n'y a plus pénétré ; la loi juive s'oppose à ce que ce terrain soit jamais aliéné.

RUE DU GRAND-COUVENT.
Allant de la rue de l'Horloge au boulevard du Grand-Cours.

1er Canton. — Section 1.
Niveau 49m68, 47m96.

Cette rue s'appelait autrefois rue de l'Ancienne Romaine à cause d'une auberge de ce nom qui se trouvait sur son parcours ; elle prit ensuite le nom de Boucarié, à l'occasion de la boucherie qui existait à l'entrée du Grand Cours ; ce n'est enfin que par délibération du conseil municipal du 1er avril 1824 qu'elle s'est officiellement appelée du Grand-Couvent, et voici pourquoi :

L'évêque Cohon voulant introduire à Nîmes l'ordre des Ursulines, le cardinal Alphonse de Richelieu, archevêque de Lyon, lui envoya dix religieuses de chœur et une sœur converse : la supérieure de cette nouvelle maison fut la mère Françoise de Vaivres de la Motte, dite de la Trinité ; Marguerite de Jésus Thomé fut nommée pour assistante, Marie de Saint-Charles de la Doye pour zélatrice, et Elisabeth de Sainte-Claire de Ferrière pour dépositaire. Ces religieuses prirent possession le 17 mars 1637 du couvent qu'on leur avait destiné, et le surlendemain 19, jour de saint Joseph on dit la première messe dans une chapelle qu'on venait de construire pour leur usage. Ce fut aussi ce qui les engagea à prendre ce saint pour titulaire de leur chapelle (1).

En 1640, l'évêque Cohon leur accorda tous les biens de la léproserie de Nimes dont il dépouilla les religionnaires qui l'administraient depuis de longues années, et cette léproserie fut supprimée par lettres du roi Louis XIII du mois d'août 1641 ; disons en passant qu'en 1664, ce même évêque fonda un second couvent des Ursulines, situé place des Arènes.

Ce ne fut qu'en 1714 que les religieuses du premier monastère des Ursulines commencèrent à bâtir une très-belle église, où elles employèrent des sommes considérables pour l'époque. Ce fut pendant la supériorité de la mère de Verez que cette église fut commencée ; la première pierre en fut posée par François Morel, vicaire général de l'évêque La Parisière.

A l'époque des persécutions contre les protestants, c'est dans cette église que se trouvait le registre des abjurations sur lequel on les inscrivait par fournées.

Après la révolution de 1789, les biens du clergé ayant été vendus, un protestant du nom de Vincent Valz acheta l'église des Ursulines et la loua au Consistoire qui, le dimanche 13 août 1795, y célébra le culte et en fit le Petit Temple. Ce fut en 1802 que l'on fit placer une cloche de 15 quintaux sur le faîte de la façade. - Cette cloche porte l'inscription suivante : O Sion ! ton Dieu est d'âge en âge. (Ps. CXLVI. 10.)

En 1876 le conseil municipal ayant voté la continuation de la rue de la Banque jus-

(1) V. Ménard, tome 6, p. 46, nouvelle édition.

qu'à la place de la Maison-Carrée, on a démoli une partie de maison qui offre un grand intérêt au point de vue artistique et archéologique ainsi que de l'histoire lo-locale.

Chacun, en effet, a pu remarquer en passant dans cette rue une vieille porte ogivale surmontée d'un blason tout effacé et donnant accès dans une cour étroite encombrée de constructions parasites. Quelle était cette maison, à qui appartenait-elle, avait elle joué un rôle dans nos annales locales? Grâce aux recherches qui viennent d'être faites la question n'est plus aujourd'hui aussi obscure; je vais cependant mentionner toutes les versions que j'ai pu recueillir et fournir les renseignements particuliers que l'examen attentif des lieux a pu me suggérer.

Cette maison faisait autrefois partie de l'île de M. de Rochemaure, plus tard île Ginoux; elle a appartenu aussi à mademoiselle de Mas, et au XVII° siècle on la désignait sous le nom de la Grande maison, car elle occupait en surface presque toute l'île actuelle comprise entre les rues du Grand-Couvent, Rabaut-Saint-Etienne, Guizot et de l'Horloge. On prétend aussi qu'elle a été habitée par des cardinaux pendant le séjour des papes à Avignon, mais aucun document certain n'a pu me renseigner d'une manière exacte sur ce point que je mets un peu en doute. Il se pourrait cependant que quelque dignitaire de l'Eglise en ait fait sa résidence; ce qui, paraît-il, a donné lieu à cette opinion, c'est la découverte qui fut faite, il y a un certain nombre d'années, de quelques tombeaux placés dans une chapelle et dans lesquels on aurait trouvé des ossements et trois ou quatre bagues ou anneaux ayant la forme de ceux que portent les évêques.

S'il faut s'en rapporter aux indications données par Ménard, dans son *Histoire de Nimes*, cette maison aurait été construite et habitée par Pierre Scatisse, trésorier de la sénéchaussée de Nimes, vers 1360. Ce qui le ferait supposer, c'est que, dans les démolitions, on a retrouvé un linteau de porte intérieure, qui reproduit les mêmes armoiries que celles qui étaient sculptées sur la porte ogivale de la rue du Grand-Couvent et à la base d'une tour qui existe encore dans la partie de cette même maison qui donne dans la rue de l'Horloge au n° 10. Ces armoiries sont : un chevron accompagné, en chef, de deux larmes, et, en pointe, d'une croix grecque placée au-dessus d'une mer ou rivière.

Ce Pierre Scatisse a joué, dans l'histoire locale, un rôle assez important, et il devait jouir d'une certaine réputation de savoir et d'intégrité, puisque c'est lui qui fut choisi par Philippe le Bel pour appliquer sur diverses terres des environs de Nimes les pensions que ce roi avait assignées à Guillaume de Nogaret, en récompense des services que ce seigneur lui avait rendus lors de sa querelle avec le pape Boniface VIII.

Pierre Scatisse était seigneur de Villevieille, près Sommières, il possédait aussi diverses propriétés, notamment celle d'Escatte, près Calvisson, aux abords de laquelle il fit construire une chapelle, connue sous le nom de Saint-Etienne-de-Scata, dépendant de l'archiprêtré de Sommières et dont l'évêque de Nîmes était le collateur.

La démolition d'une partie de cette maison a fait découvrir une ancienne chapelle du XIVe siècle, qui offrait, au point de vue artistique et archéologique, un très-grand intérêt et que les simples notions du goût et de l'étude du passé auraient dû préserver du marteau de ses démolisseurs. On aurait pu ainsi étudier ce monument si intéressant tant par son architecture que par les peintures dont ses murs étaient couverts.

J'ai personnellement été assez heureux pour être le premier à prendre un calque de ces peintures qui, depuis lors, ont éprouvé des dégradations constantes, et que, pour le moment, je me contenterai de dépeindre d'une manière très-sommaire.

Au fond de la chapelle, faisant face à la porte d'entrée, on distingue deux anges adorateurs aux ailes déployées et placés vis-à-vis l'un de l'autre ; au-dessous est une femme agenouillée portant la guimpe et le voile des religieuses ; à droite, selon la description donné par M. l'abbé Carle, « une
» fenêtre formant deux baies abritées sous
» la même ogive et surmontées d'un qua-
» trilobe avec écoinçons ; — l'ébrasement
» ou tableau de cette fenêtre est couché de
» rouge brun ou mordoré, servant de fond
» à un enroulement jaune très-largement
» tracé. D'un côté de cette fenêtre (qui, du
» reste, n'est pas dans l'axe de la voûte),

» l'*Agonie du Sauveur* que l'on voit en
» prière, les mains jointes, devant un ca-
» lice et la tête entourée d'un simple nim-
» be. De l'autre côté, beaucoup plus large,
» une scène complète représentant le *Bai-
» ser de Judas*, le tout dessiné sur un fond
» grisâtre parsemé en quelques endroits de
» fleurs de lys. »

Au point de vue artistique, c'est la portion la plus remarquable de toutes ces peintures en grisailles. Les personnages sont nombreux et chacun a bien le caractère que lui donne la tradition. Il est réellement dommage que, puisque l'attention des ouvriers avait été mise en éveil, une démolition précipitée n'ait pas permis de mieux reconstituer toute une œuvre si intéressante.

Sous une épaisse couche de badigeon à la chaux, j'ai pu voir avant la destruction de la voûte, des peintures dont les couleurs étaient bien conservées quoique le dessin fût moins correct que celui des scènes précédentes ; elles représentaient les quatre évangélistes portant une mitre dorée et la crosse peinte en rouge foncé, leurs noms étaient inscrits sur une banderolle bleue placée à leurs pieds.

A côté de la petite chapelle de Pierre Scatisse et communiquant avec elle par un couloir qui vient d'être démoli, se trouvait une autre chapelle beaucoup plus vaste, dont jusqu'à présent personne n'a parlé, mais dont l'existence ne peut pas être contestée, car il y a peu de temps encore on en remarquait des vestiges incontestables tels que niches de différentes grandeurs et bénitier.

Comment expliquer la présence de ces deux chapelles contiguës ? Quels ont été les motifs et les dates de leur construction et de leur décoration ? c'est là le champ ouvert aux recherches des archéologues. — A ce sujet, je me permettrai de donner mon opinion en l'appuyant sur des textes et des documents qui me paraissent certains.

J'accepte en principe que la petite chapelle a pu être construite par Pierre Scatisse et qu'au XIV° siècle elle servait à l'usage exclusif du propriétaire de ce vaste immeuble. A cette époque, sa décoration entière devait être semblable à celle dont nous retrouvons heureusement la trace dans la fenêtre ogivale dont on a donné une savante description ; on peut voir encore que « l'ébrasement de cette fenêtre est couché de brun ou mordoré servant de fond à un enroulement jaune très-largement tracé. » En effet, si l'on enlève la couche d'enduit gris sur lequel ont été peints les sujets dont nous avons donné la description sommaire, on retrouve l'enduit primitif conservant encore des traces de couleur rouge qui indiquent que telle était la décoration première, remontant bien au XIV° siècle et ayant le caractère de cette époque.

Cette chapelle est restée dans cet état jusqu'en 1640 ; en voici la preuve :

On sait qu'en 1637 lorsque l'évêque Cohon fit venir à Nimes les religieuses de l'ordre des Ursulines, elles s'établirent dans le local que la municipalité leur avait fait préparer (1). Ce local n'était autre que la grande maison de Pierre Scatisse, dans laquelle la communauté trouvait une chapelle toute prête pour leurs exercices intérieurs. Cette chapelle suffisante pour les dix religieuses envoyées par l'archevêque de Lyon était beaucoup trop petite pour recevoir le public, et c'est alors qu'on disposa les locaux adjacents en une grande chapelle contiguë communiquant par le couloir dont j'ai parlé plus haut.

Ces deux chapelles furent inaugurées le 19 mars 1637 et placées sous le vocable de saint Joseph, patron du jour où fut célébrée la première messe.

Trois ans après, une de ces maladies qui jetaient la terreur parmi les populations et dont le retour était si fréquent à cette époque, la peste, vint faire de nombreuses victimes dans la ville de Nîmes; les mesures les plus sévères furent prises par les autorités, toutes les portes sauf celle de la Couronne furent fermées pendant quinze jours et toutes les avenues furent réduites à trois, l'une pour les Cévennes et Uzès, l'autre du côté d'Avignon, et la dernière du côté de Montpellier. A chacune de ces avenues, on plaça des barrières où se trouvait un portier qui prenait les bulletins de santé des étrangers au bout d'une canne et les remettait, après les avoir parfumés, à un homme à gages qui devait les viser avant de permettre l'entrée dans la ville.

(1) Ménard, tome 6, page 16.

« Un jour, nous dit Ménard (1), les Ursulines avaient fait sortir leur tourrière (2) pour quelqu'affaire importante. Celle-ci se trouvant à quarante pas du couvent, tomba sur le cadavre d'un pestiféré qu'on venait de jeter des fenêtres dans la rue. S'étant relevée toute effrayée, elle n'osa pas parler de l'accident qui venait de lui arriver, et poursuivit son chemin jusqu'à l'évêché où on l'envoyait. »

» Après qu'elle eut parlé à l'évêque, elle revint au couvent, atteinte d'une grosse fièvre pestilentielle qui lui dura jusqu'au septième jour, auquel elle demeura sans mouvement et sans connaissance pendant quatre heures de suite.

» La sœur qui la servait se disposait à la jeter par la fenêtre de l'infirmerie, lorsqu'elle revint tout à coup à elle, mais ce fut avec une sueur si horrible, que la sœur pensa en tomber en défaillance. Elle se trouva mieux toutefois depuis ce moment, et fut entièrement guérie au bout de quelques jours.

» Pendant le cours de sa maladie, la mère Denise de Sainte-Geneviève de Beaux-Hotes, alors supérieure, mit le monastère, par un vœu spécial, et avec l'agrément de l'évêque, sous la protection particulière de l'immaculée conception de la mère de Dieu.

» On fit vœu de chanter à perpétuité les

(1) Ménard, tome 6, p. 40.
(2) Archives du premier monastère des Ursuline de Nimes M. S. de la sœur de Ferrières.

» litanies de la Vierge, tous les samedis,
» de dire l'hymne *stella cœli extirpavit* tous
» les jours après la messe, et de renouveler
» ce vœu à chaque fête de la Vierge. De
» plus, le jour de la conception, la supé-
» rieure, en mémoire de ce vœu, assistée
» de toute la communauté, met les clefs
» de la maison au pied de l'image de la
» Vierge, *qui est dans le chœur*, au-dessus
» du siége de la supérieure, comme la re-
» gardant pour supérieure perpétuelle du
» monastère, avec des prières et des orai-
» sons qui se rapportent à cet acte de piété.
» Ce jour là, elle fait encore un acte d'hu-
» milité qui est de servir au réfectoire ou
» de laver la vaisselle, ou de balayer la
» maison, ou tel autre qu'elle trouve à
» propos. »

Je ne veux pas d'autre preuve du changement qui s'est opéré dans la décoration de la chapelle de Pierre Scatisse, les deux anges en prière, la religieuse agenouillée que nous voyons encore sur ce panneau faisant face à la porte d'entrée, sont bien la représentation du vœu de la supérieure Denise de Sainte-Geneviève de Beaux-Hotes; — la suite du tableau que la main profane des ouvriers vient de faire disparaître devait représenter la Sainte-Vierge sous la protection de laquelle la chapelle fut désormais placée.

Donc les peintures en grisaille que nous voyons aujourd'hui sont du XVIIe siècle et non du XIVe ; du reste, la manière dont les sujets sont traités, le fini de l'exécution, dénotent chez les artistes une connaissance du dessin que ne possédaient pas les peintres du xiv° siècle.

Une vielle cheminée en poivrière selon les uns, ou clocheton ayant servi à l'usage de la chapelle, suivant les autres, pour appeler les fidèles et annoncer l'heure de la prière, dominait les toits environnants, et par sa forme bizarre, connue de tout Nimes, aurait dû trouver grâce devant le marteau des démolisseurs; mais elle a disparu comme la chapelle et il n'en reste plus que le souvenir chez quelques amis du passé. Il faut espérer que plus de prudence sera désormais apportée là comme ailleurs dans les divers travaux qui s'exécuteront, et que lorsque la chapelle sera débarrassée des ruines qui l'encombrent, on fera d'autres fouilles pour rechercher le caveau qu'elle doit contenir.

Si maintenant nous nous reportons à l'époque si tourmentée de la guerre des Camisards, nous voyons que la grande maison du xiv° siècle, abandonnée par les Ursulines qui habitaient alors le Grand-Couvent, y a joué un rôle, et selon la tradition qui s'est transmise dans les familles protestantes, on peut, dans une pièce obscure, retrouver la trace de la *Grotte de Catinat*.

Ce passage souterrain qu'il sera intéressant de faire déblayer, était, paraît-il, en communication avec les aqueducs romains et avait une issue le long du Cadereau. C'est par là qu'*Abdias Morel dit Catinat*, lieutenant de Cavalier, le chef des camisards, s'introduisait dans la ville pour conférer avec ses coreligionnaires et qu'il venait y prendre les vivres ou munitions nécessaires à ses troupes.

Selon les renseignements qui m'ont été fournis par l'ancien propriétaire de la maison et qui sont du reste conformes à un ancien plan de l'île de Rochemaure que j'ai vu dans les archives municipales, il y avait au fond de la cour et avant la construction des maisons environnantes, un très-grand jardin avec un bassin en marbre rouge alimenté par un puits situé au milieu de la cour. Ce puits, qui a toujours donné une eau très-abondante, même en temps de sécheresse, n'affectait pas la forme des anciens puits romains, il était évasé comme le sont actuellement nos puits à roue. Au fond du jardin, une colonnade en marbre rouge recouverte de treilles servait de promenoir. Le tout a disparu il y a quelques années.

Dans un angle du mur près de la grande chapelle, on voyait une tête sculptée qui ne manquait pas de caractère ; il en existe encore une autre encastrée dans le mur faisant face à la ruelle des Flottes.

A l'angle de la rue du Mûrier-d'Espagne on remarque, dans un petit caisson en pierre, une sculpture représentant un squelette soulevant la pierre de son tombeau. Malgré mes recherches, je n'ai rien pu découvrir sur l'origine de cette sculpture assez bizarre, qui est l'image de la résurrection.

RUE CRÉBILLON.

Allant de la place d'Assas au quai de la Fontaine.

1er Canton. — Section 1.
Niveau 51m16, 50m88.

Prosper Jolyot de Crébillon, poète tragique, né à Dijon en 1674, mort en 1762, à quatre-vingt-huit ans, était fils du greffier en chef de la Chambre des comptes à Dijon. Il fut placé à Paris chez un procureur pour apprendre la chicane, mais son patron, appréciant son talent, fut le premier à l'engager à travailler pour le théâtre. Il donna successivement *Idoménée* (1705), *Atrée* (1707), *Electre* (1709), *Rhadamiste* (1711), qui le placèrent auprès de nos grands maîtres. Il eut moins de succès dans *Xercès* (1714), *Semiramis* (1717), *Pyrrhus* (1726). Après cette dernière pièce, il resta vingt-deux ans sans rien produire ; on attribue ce long silence au peu d'encouragement qu'il obtenait du gouvernement. Cependant, en 1749, il rentra dans la carrière ; à soixante-douze ans, il donna *Catilina*, l'une de ses meilleures pièces. Il fit jouer sa dernière tragédie, le *Triumvirat*, en 1755, à quatre-vingt-un ans.

Crébillon a surtout visé à exciter la terreur, il a même poussé le terrible jusqu'à l'horrible et l'atroce. Ce poète était d'un caractère fier, incapable de s'abaisser à courtiser les grands. Il avait d'ailleurs des habitudes cyniques et peu engageantes ; aussi resta-t-il la plus grande partie de sa vie dans un état voisin de la misère. Péndant longtemps, il n'eut pour vivre qu'une place de censeur de la police. — Vers l'âge de soixante ans, Mme Pompadour lui fit obtenir une pension de 1,000 fr. et une place à la Bibliothèque.

Il fut reçu à l'Académie en 1731 et prononça son discours en vers. Voltaire fut jaloux de ses succès, et, pour montrer sa supériorité, il refit plusieurs des sujets que son rival avait traités, entr'autres *Semiramis*, *Catilina* qu'il intitula *Rome sauvée*.

RUE DE LA CRUCIMÈLE.

Allant de la rue de la Faïence à la rue Bonfa.

2ᵉ canton. — Section 3.
Niveau 53ᵐ31, 59ᵐ32.

A l'extrémité de cette rue, se trouvait une petite porte qui ne figure pas sur le plan de Ménard, mais qu'on trouve citée dès 1494 (1) comme conduisant au chemin de Saint-Baudile. (*Portale de Crucimele in itinere sancti Baudili.*)

C'est la même porte qui est désignée sous le nom de porte de la *Croix-de-Fer* au XVIIᵉ et au XVIIIᵉ siècle (2).

L'étymologie du mot *Crucimèle* pourrait

---

(1) V. Germer Durand, *Promenade d'un curieux autour de Nîmes*, p. 101. — Ménard, preuves, p. 65 et 123.

(2) V. Ménard, T. VI, p. 177, 490. — Affiches de Nîmes de 1812, p. 370.

donc venir de la présence dans ce quartier d'une croix à laquelle par antithèse on aurait donné précédemment le nom de *Croix de Miel, Crux melle.* Ce nom vient peut-être aussi de celui d'une famille que nous rencontrons quelquefois dans les actes du moyen âge, et qui devait avoir tout auprès une propriété ou une maison importante.

Etendu à tout le quartier d'après le compoix de 1671, le nom de Crucimèle a été donné à un puits voisin qui déborde après toutes les fortes pluies et forme un véritable ruisseau dans la rue du Rempart.

RUE DE LA CURATERIE

Allant de la place du Grand-Temple à la place Belle-Croix.

2º Canton. — Section 7.
Niveau 44m10, 43m92.

L'étymologie de ce nom vient du mot latin *curator*, intendant, parce que, probablement, du temps de la colonie romaine, la demeure du gouverneur de la ville devait se trouver dans le voisinage.

Il existait sur la partie occupée aujourd'hui par la place de la Belle-Croix un puits public que les consuls firent fermer en 1745 avec de grandes pierres plates munies d'anneaux de fer pour les enlever au besoin. Ce puits s'appelait de la Curaterie.

Au coin de la rue de l'Ecole-Vieille, on remarque, comme sur la maison Duclap, située un peu plus loin, un bas-relief représentant un Saint-Georges, et le rapprochement de ces deux sculptures n'a pas encore pu, que je sache, être expliqué d'une manière certaine.

L'entrée de la rue de la Curaterie était très-étroite à son débouché sur le boulevart des Calquières et les accidents y étaient très-fréquents, car le voisinage du marché y amenait une circulation très-grande de piétons et de charrettes. Aussi, en 1849, le conseil municipal présidé par M. Eyssette, maire, ordonna-t il la démolition de la maison Péchier, ce qui rendit l'accès beaucoup plus facile.

RUE CUVIER.

Allant de la rue Sully à la rue Villars.

2e canton. — Section 5.
Niveau 50m02, 50m02.

Georges *Cuvier*, célèbre naturaliste, qu'on a nommé l'Aristote du XIXe siècle, naquit, en 1769, à Montbéliard (Doubs), d'une famille protestante et mourut à Paris en 1832.

Après avoir étudié au collége de Montbéliard et l'académie Caroline de Stuttgard, où il acquit la connaissance de la langue et de la littérature allemandes, il fut chargé d'une éducation particulière en Normandie. Il resta six ans dans cette position et commença dès lors à se livrer à l'étude de l'histoire naturelle. Ses talents ayant été appréciés par Tessier, savant agronome, qui eut occasion de le voir dans sa retraite, il fut appelé à Paris en 1795, et s'y fit bientôt une grande réputation, soit par ses cours, soit par ses écrits. — Il fut nommé successivement professeur d'histoire naturele aux écoles centrales, suppléant de la chaire d'anatomie comparée au Muséum, professeur au Collége de France, membre de l'Institut, puis secrétaire perpétuel de la section des sciences. Plus tard, il devint inspecteur des études, conseiller et chancelier de l'Université (1808) et remplit plusieurs fois les fonctions de grand-maître.

Il usa de son pouvoir pour introduire partout d'importantes améliorations, et favorisa surtout l'enseignement de l'histoire et des sciences. Cuvier fut, en outre, appelé à jouer un rôle politique. Nommé en 1813 maître des requêtes, il devint, à la Restauration, conseiller d'Etat (1814), puis président du comité de l'intérieur, et enfin pair de France (1831). Il se signala aussi dans cette nouvelle carrière par une haute capacité, mais on lui reproche de s'être montré trop complaisant pour le gouvernement de Charles X et de s'être chargé de soutenir à la tribune les lois les plus impopulaires.

Considéré comme naturaliste, Cuvier a rendu d'immenses services. Il a donné à la zoologie une classification naturelle qui lui manquait encore : il a fait faire à l'anatomie comparée un pas immense en reconnaissant qu'il existe entre tous les organes d'u[n] même animal une correspondance et un[e] subordination telles que de la connaissanc[e] d'un seul organe on peut déduire celle d[e] tous les autres. A la faveur de cette lo[i] qu'il appelait la *loi de corrélation de formes* il a créé pour ainsi dire un monde nouveau ayant établi par de nombreuses observa[-] tions qu'il a dû exister à la surface du glob[e] des espèces d'animaux et de végétaux qu[i] ont disparu aujourd'hui, il est parvenu à re[-] construire ces êtres dont il reste à pein[e] quelques débris informes et à les classe[r] méthodiquement.

Ses principaux ouvrages sont : *Leçon[s] d'anatomie comparée — le Règne animal dis[-] tribué d'après son organisation — Recherche[s] sur les ossements fossiles — Discours sur le[s] révolutions du globe — Histoire naturelles de[s] poissons*, etc...

C'est par arrêté municipal, en date du [?] juillet 1857, approuvé par arrêté préfecto[-] ral, que le nom de Cuvier a été donné [à] cette rue. La municipalité avait propos[é] le nom de Talabot, mais comme l'adminis[-] tration ne permit pas de donner des nom[s] de personnes vivantes, malgré leur hono[-] rabilité et leur célébrité incontestables, c[e] nom a été écarté pour le moment.

RUE DU CYPRÈS

Allant de la rue Jean-Reboul à la rue Saint-Philippe.

1er Canton. — Section 10.
Niveau 48m34, 46m17.

Rien d'intéressant n'est venu à notre connaissance sur cette rue étroite, qui doit probablement son nom à un arbre de cette essence existant sur son parcours. Il en est de cette qualification comme de celles des Tilleuls, des Marronniers, du Cerisier, du Pigeonnier, etc... noms qu'on retrouve dans toutes les villes.

RUE DAGOBERT

Allant de la rue de l'Oratoire à la rue de l'Abattoir.

1er canton. — Section 12.
Niveau 46m37, 44m17.

Dagobert Ier, roi de France, fils de Clotaire II, fut d'abord roi d'Austrasie, à la mort de son père, en 628, et le devint en 1631 de la France entière, à la mort de son frère Caribert. Il soumit les Saxons, les Gascons et les Bretons, mais il ternit l'éclat de ses victoires par sa cruauté et par sa passion pour les femmes. Il fonda Saint-Denis en 632, et y fut enterré en 638 à l'âge de 36 ans. Dagobert fit fleurir les arts et surtout la sculpture et l'orfèvrerie. Il eût pour ministre et pour ami saint Eloi, qui avait d'abord été orfèvre.

RUE DEIRON

Allant du boulevard du Grand-Cours à la rue Clérisseau.

2e Canton. — Section 2.
Niveau, 50m14, 53m30.

Jacques Deiron, fils de Jean Deiron, consul de Nimes en 1575 et auteur d'un journal des événements de son temps, naquit dans cette ville vers le commencement du XVIIe siècle. Son goût le porta à l'étude des antiquités, et, en particulier, à celle des monuments antiques du lieu de sa naissance. Il consacra à les décrire et à les expliquer un ouvrage qui eut en peu de temps trois éditions. Il le fit d'abord imprimer à Grenoble, sous ce titre : *Des anciens bâtiments de Nimes*, et il le dédia aux consuls de la ville. Ce fut peut-être cette circonstance qui attira sur lui l'attention du conseil; quoiqu'il en soit, il fut réimprimé à Nimes, sous ce nouveau titre : *Les antiquités de la ville de Nimes*, aux frais de la ville, en vertu d'une délibération du 7 octobre 1626. En 1663, il parut de ce traité une troisième édition dont les frais d'impression furent payés par l'administration diocésaine.

Jacques Deiron s'occupa beaucoup de chronologie, mais il paraît qu'il a commis beaucoup d'erreurs. En 1646, il publia sa généalogie et celle de Louis de Baschi, baron d'Aubais, ouvrage qui fut réimprimé à Grenoble en 1653. Il mourut en 1677 et resta toujours fidèle à la religion protestante dans laquelle il avait été élevé.

En faisant les travaux de canalisation, en 1875, pour les eaux du Rhône, on a trouvé dans cette rue une mosaïque qui a été transportée au nouveau musée.

Jean Deiron père, bourgeois de Nimes, ayant assez de crédit dans le conseil de ville, acquit une plus grande influence en faisant avorter le complot par lequel, en 1574, le vicomte de Joyeuse, le sieur de Colias, lieutenant principal, et divers autres catholiques de Nimes voulaient s'emparer par surprise de la ville de Nimes qui était alors au pouvoir des religionnaires.

Cette même année, Jean Deiron fut délégué à l'Assemblée générale qui devait décider comment se ferait la réception à Nimes du roi Henri III et de sa cour. Il fut aussi nommé député à l'Assemblée des Etats de la province que le maréchal de Damville avait convoquée le 7 novembre 1574, à Montpellier, et au retour de cette assemblée, il fut nommé consul de Nimes par le maréchal de Damville.

RUE DEPARCIEUX

Allant de la rue Massillon au boulevart du Viaduc.

1er Canton. — Section 12.
Niveau 42m12, 41m66.

Antoine Deparcieux, un des premiers mathématiciens du XVIIIe siècle, naquit le 28 octobre 1703 au hameau de Cessoux, sur le Gardon, paroisse de Peyremale, aux environs d'Uzès. Ses parents étaient de simples cultivateurs peu en état de fournir aux frais de son éducation. Il apprit à lire et à écrire à Porte et à Saint-Florent, deux petits villages voisins du lieu de sa naissance. Les amis de sa famille s'intéressèrent à lui et le firent élever au collége de Lyon où il se signala par de rapides progrès dans les mathématiques. Etant allé à Paris pour se perfectionner dans cette science et n'ayant pas de moyens d'existence, il se fit constructeur de cadrans solaires et acquit une célébrité qui le mit à l'abri du besoin. En 1740, il publia des tables astronomiques et, en 1746, un *Essai sur les probabilités de la durée de la vie humaine*. Cet ouvrage est encore consulté de nos jours et sert de base aux combinaisons adoptées par les compagnies pour les assurances sur la vie. Il avait inventé divers appareils utiles et notamment un aréomètre destiné à comparer la pesanteur spécifique des eaux des rivières. Deparcieux était d'une remarquable simplicité de caractère.

L'Académie des sciences de Paris le comptait au nombre de ses membres ; il était aussi de celles de Berlin, de Stockolm, de Montpellier, etc.

Un rhumatisme goutteux qui ne fut pas peut-être soigné à son origine avec tous les soins nécessaires, mit fin à sa vie le 2 septembre 1768 ; il était âgé de 65 ans.

Comme tous les hommes réellement supérieurs, Deparcieux était d'une remarquable simplicité de caractère ; il ne sut jamais ce que c'est que l'intrigue ; il était sans ambition comme sans vanité. Nul autre savant de son siècle ne fut aussi digne que lui du nom de citoyen philosophe que lui donna Voltaire dans son *homme aux quarante écus*. Le géomètre qui est un des interlocuteurs de ce conte ingénieux, n'est pas autre que Deparcieux et tous les calculs qui s'y trouvent lui sont empruntés (1).

RUE SAINT-DOMINIQUE.

Allant du quai de la Fontaine à la rue Saint-Laurent.

1er Canton. — Section 1.
Niveau, 52m50, 52m66.

Saint Dominique, fondateur de l'ordre des Dominicains, né en 1170, à Calahorra, dans la Vieille-Castille, se distingua de bonne heure par la ferveur de son zèle et par son talent pour la prédication ; il enseigna la théologie à Palencia, entra à 28 ans dans le chapitre de l'évêque d'Osma, et accompagna ce prélat à la cour de France, où le roi de Castille l'avait chargé d'une négociation A leur retour, ils s'arrêtèrent tous deux dans le Languedoc, et s'étant mis à la tête de quelques missionnaires, ils travaillèrent à prêcher la foi et à convertir les Albigeois par la parole, pendant que Simon de Montfort, à la tête d'une formidable armée de Croisés, les exterminait par le fer

(1) V. Voltaire (œuvres) — Paris, 1823 ; T. XLIV. p. 14 et suiv. — Michel-Nicolas. etc.

(1205-1215). Avec un pareil auxiliaire, saint Dominique opéra un grand nombre de conversions et enflamma par son éloquence l'ardeur des soldats ; mais on l'accuse d'avoir quelquefois poussé trop loin l'ardeur de son zèle. Pendant son séjour dans le Languedoc, il fonda à Toulouse l'ordre des *Frères Prêcheurs*, qui a pris de lui le nom de *Dominicains*, 1215. — Il alla ensuite se fixer à Rome. Honorius III créa pour lui l'office de *Maître du Sacré Palais*, le chargeant d'approuver les thèses et les livres, de conférer le grade de docteur, et de nommer les prédicateurs. Il employa ses dernières années à répandre son institut qui bientôt compta de nombreux couvents en France, en Italie et en Espagne. Il mourut à Bologne en 1221. Quelques-uns le regardent comme le premier inquisiteur, et disent qu'il exerça ces terribles fonctions dans le Languedoc. Il fut canonisé en 1234 par Grégoire IX qui fixa au 4 du mois d'août le jour de sa fête.

L'établissement des Dominicains à Nimes se fit en 1263. Le Père Pierre-Jean en fut le premier prieur. Leur monastère, situé hors de la ville, en l'endroit où l'on a depuis construit un faubourg, ne fut bâti qu'après l'an 1270, car la porte de la ville, qu'on appela depuis la Porte des Prêcheurs, près de laquelle il était placé, n'avait point encore pris leur nom, et s'appelait alors la Porte du Chemin.

Le tiers-ordre de Saint-Dominique commença à s'établir à Nimes le 10 novembre

1709, et fut remplacé plus tard par une confrérie de pénitents blancs.

La secte des protestants Wesleyens a fait construire en 1872 une chapelle dans dans cette rue pour y célébrer le culte.

RUE DORÉE

Allant de la rue Trésorerie à la Grand'Rue.

2e canton. — Section 7.
Niveau 45m28, 43m12.

Au moyen âge et jusqu'au siècle dernier, tout le quartier situé entre le Grand-Temple actuel et les Arènes s'appelait quartier de *Prat* ou du *Pré*, car c'était dans l'enceinte romaine la partie la plus arrosable. La rue Dorée s'appelait *Carreria de Campo novo inferiori* ou du *Canneau inférieur*. Cette rue a toujours été habitée par des personnes occupant un certain rang et presque toutes les maisons ont été construites sur un plan grandiose pour l'époque. Son voisinage de la rue Trésorerie et l'opulence de quelques-uns de ses habitants ont été probablement la cause déterminante de sa dénomination.

Au commencement du siècle et dans la maison Martin, se trouvait un café-cercle dans lequel se réunissait la principale société de la villa ; c'était, du reste, le seul. On remarquait dans une salle du rez-de-chaussée un plafond peint par Lesueur.

Plusieurs maisons de cette rue sont désignées par Ménard, comme contenant des inscriptions anciennes ; il cite notamment la maison de M. Fabrot, avocat, dans laquelle se trouve l'inscription suivante, gravée par un huissier (*appariter*), sur un monument élevé par lui à Junon, ce qui, dit Ménard, est une preuve de plus qu'il n'était presque point de divinité connue dans le paganisme, qui n'eût à Nîmes un culte et des autels particuliers.

CN. POMP. FR
ONTO APPARI
TOR IVNONI
....V.S.L.M
.......ONGA

On remarque dans cette rue la maison Nègre au n° 18, dont la porte sculptée est surmontée d'un cartouche renfermant les mots *ne quid nimis*; la cour intérieure est ornée d'une galerie avec têtes sculptées. Cette maison qui communiquait autrefois avec la rue des Greffes est désignée par Ménard comme étant la propriété de M. Lombard de la Tour, et comme renfermant un certain nombre d'inscriptions qui existent encore aujourd'hui, et dont nous donnerons la description détaillée quand nous parlerons de la rue des Greffes.

Selon toutes probabilités, la famille Lombard de la Tour, qu'il ne faut pas confondre avec les Lombard des Iles, qui habitaient la même rue, devait avoir embrassé la religion protestante, car il y a quelques années, M. Jules Nègre faisant des réparations, trouva au bas de l'escalier de sa maison une longue pierre sur laquelle était gravée l'inscription suivante, tirée des psaumes de David : *Nul ne peut sa maison bâtir si le Seigneur n'y met la main.*

RUE DUGUESCLIN.

Allant de la rue Briçonnet à la place Duguesclin.

1er Canton. — Section 12.
Niveau 41m23 , 40m93.

Bertrand Duguesclin, connétable de France, né vers 1314 dans le château de la Motte-Broon, près de Rennes, d'une des plus illustres familles de Bretagne, se fit remarquer dès son enfance par sa force et son habileté dans les exercices du corps. Il commença à signaler sa bravoure dans les g erres que se livraient Charles de Blois et Jean de Montfort pour l'héritage du duché de Bretagne, et il soutint les droits du premier. Il passa ensuite au service de la France et célébra l'avénement du roi Charles V (1364) en battant à Cocherel, le roi de Navarre. Après cette victoire, il vola de nouveau au secours de Charles de Blois en Bretagne ; mais, malgré tous ses efforts, son parti fut battu à Auray et lui-même fait prisonnier par le brave Chandos, chef de l'armée anglaise. Rendu à la liberté après avoir payé une rançon de 100,000 livres, il fut chargé par Charles V de délivrer le royaume des *grandes compagnies,* ramas de soldats français, anglais et bretons indiciplinés qui ravageaient les provinces. Duguesclin leur persuada d'aller combattre en Espagne, se mit à leur tête, et les conduisit défendre les droits de Henri de Transtamare qui disputait à Pierre le Cruel le royaume de Castille. — Il se couvrit de gloire dans plusieurs rencontres et déjà il avait anéanti le parti de Pierre le Cruel, lorsque celui-ci appela à son secours les Anglais commandés par deux vaillants capitaines, le prince Noir et Chandos.

Duguesclin fut défait et pris après des prodiges de valeur à la bataille de Navarette qui avait été livrée contre son avis (1367). — Redevenu libre, il reprit ses avantages, et affermit par de nouvelles victoires le trône de Henri. Après tant de triomphes, il fut nommé connétable de France par Charles V (1369) et chassa entièrement les Anglais de la Normandie, de la Guyenne et du Poitou.

Charles ayant réuni en 1373 la Bretagne à la France, les soldats bretons, jaloux de l'indépendance de leur patrie, désertèrent l'armée de Duguesclin, et le connétable fut soupçonné lui-même de trahison. Indigné d'un tel soupçon, il renvoya aussitôt au roi, son épée de connétable, et quoique le roi, ayant reconnu son innocence, le pressât de la reprendre, il ne voulut jamais y consentir. Il forma alors le projet de passer en Espagne auprès de Henri de Transtamare; mais avant de quitter la France, il voulut s'illustrer par un dernier exploit, et il se rendit devant le château de Randan que le maréchal de Sancerre assiégeait. Après plusieurs assauts terribles, la place promit de se rendre à Duguesclin si elle n'était secourue dans quinze jours. Le héros mourut dans cet intervalle le 13 juillet 1380, et le gouverneur qui n'avait entendu se rendre qu'à lui, vint, la trêve expirée, déposer les clés de la place sur son cercueil.

C'est par arrêté municipal du 28 février 1866, que le nom de rue et place Duguesclin a été adopté.

RUE DUMAS.

Allant de la Rulman à la Porte d'Alais.

2º Canton. — Section 3.
Niveau 46m87, 46m40.

Louis du Mas était fils naturel de Jean-Louis de Montcalm, seigneur de Saint-Véran et de Candiac, et d'une veuve de condition du Rouergue.

Il vint au monde en 1676, fit ses études de droit et prit ses grades de licence, se lia d'une manière particulière avec le célèbre Malebranche ; étudia sérieusement la musique et publia un traité portant pour titre : *L'Art de transposer toutes sortes de musiques, sans être obligé de connaître le ton ni le mode*, imprimé à Paris en 1711 ; savait très-bien l'Anglais, et possédait à fond les mathémathiques, c'est ce qui l'amena à inventer ce qu'il appela le *bureau ty-*

pographique ou méthode d'instruction pour les enfants.

Il en fit les premiers essais auprès de Jean-Louis-Pierre-Elisabeth de Montcalm de Candiac fils de Louis Daniel de Montcalm de Saint-Véran dont l'éducation lui était confiée. Les résultats qu'il obtint sont si extraordinaires qu'il peut être intéressant de les signaler. Il faut toutefois observer que le jeune Candiac était probablement doué de facultés exceptionnelles comme la nature en produit à de rares intervalles et que par l'excès même du développement de ces facultés ces constitutions s'usent et sont emportées à la première maladie.

Le jeune Candiac était né au château de ce nom près de Vauvert, le 7 novembre 1719. « Moreri, dans son dictionnaire, nous
» dit que par le seul secours du bureau
» typographyque, cet enfant connut à l'âge
» de deux ans et demi toutes les figures
» des lettres, et six mois après, il lisait par-
» faitement le latin et le français imprimé
» ou manuscrit. Il possédait à quatre ans
» l'orthographe de l'oreille, ainsi que celle
» des yeux ou de l'usage. — Par le même
» systeme il apprit le latin, et dès l'âge de
» cinq ans, ne sachant pas encore écrire,
» il faisait des versions en cette langue; à six
» ans, il lisait le grec et l'hébreu et com-
» mençait à expliquer ces langues. Il sa-
» vait les principes de l'arithmétique, cal-
» culait toutes sortes de sommes en entier
» ou en fractions, possédait l'histoire de la
» Bible, la fable, les éléments de l'histoire
» romaine et de celle de France et avait

» une teinture de la connnaissance des mé-
» dailles.»

On ne tarda pas à l'envoyer à Paris, mais il mourut le 8 octobre 1726 après avoir étonné tout le monde savant par son érudition, et faisant rejaillir sur son maître une part de sa célébrité, il contribua à la faveur dont jouit pendant quelque temps le bureau typographique.

Cette méthode fut adoptée par la cour et employée pour la famille royale. Seulement elle a eu le sort de toutes les inventions et a été abandonnée plus tard.

Du Mas publia un ouvrage intitulé *la Bibliothèque des enfants ou les premiers éléments des lettres.*

Il mourut au château de Vaujour près Paris, le 19 juillet 1744.

RUE DE L'ÉCLUSE

Allant de la place des Casernes à la place de l'Ecluse.

2° Canton. — Sections 5 et 6.
Niveau 42ᵐ03, 45ᵐ42.

On sait qu'une partie des eaux de la Fontaine traversait la ville par le canal de l'Agau, que l'autre partie venant du côté du Cours-Neuf et de la Madeleine faisait le tour des murailles en remplissant les fossés destinés à la défense, et que de plus grands aqueducs et égoûts romains sillonnant les divers quartiers, venaient déverser leurs eaux à la hauteur de la rue des Greffes, où se trouvait le moulin St-Marc. Toutes ces eaux réunies sortaient par ce qu'on appelait la porte des eaux *Castellum de Morocipium*, ainsi désignée dans le cartulaire du chapitre de Nimes. Pour la description de cette porte, nous renvoyons le lecteur à l'intéressant ouvrage de M. Germer-Durand, fils, sur les anciennes murailles de Nimes ; on y verra qu'en 1792, lors de la démolition des remparts, on retrouva les restes de cette porte ; que dans la topographie de Nimes, de Baumes et Vincens, il est parlé de trois arceaux de construction romaine qui furent découverts dans cet endroit : deux servaient de passage et le troisième laissait les eaux s'écouler dans le fossé. Dans un essai publié en 1849, M. Auguste Pellet dit avoir vu les vestiges de cette porte lors des réparations faites à cette partie du lycée Elle se composait, dit-il, de deux arcades sans ornements séparées par un piedroit.

C'est en sortant de la ville que toutes ces eaux coulant à découvert, venaient quelquefois inonder les quartiers des Calquières ; aussi, avait-on été obligé d'établir une écluse en dehors des murs, soit pour en cas de sécheresse retenir les eaux dans les fossés, soit au contraire pour les rejeter dans le Vistre, soit aussi pour mettre en mouvement divers moulins à blé.

C'est cette écluse qui a plus tard donné son nom à la rue actuelle et à la place qui la termine. Cette place s'appelait place Blavet, à cause du moulin de ce nom.

D'après un plan cavalier donné par Poldo d'Albenas dans son *Discours historial de l'antique et illustre cité de Nimes*, toutes ces eaux réunies formaient la rivière du Vistre de Nimes, dont les bords ombragés de nombreux arbres servaient alors de promenade pour les habitants.

RUE DE L'ÉCOLE VIEILLE.

Allant de la rue Curaterie à la place du Château.

2e canton. — Section 7.
Niveau 44m95, 44m15.

Malgré les troubles de toute nature qui agitaient le midi de la France, les consuls de Nimes ne perdirent jamais de vue l'avancement des sciences et des lettres, et l'éducation de la jeunesse fut toujours une de leurs constantes préoccupations ; aussi voyons-nous qu'après la mort du roi Charles VI et dès l'avènement de son fils Charles VII, ils prirent soin de compléter ce que l'enseignement public pouvait avoir de défectueux.

A cet effet, et à la date du 24 juillet 1428, ils envoyèrent des députés à Arles pour engager le maître des écoles de grammaire de cette ville à venir prendre le gouvernement de celles de Nimes. Ces écoles étaient déjà établies dans la rue dont nous nous occupons dans la maison de Bertholmieu de Trois Emines, louée par les consuls à raison de neuf moutons d'or par an. Estève Bernard, régent, recevait pour salaire une pension annuelle de trente moutons d'or. (Le mouton d'or ou Agnelet était une monnaie dont la valeur a varié entre 14 et 17 francs ; elle portait pour effigie un *agneau* avec la devise : *Agnus Dei qui tollis peccata mundi, miserere nobis*; sur le revers, on voyait une croix fleurdelisée.)

En 1433 et 1434, maître Jehan Serre et maître Jean Russel étaient chargés des écoles publiques.

En 1479, Pierre du Puy (de Podio) les régissait.

En 1513 le soin de préposer des maîtres pour régir les écoles publiques incombait aux consuls, mais ils n'en avaient que la présentation, c'était au précenseur de l'église cathédrale à les instituer et à conférer ces emplois.

Ménard nous raconte (1) que le 25 mai 1513 les consuls présentèrent pour recteur ou maître des écoles Jacques d'Auruols, maître ès-arts, à Jean Augier, chanoine et précenteur et que celui-ci le reçut en conséquence ; mais comme il ne voulait pas reconnaître le droit des consuls, il déclara en même temps que ce n'était pas sur leur présentation qu'il instituait ce maître des écoles et qu'il ne le recevait que parce qu'il le jugeait capable de bien remplir son emploi.

Cette présentation se fit dans le cloître de la cathédrale.

(1) T. 4, p. 80, preuves, p. 92.

En 1521 nous voyons un progrès s'accomplir et qui ne pouvait qu'être très-avantageux, c'est celui de la mise au concours de la place de recteur des Ecoles afin de la donner au plus capable. C'était Antoine Bermond qui l'occupait cette année, — on lui donna trois livres pour le défrayer de la dépense qu'il avait faite au logis (à l'hôtel) en arrivant à Nimes; outre cela, on donna quatre livres à Girault Pascal son coadjuteur ou bachelier, pour le défrayer aussi de la dépense qu'il avait faite au logis pendant qu'il attendait à qui seraient délivrées les Ecoles (1).

Sous François 1er véritable restaurateur des lettres, le goût pour l'étude ne pouvait que se développer; aussi voyons-nous que sous son règne, la ville de Nimes redoubla de soins pour faire fleurir les Ecoles publiques. Elle se proposa de les ériger en forme de collége et le 12 juillet 1534 elle nomma à cet effet un maître ès-arts nommé Imbert Pacolet qui s'associa un autre maître ès-arts appelé Alexandre Antoine.

Cette même année, les consuls firent faire une cloche pour les Ecoles, car celle dont on s'était servi jusque là était celle de la chapelle des Trois-Fontaines située hors la ville au quartier Saint-Baudile, et que les religieux réclamaient.

En 1539 les consuls ayant obtenu des lettres patentes datées de Fontainebleau pour l'établissement de l'Université, Claude Baduel natif de Nimes l'un des professeurs

---

(1) V. Ménard, T. 4, p. 95.

de l'Université consentit à en être le régent: il vint en effet s'établir dans sa ville natale, et y arriva dans les premiers jours du mois de novembre 1539.

Avant de partir de Paris, il alla prendre congé à Compiégne de sa protectrice la Reine de Navarre qui lui remit la lettre suivante :

« A Messieurs les consulz, manans et habitans de Nysmes.

» Messieurs, j'ay entendu par maistre
» Cl. Baduel comme vous luy avez escript
» et prié qu'il allast par delà pour vous
» ayder à faire l'institution d'ung collége
» en vostre ville; en quoy je croy qu'il se
» sçaura bien acquitter. Il s'en va mainte-
» nant devers vous pour cest effect. Et
» pour ce que je l'ay entretenu aux estudes,
» je vous prie de l'avoir pour recommandé
» durant qu'il sera par delà, et vous me
» fairez, en ce faisant, plaisir bien agréable.
» A tant, Messieurs, je prie Dieu qu'il vous
» ait en sa très-saincte garde. Escript à
» Compiègne, ce 8° jour d'octobre, la bien
» vostre, Margarite (1). »

Le local des écoles publiques étant devenu insuffisant par suite de la création du collége des Arts, on nomma dans un conseil extraordinaire tenu le 28 novembre 1539 une commission composée de Pierre le Blanc, juge ordinaire, des quatre consuls avec Pierre Malmont, Pierre Audrons, Jean Baudan et Jean Lau-

(1) Archives de la mairie de Nimes, série 1, n° 5.

sard (1). « Ceux-ci, nous dit Ménard (2)
» jetèrent les yeux sur l'audience et la
» salle du conseil du sénéchal et sur celle
» de la cour royale ordinaire avec tous les
» appartements qui en dépendaient. Les
» officiers royaux de ces deux cours, à qui
» la chose fut proposée, répondirent qu'ils
» y consentiraient volontiers, pourvu qu'on
» les plaçât en un autre endroit convenable
» pour leurs audiences. Sur quoi les com-
» missaires de la ville déterminèrent de
» leur donner l'hôpital de Saint-Marc
» qui était un bâtiment vaste et spacieux.
» Ils en parlèrent aux chanoines de la ca-
» thédrale, à qui cet hôpital appartenait.
» Ceux-ci consentirent à le céder à la ville,
» sous la condition qu'elle prendrait la
» charge de l'hospitalité qu'ils étaient te-
» nus de faire dans cette maison, avec la
» liberté de la transporter et pratiquer
» dans le grand hôpital des Chevaliers et
» qu'elle consentirait, de son côté, qu'ils
» prissent, à l'avenir, la dîme du blé en
» gerbes et dans les terres, et non point
» en grains et à l'aire comme on le prati-
» quait alors. Ils déclarèrent aussi qu'ils
» céderaient à la ville, pour l'aider à sup-
» porter cette hospitalité, le pain et le vin
» que l'aumônier retirait des offrandes, les
» cinq sols qu'ils recevaient pour chaque
» mort et le linceul qu'on leur donnait pour
» chacun de ceux qui étaient enterrés dans

(1) Arch. de la ville de Nimes, registre du XVIe siècle, f° 85.

(2) V. Ménard, tome 4, p. 145, nouvelle édition.

» le cimetière de la cathédrale, et de plus
» six charges de blé et trois muids de vin
» par an. »

Cet accord fut homologué par le Parlement de Toulouse en 1542, et dès lors la nouvelle université fut installée à l'hôpital Saint-Marc, le lycée actuel. La ville vendit alors le local des écoles vieilles et le produit servit à doter le collége des arts.

RUE DE L'ENCLOS-REY.

Allant du boulevard du Petit-Cours à la rue de la Garrigue.

3º canton. — Section 4.
Niveau 53m82, 46m43.

Cette rue a été ainsi appelée parce qu'à son extrémité se trouvait un vaste enclos appartenant à un M. Rey et sur lequel ont été construites la plupart des maisons. Cet enclos était situé en dehors des anciennes murailles.

C'est dans cette rue que se trouve actuellement le couvent des Pères Récollets, établi à Nimes au mois d'avril 1855, dans une maison léguée au diocèse par M. Bassot, ancien récollet lui-même. La bénédiction de cette maison et de la chapelle a eu lieu le 14 août 1855 (1).

---

(1) V. l'abbé Goiffon, p. 34.

BOULEVARD DE L'ESPLANADE.

Allant du boulevard des Calquières à la place des Arènes.

3e canton. — Section 8.
Niveau 44m15, 43m10

En 1643, les consuls nouvellement nommés, voulant embellir les dehors de la ville, ordonnèrent d'aplanir l'emplacement de l'ancien bastion de la porte de la Couronne, de planter une allée d'ormeaux et firent clore cette esplanade de petites murailles en forme de banquettes pour servir de siége aux habitants. Ce fut l'avocat Trimond, alors premier consul, qui jeta ainsi les fondements de la promenade qui est encore aujourd'hui un des ornements de la ville.

En 1666, les consuls, voulant continuer à améliorer les dehors de la ville et les embellissement qu'on avait jugés nécessaires à l'avenue de la porte de la Couronne, firent rétablir l'emplacement de l'ancien jeu de ballon et unir toute la partie irrégulière et inégale de l'Esplanade qu'ils ornèrent de rangées d'arbres.

Comme la rigueur de la saison ôtait aux pauvres les moyens de gagner leur vie, on employa à ce travail les hommes sur le pied de dix sols par jour, et les femmes à raison de quatre. C'est là un des premiers exemples des ateliers nationaux dont nous avons vu de nos jours les plus tristes résultats.

En 1724 la ville décida d'acheter le jardin des Augustins qui était contigu à l'Esplanade et fournissait du côté du midi un emplacement considérable ; on était même convenu avec ces religieux de le leur prendre par bail à pension sous la rente annuelle de quatre cents livres — le provincial et le définitoire de l'ordre ayant donné leur approbation, le bail d'acquisition fut passé le 31 août 1724, et approuvé par un arrêt du conseil d'Etat tenu à Marly le 6 février 1725, suivi de lettres patentes données à Fontainebleau le 31 août suivant.

Ce jardin renfermait une maison destinée au logement du jardinier, mais qui ne servait plus ; en conséquence, le conseil de ville délibéra le 7 mai 1732 de le faire démolir et d'en vendre les matériaux aux enchères ; la promenade fut donc augmentée d'autant.

On sait que les Augustins avaient établi leur couvent à Nimes, en 1353, hors des murs de la ville, en dessous de l'Esplanade actuelle, et près de la maison des chevaliers de Saint-Jean-de-Jérusalem ; plus tard ils s'établirent à côté de la Maison-Carrée qui leur servit d'église jusqu'à la Révolution.

Quant aux capucins, ils vinrent se fixer à Nimes en 1629, mais ce ne fut qu'en 1651 qu'ils firent construire leur couvent en dehors de la porte de la Couronne, dans l'ancien cimetière de l'église ou rectorerie de Saint-Thomas.

En 1781, le conseil de ville, sur la demande de M. de Merez, premier consul, acheta le parloir des Capucins qui faisait saillie sur la promenade de l'Esplanade qui à cette époque comme aujourd'hui était au niveau du sol.

En 1791, l'église des Capucins fut érigée en cure, sous le titre de Saint-Denis.

En 1803, une nouvelle paroisse fut érigée sous le vocable des Saintes Perpétue et Félicité, martyres. Le premier curé élu fut Jean-François-Xavier Jarras, et le 22 mars 1804, on en bénit la cloche appelée Jeanne; le parrain fut M. Philippe-Adrien Bobé, payeur du département du Gard, et la marraine Mme Jeanne Troupenas veuve Salavie.

Le 30 janvier 1842, Mgr Cart, évêque de Nîmes, bénit trois cloches qui reçurent les noms de Marie, Perpétue et Félicité.

La population du quartier s'étant considérablement augmentée par suite de la création du faubourg de l'embarcadère, l'ancienne église des Capucins, qui d'ailleurs menaçait ruine, devint insuffisante, et l'on dut songer à modifier cette situation ; le conseil municipal chargea M. Léon Feuchère, architecte du département, d'exécuter les travaux nécessaires.

Dans l'origine, ces travaux devaient se borner à l'érection d'une façade monumentale formant le complément de la décoration de la place de l'Esplanade. Dans ces conditions restreintes, la ville de Nîmes n'avait en perspective qu'une dépense de cent soixante mille francs environ à couvrir; elle se trouva entraînée par la force des choses à pourvoir à la dépense de la reconstruction complète de l'église qui s'est élevée à près d'un million, y compris le mobilier en entier renouvelé, soit 999,066 fr. 95 c.

Le plan de l'édifice est dû à M. Léon Feuchère, architecte du département.

Les premiers travaux ont été adjugés le 1er juillet 1852, mais ils ont été interrompus à deux reprises après la mort de M. Feuchère, le 4 janvier 1857, et de M. Monsimier, son premier continuateur, le 15 janvier 1860 ; ils ont été terminés sous la direction de M. Libourel, architecte de la ville de Nimes. M. Granon a été l'entrepreneur. Sur la façade on remarque un Christ de M. Felon et deux anges dus à l'habile ciseau de M. Bosc, de Nimes.

La nouvelle église Sainte-Perpétue a été livrée au culte le 2 février 1864, par Mgr Dubreuil, archevêque d'Avignon, assisté de Mgrs les évêques de Nimes, de Viviers, de Valence, de Digne, de Saint-Jean-de-Maurienne et de Mgr l'archevêque de Gênes.

La promenade de l'Esplanade, telle qu'elle existait en 1840, se composait d'un terreplein auquel on arrivait par des marches d'escalier et qui dominait les jardins potagers situés dans la plaine. Au milieu se trouvait une fontaine monumentale, ayant la forme d'une coquille. On n'avait accès dans les terrains placés en aval que par un petit escalier très-étroit et généralement mal propre. En 1841, lors de la création du chemin de fer de Nimes à Montpellier, la municipalité ayant eu l'excellente idée de placer l'embarcadère en dehors de la ville, conçut le plan d'une vaste avenue qui donnerait à tout ce quartier alors inhabité une vie et un développement que les faits ont parfaitement justifiés. Pour cela, il fallut abaisser l'Esplanade qui formait comme un rempart et la remettre au niveau du sol. C'est alors que fut créée l'avenue Feuchères dont nous parlerons plus tard.

Cette belle création étant tracée et pour compléter l'ornementation de l'ancienne place qui la terminait, la municipalité songea à placer au milieu une fontaine monumentale qui fait aujourd'hui l'admiration de tous les étrangers.

Voici l'historique de la création de cette fontaine :

Une délibération du conseil municipal du 8 mai 1844 régla les conditions d'un concours ouvert pour l'exécution de ce monument; vingt-sept projets furent présentés et appréciés par un jury d'examen. Celui de M. Charles Questel, de Paris (aujourd'hui conservateur du Palais de Versailles) fut adopté suivant délibération du conseil municipal du 21 décembre 1844, approuvée par décision ministérielle du 28 mars 1845. Les travaux de maçonnerie furent adjugés à MM. Cazal et Ginestoux le 21 décembre 1846 et commencés dans le courant de janvier 1847. Ce fut le célèbre sculpteur Pradier qui fut chargé d'exécuter les statues que tout le monde artistique connaît. La statue principale allégorique représentant la ville de Nîmes et qui forme le couronnement du monument, a été mise en place le 23 mai 1850, et les quatre autres au mois de juillet suivant. Toutes ces diverses phases de l'érection de cette fontaine ont été transcrites sur un parchemin renfermé dans un tube de verre dans lequel on a fait le vide, et ce tube a été placé dans une petite boîte de plomb avec quelques pièces de monnaie d'argent et de cuivre à l'effigie de Louis-Philippe Ier et de la République; le tout a été scellé dans le piédestal de la principale statue.

L'inscription sur parchemin porte en outre que les décisions relatives à l'érection du monument ont été prises de 1841 à 1848 sous l'administration de M. Ferdinand Girard, et de 1848 à 1850 sous celle de M. Eyssette, maires de Nîmes ; elle énumère enfin de la manière suivante tous les artistes ou entrepreneurs qui ont concouru à l'exécution de cette œuvre remarquable, savoir : MM. Ch. Questel, architecte, auteur du projet ; Henri Durand, architecte inspecteur ; J. Pradier, pour la sculpture des statues ; Poggi, praticien ; Hearaux, pour la fourniture des cinq blocs de marbre de Carrare ; Cazal et Ginestoux, pour les travaux de maçonnerie ; Ferlin, pour la fourniture des blocs de pierres de Crussol ; Delafontaine et Cailloux pour l'ornementation des parties accessoires ; Fontaine et Bouchet, pour les travaux de fontainerie.

L'inauguration de ce superbe monument eut lieu le dimanche 1er juin 1851. M. Henri Durand en l'absence de M. Questel en fit la remise à l'autorité. M. F. Vidal, adjoint, et le préfet firent des discours, et les eaux jaillirent au bruit du canon, des fanfares de l'armée et de la garde nationale et des applaudissements de tous. Un spectacle gratait dans les Arènes fut offert à la population, et le soir des illuminations termineront cette fête locale.

Il n'entre pas dans le cadre de cette étude de faire une description de cette fontaine et de l'église Sainte-Perpétue, ni de les apprécier au point de vue de l'art, je laisse ce soin à de plus compétents que moi : mais je ne puis cependant fermer ce chapitre sans rendre hommage à nos administrateurs qui ont si bien compris l'immense développement que la ville devait prendre de ce côté et qui l'ont dotée d'une entrée vraiment splendide qui fait l'admiration de tous les visiteurs. C'est sur le côté de l'Esplanade que se trouve la maison d'éducation des dames du Saint-Enfant-Jésus, dites dames de Saint-Maur. C'est depuis 1833 qu'elles sont dans ce local que la ville leur a fait construire; précédemment elles étaient dans les bâtiments de l'ancien grand temple protestant, place de la Calade. On vient tout récemment de leur construire une chapelle particulière.

RUE DE L'ETOILE

Allant de la rue de la Magdeleine à la place du Marché.

1er canton. — Section 10.
Niveau 47m50, 45m21.

En 1540, cette rue s'appelait aussi rue de la Pelleterie ainsi qu'on en trouve la preuve dans les archives de la ville de Nîmes (1). En remontant encore plus avant nous voyons qu'au XIVᵉ siècle, elle portait déjà le nom de Corregerie-Vieille.

A cette époque, les juifs venaient de s'établir de nouveau à Nimes. On sait que depuis leur proscription sous les règnes précédents, et particulièrement sous celui de Charles-le-Bel, ils s'étaient dispersés et n'avaient plus eu de retraite fixe en France. Pendant la captivité du roi Jean, le dauphin régent ayant eu besoin de l'intervention des juifs pour se procurer la rançon du roi, les rappela et leur accorda divers priviléges. Aussitôt qu'ils eurent été rétablis à Nimes, ils demandèrent à la ville un quartier séparé pour leur habitation. On le leur accorda dans le conseil tenu le 24 juin 1359 (2), et on leur assigna une rue entière qui fut celle de la Corregerie-Vieille ; cette délibération fut approuvée par la cour royale (3).

Bientôt leur nombre s'accrut tellement que la rue de la Corregerie ne suffit plus à les contenir et, qu'ils adressèrent une demande aux consuls pour obtenir un autre quartier ce qui les détermina surtout à demander ce changement, c'est que malgré les autorisations et les priviléges accordés par les autorités, la population, animée de mauvais sentiments à leur égard, commettait contre eux toutes sortes de sévices. La rue

(1) Archives de la ville de Nimes — 2º Armoire G. Vº nº 18.
(2) V. Ménard, preuves, charte CXII.
(3) V. Ménard, preuves, charte CXXII.

de la Corregerie étant contiguë aux remparts, les soldats et les bourgeois qui passaient sur les murs de la ville, se faisaient un malin plaisir de lancer des pierres jusque dans l'intérieur de leurs maisons, ce qui en rendait le séjour impossible.

Les consuls faisant droit à leur demande leur assignèrent dans le centre de la ville la rue appelée Caguensol, dans toute sa longueur jusqu'au carrefour de la rue de la Roserie.

Les juifs avaient, en 1295, un cimetière particulier, situé sur un des côteaux qui entourent Nimes, du côté du nord et qui prit le nom de *Pui Jusieu ou Puech Jusieu*. Ce cimetière relevait du monastère de Saint-Baudile ; les religieux leur avaient cédé l'usage de ce cimetière à condition qu'ils leur paieraient deux sols ou une livre de poivre pour chaque mort qui y serait enterré.

En 1782, la rue prit définitivement le nom de rue de l'Etoile à cause d'une auberge de ce nom qui était près de la maison de M. Fébraud. C'est dans cette maison que se trouvait une pierre tumulaire dont voici l'inscription :

L. AVLI IVLI
MYRONIS
IVL. SEVER
RIANVS PA
TRI KARISS
MO ET CAMV
LATIAE SEVER
AE MATRI VIV
ENTI POSVERVNT

Cette inscription est aussi signalée par :
Gruter, *inscript. ant.* p. 321, inscrip. 9.
Grasser, *de antiq.* Nem p. 55.
Rulman, *rec. ms.* des anc. insc. de Nîmes.
Guiran, *inscrip. antiq. Nem. ms.* cap. 9. p. 88.

Le nom de rue de l'Etoile fut rendu officiel par arrêté municipal du 1er avril 1824.

RUE SAINTE-EUGÉNIE.

Allant de la rue de la Madeleine à la rue du Four des Filles.

3e Canton. — Section 11.
Niveau 47m35. 45m21.

Dans l'enceinte de la ville de Nîmes, il existait autrefois dix rectoreries, savoir : Saint-Etienne-du-Chemin, rue des Lombards actuelle ; Saint-Jean-de-la-Courtine, dans le cloître du chapitre ; Saint-Thomas, près la porte de la Couronne ; Saint-Martin-des-Arènes, dans les Arènes ; Saint-Etienne-de Capduel, près la Maison Carrée, Sainte-Marie-Madeleine près la porte de ce nom ; Saint-Laurent, dans la rue de ce nom ; Saint-Jacques-de-Porte-Couverte, près la Porte de France ; Saint-Vincent-de-Mazel, près le Grand-Cours, et Sainte-Eugénie, dans la rue de ce nom.

De toutes ces rectoreries celle de Sainte-Eugénie est la seule dont il reste encore aujourd'hui des vestiges ; on peut même dire que si on la débarrassait de toutes les constructions modernes qui ont été plaquées dans l'intérieur on pourrait la remettre facilement dans son état primitif.

L'origine de cette rectorerie est fort ancienne, puisque nous pouvons lire dans une transaction passée entre Aldebert, évêque de Nimes, et le chapitre, confirmée par une bulle d'Adrien IV, en 1156, qu'il est dit expressément que la rectorerie de la Magdeleine est de la collation du prévôt, et que la rectorerie de Sainte-Eugénie est de celle du grand archidiacre.

En 1561, les Etats généraux réunis à Pontoise s'étant prononcés pour la liberté de conscience, il fut tenu à Nimes, le 16 décembre de la même année, dans la salle d'audience du présidial, une assemblée générale pour délibérer sur les réclamations des religionnaires qui demandaient la cession de quelques édifices pour célébrer leur culte. Cette assemblée fut formée de l'évêque de Nimes, d'un trésorier général de France, appelé du Bousquet, qui se trouvait alors en cette ville ; du président au présidial, du juge-mage, du lieutenant criminel, du lieutenant particulier, des conseillers, du procureur du roi, des officiers de la cour royale ordinaire, de ceux du bureau du domaine, des consuls en exercice et de ceux qui étaient désignés pour l'année suivante, de gentilshommes, d'avocats, du vicaire de l'évêque, de chanoines et de plusieurs autres habitants. — Il fut décidé qu'on céderait aux religionnaires l'église des Cordeliers, celle des Augustins qui ne servait plus, et celle de Sainte-Eugénie, à condition qu'ils n'y feraient aucune démolition (1).

Cette situation ne dura que peu de temps, puisqu'en 1562, pour se conformer à l'édit de pacification, ces bâtiments furent rendus au culte catholique et trois ans après, le roi Charles IX, étant à Toulouse, au mois de mars 1565, accorda aux habitants religionnaires deux endroits situés dans Nimes pour y bâtir et faire publiquement l'exercice de leur religion, savoir une masure et jardin situé à la rue qui conduit de la porte de la Madeleine à la Maison Carrée, que possédait un particulier nommé Roquerol, et une maison et jardin, appartenant à Tristan Chabaud, près de celle de Bernard Barrière, procureur du roi au présidial, rue appelée la Calade, avec permission de lever sur eux-mêmes les sommes nécessaires pour l'achat de ces maisons et jardins, et pour la construction des temples qu'ils se proposaient d'y bâtir.

En 1664, l'évêque Cohon ayant fait venir à Nimes des religieuses de la Visitation de Sainte-Marie, sous la conduite de la mère Rozel, leur supérieure, on leur assigna comme logement provisoire le cloître de l'église Sainte-Eugénie.

L'année 1687, si tristement célèbre par les persécutions contre les protestants, vit démolir le temple de la Calade. Le conseil de ville, dans une assemblée tenue le 7 mai à laquelle assista l'évêque Séguier, décida que les consuls achèteraient la cloche de ce

---

(1) V. Ménard, T. 4, p, 292,

temple et on gratifieraient l'église Sainte-Eugénie, qui devait servir de paroisse. Cette cloche se paya au prix de 50 livres le cent pesant, et elle pesa dix-neuf quintaux.

A cette époque l'église Sainte-Eugénie devint donc une église paroissiale, et a conservé ce titre jusqu'à l'année 1746, où le service fut transféré à l'église Saint-Castor; elle ne servit plus alors que de chapelle pour les confréries. A la Révolution de 1780, elle tomba dans le domaine public et n'en est plus sortie. — Elle appartient à M. Bernassau, fabricant de billards.

On remarque encore dans cet édifice qui a conservé sa distribution intérieure, une très-belle voûte aux arcatures élancées, et de nombreuse pierres tombales qui recouvrent le sol et dont les principales inscriptions sont les suivantes :

TVMBEAV DE MICHEL
POVIOL MAR. D'ESTAIN
ET POVR LES SIENS
DONNÉ PAR MONS^r DE
QVEYRAS RECTEUR DE
S^e EVGENIE, 1662

BIEN HEVREVX SONT
CEVX QUI MEVRENT
AV SEIGNEVR

CE THVMBEAV
APPARTIENT A MAISTRE
PIERRE BOSQUET
Mre TONDEVR DONÉ
PAR M^r DE QVEYRAS
CHANOINE ET RECT^r
DE S^e EVGENIE
1665.

TVMBEAV CONCÉDÉ PAR
M⁁ QVEYRAS RECTEVR
DE S⁁ EVGENIE A MAISTRE
GVILLAVME DVRAN M⁁⁰
JARDINIÉ, ET POVR LES
SIENS DONNÉ LE XXIIII
SEPTEMBRE 1666.

CE TOMBEAV APPARTIENT
A M⁁ M¹ JACQVES CHASTANG
DOCTEVR ET AVOCAT ET
GREFFIER EN CHEF DU
PRESIDIAL DE NISMES
1712

Chacune de ces pierres tombales porte des blasons ou des armoiries parlantes, telles que ciseaux de tondeurs, pelles et houes de jardinier, casques, etc..... S'il faut en croire une vieille tradition, un souterrain partant de l'église Sainte-Eugénie communiquait avec la cathédrale.

RUE DE LA FAIENCE

Allant de la rue de la Garrigue à la rue Porte-d'Alais.

3⁰ canton. — Section 4.
Niveau 57ᵐ92, 5ᵈᵐ13.

Ainsi appelée parce qu'autrefois il devait y avoir une fabrique de poterie. C'est dans cette rue que se trouve actuellement l'établissement des orphelines catholiques, dit Maison de la Providence.

Cette institution a été fondée à Nimes par les religieuses de Saint-Thomas-de-Villeneuve en 1821, avec les secours annuels de la ville et du département. Un don de 30,000 fr. ayant été fait à cette œuvre par Mlle d'Alizon, en 1841, le conseil municipal y ajouta 35,000 fr., avec lesquels on construisit l'établissement avec tous ses développements actuels, qui lui permettent de recevoir plus de 200 orphelines.

RUE SAINT-FÉLIX.

Allant de la rue Dagobert à la rue Saint-Jean.

1er Canton. — Section 12.
Niveau 46m30. — 47m90.

Saint Félix fut pape de 269 à 274. — Sous son règne, l'Eglise fut troublée par l'hérésie de Paul de Samosate et persécutée par l'empereur Aurélien. Il soutint les fidèles, les encouragea à supporter les persécutions et à souffrir le martyre. Il fut prêt à se dévouer lui-même, mais il mourut en prison.

L'Eglise le regarde néanmoins comme un martyr. — On célèbre sa fête le 30 mai.

Cette rue, comme la plupart de celles de ce faubourg, est de création pour ainsi dire moderne; aussi n'offre-t-elle aucun intérêt historique, et si, comme toutes celles de la même catégorie, elle est mentionnée par nous, c'est afin seulement de compléter les indications que cet ouvrage a eu pour objet.

RUE FÉNELON.

Allant de la rue Notre-Dame au boulevard du Viaduc

3e Canton. — Section 9.
Niveau, 39m60, 41m41.

François de Salignac de la Mothe-Fénelon, né en 1651 au château de Fénelon en Querci, d'une famille noble et ancienne, fut destiné de bonne heure à l'état ecclésiastique et prêcha avec succès dès l'âge de quinze ans. Après avoir étudié à Saint-Sulpice, il fut chargé par l'archevêque de Paris de l'instruction des *nouvelles catholiques*; ces fonctions lui inspirèrent le traité de l'*Education des filles*. Sur la recommandation de Bossuet, Louis XIV lui confia le soin d'une mission dans le Poitou. Fénelon repoussant les moyens violents, réussit par sa douceur et son éloquence à faire plusieurs conversions. A son retour, le roi le choisit, d'après le conseil de Madame de Maintenon, pour être précepteur de son petit-fils, le duc de Bourgogne. Lorsque cette éducation fut terminée, Louis XIV le promut à l'archevêché de Cambrai. (1694)

En 1699 parut le *Télémaque*, ingénieuse fiction, où sont indiqués les devoirs d'un roi : Cet ouvrage que Fénelon n'avait pas voulu rendre public, lui avait, dit-on, été soustrait par un domestique infidèle. Louis XIV y vit une satire de son règne, arrêta l'impression et disgrâcia l'auteur. Retiré dans son diocèse, Fénelon ne s'occupa plus que de son troupeau — il mourut en 1715 à 64 ans.

Les ouvrages principaux de Fénelon sont : L'*Education des filles* (1687). — *Les Maximes des Saints* (1697). — *Le Télémaque* (1699). — *Dialogues des morts* — *fables* (1712). — *Dialogues sur l'éloquence*. — *Examen de la conscience d'un roi* (pour le duc de Bourgogne). — *Des sermons et des Œuvres spirituelles*.

RUE DE LA FERRAGE

Allant de la rue du Grand-Couvent à la rue des Lombards

2ᵉ canton. — Section 2.
Niveau 48ᵐ99, 46ᵐ14.

L'étymologie de ce nom a donné lieu à plusieurs explications populaires qui ne reposent sur aucun document sérieux mais qu'il est assez curieux de rapporter, car elles se sont perpétuées jusqu'à ce jour. Selon les uns, lors d'une des nombreuses pestes qui ont éclaté à Nimes, le fléau sévit avec une si grande intensité dans cette rue, que pour empêcher la contagion de s'étendre, on barra la rue à chacune de ses extrémités et l'on *ferra* les deux seules portes dans lesquelles on ménagea seulement une petite ouverture pour faire passer les vivres nécessaires à la nourriture des habitants. De là viendrait le nom de *ferrage*.

D'autres disent, en partant toujours du même fait, que la peste sévit d'une manière si cruelle, que les cadavres gisaient dans les rues sans sépulture ou à peine recouverts de terre, et que lorsqu'on rouvrit la rue vide de ses habitants, il avait poussé sur le sol une telle quantité d'herbes ou de *fourrage* que la rue en prit le nom.

Ces explications sont évidemment erronées, car, aux diverses époques où la peste sévit à Nimes, la rue de la Ferrage existait déjà, probablement sous une dénomination qui ne nous est pas connue d'une manière certaine, mais qui peut cependant s'induire facilement par l'habitude qu'avaient les anciens de donner aux rues le nom des métiers qui s'y exerçaient, de nombreux ouvriers travaillant le fer (*ferrarium-ii.*) devaient l'habiter, de là le nom de *ferrage*, origine certainement plus noble que la précédente et plus digne d'une cité romaine.

Ménard nous apprend que dans cette rue et dans la maison de M. Teissier, on avait trouvé une pierre funéraire portant l'inscription suivante :

L. SMERIVS SP. F.
SIBI SMERIO FRATRI
INGENVAE MATRI
TVTIAE SORORI
FACIVNDVM CVRAVIT

AVENUE FEUCHÈRES

Allant de la place de l'Esplanade au boulevard du Viaduc.

3º canton. — Sections 9 et 12.
Niveau 43m06, 38m96.

En 1842, sous l'administration de M. F. Girard, maire, lorsque la construction de l'embarcadère du chemin de fer de Nimes à Montpellier fut décidée, le conseil municipal vota la création d'une large avenue qui devait aller de l'Esplanade, dont le niveau dût être abaissé, au dit Embarcadère. Cette superbe promenade, qui constitue une entrée de ville comme il y en a peu en France, a reçu le nom d'avenue Feuchères, et voici pourquoi :

Le maréchal de camp, baron Feuchères, ayant commandé pendant plusieurs années la subdivision du Gard et considérant Nimes comme une seconde patrie, avait, pour des motifs que nous n'avons pas à discuter, manifesté l'intention de ne pas profiter pour lui-même de la fortune de Mme Sophie Dawes, baronne de Feuchères ; en conséquence il fit les donations suivantes :

A l'armée,	100,000 f
destinés à fonder 16 prix annuels pour les enfants de troupe.	
Aux hospices de Paris,	94,000
Aux hospices de Nimes,	50,000
» de Génolhac,	15,000
» de Privas,	5,000
A l'évêché de Nimes,	50,000

Au consistoire de Nimes, devant être convertis en secours de 150 à 200 fr. à des familles indigentes.	25,000
A l'église Sainte-Perpétue de Nimes (sa paroisse).	5,000
Aux iondés du Gard,	50,000
» de l'Ardèche,	20,000
Total,	514,000

Il avait même déclaré que s'il gagnait le procès engagé contre la susdite succession il destinait 4 millions à la ville de Nimes pour l'établissement d'une école des Arts et métiers qui devait être construite derrière l'embarcadère et dans l'axe de l'avenue. Mais une transaction judiciaire ayant eu lieu, ce projet n'a pas pu se réaliser.

Toutefois, en présence d'une aussi grande libéralité, puisque le département du Gard figurait pour 195,000 fr. le conseil municipal décida, le 11 novembre 1842, que le nom du général de Feuchères serait donné à la nouvelle avenue et qu'un buste en marbre, représentant les traits du bienfaiteur, serait placé à l'hôpital des malades. Ce buste a été en effet exécuté par le célèbre sculpteur Pradier et mis en place au mois d'avril 1850.

C'est sur cette avenue qu'a été construit le nouvel hôtel de la Préfecture d'après les plans de M. Armand Feuchère.

Les divers travaux de déblaiement de l'ancienne esplanade qui était en contrehaut, de construction des trottoirs, aqueducs, balustrade, pavage et terrassement du boulevard du Viaduc, le tout exécuté par M. Astruc, entrepreneur, se sont élevés à la somme de 214,542 fr. 34 (1), et la fontaine de l'Esplanade à 169,000 fr.

Des deux côtés de ce boulevard ont été construites de très-belles maisons, en sorte que cette avenue est réellement digne d'une grande ville. On comprend que la municipalité en faisant une pareille création ne pouvait pas laisser les propriétaires riverains libres de construire à leur fantaisie, et que sans imposer un plan uniforme, elle avait cru devoir prendre certaines mesures d'ordre. A ce sujet, il peut être intéressant de voir ce qui fut décidé par le conseil municipal dans sa séance du 24 février 1842.

Cette délibération porte :

» Considérant qu'il résulte de l'arrêt du
» 12 octobre 1782 que la ville possède le
» droit d'imposer des conditions particu-
» lières de construction aux propriétaires,
» qui, par dérogation audit arrêt, seront
» autorisés à bâtir au sud de l'Esplanade.

» Considérant qu'il est d'utilité publique
» que la ville exerce un droit de surveil-
» lance sur les constructions qui seront éle-
» vées sur l'avenue du chemin de fer, en
» cherchant toutefois à concilier les conve-
» nances architecturales et les encourage-
» ments que la ville doit en même temps

» donner au prompt développement
» quartier.

» Le conseil municipal délibère :

» 1° Les propriétaires ou entrepreneurs
» qui élèveront des contructions sur l'ave-
» nue du chemin de fer de Montpellier, se-
» ront tenus de donner à leurs maisons au
» moins un premier étage, en conservant
» une distance de quatre mètres au moins
» entre le pavé du rez-de-chaussée et le
» pavé du premier étage. 2° les proprié-
» taires qui élèveront leurs maisons en ar-
» rière de l'alignement, seront tenus d'éta-
» blir sur ledit alignement une grille de
» en fer. 3° tous les propriétaires, sans
» distinction, qui construiront sur la dite
» avenue, seront tenus, préalablement à
» toute exécution, de soumettre leur plan
» à l'approbation du conseil municipal. »

Jusqu'à présent, sauf pour le mur de clôture du pensionnat de l'Assomption, tous les propriétaires se sont conformés à cette délibération. Aussi voyons-nous que dans sa séance du 21 septembre 1849 sous la présidence de MM. Eyssette, maire, Vidal et de Tessan, adjoints, le conseil ayant à délibérer sur le plan d'élévation de la maison de M. Gaïdan-Giran, profita de cette occasion pour affirmer de nouveau le droit de la ville et prit la délibération suivante :

» Le conseil, réservant expressément le
» principe établi par la délibération du 24
» février 1842, déclare autoriser comme
» clôture provisoire le mur en moëllons or-

» dinaires élevé au devant de l'institution
» de l'Assomption. »

Le conseil municipal était ainsi composé :
MM. Eyssette, maire ; Vidal et de Tessan,
adjoints ; de Rochemore d'Aigrement,
Lamarque, Bouchet, Valat, Gamel, Vachet, Laurent, Gilbert, Rame, Bancel,
Aubert, Et. Conte, Soustelle, Raizon,
Conte Ulysse, Béchard et Curnier.

Ce provisoire s'est cependant perpétué
jusqu'à ce jour, et il serait à désirer que la
décoration de l'avenue, à l'endroit surtout
qui est le plus en évidence, fut complétée
au moins par une grille en fer, et que le
trottoir fut entretenu en bon état.

Sur l'emplacement occupé aujourd'hui
par l'institution de l'Assomption et par une
partie de l'avenue, se trouvait autrefois
l'église de Saint-Jean-de-Jérusalem qui
avait d'abord appartenu aux Templiers. —
Il ne reste plus, que je sache, aucun vestige
de ce monument.

RUE FLAMANDE.

Allant de la rue de France à la rue Sully.

2e Canton. — Section 5.
Niveau 47m30, 47m80.

C'est dans cette rue que se trouvait l'orphelinat dit de la Sainte-Enfance fondé à
Nimes en 1846 par quelques personnes
pieuses.

En 1851, les sœurs de Saint-Joseph, dont

la maison-mère est aux Vans (Ardèche) ont pris la direction de cet établissement, transféré en 1856 dans la rue Richelieu.

Quant à l'origine du nom de cette rue, je n'ai encore pu en trouver aucune explication acceptable. Tout ce que je sais, c'est que cette désignation est ancienne puisqu'en 1824, lorsque le conseil municipal s'occupa de la classification des rues, des faubourgs et des noms à leur donner, ce titre existait depuis longtemps et fut maintenu à cause de son ancienneté. Il fut remplacé à une certaine époque, mais pas officiellement, par celui de M. Cavalier, maire de Nimes, qui avait son domicile dans cette rue.

RUE FLÉCHIER.

Allant du boulevard du Petit-Cours à la rue Rangueil.

2e Canton. — Section 3.
Niveau 46m66, 47m86.

En 1687 après la démission de Séguier, le roi nomma pour remplir le siége épiscopal de Nimes, Esprit Fléchier qui avait été nommé depuis le 12 novembre 1685 à l'Evêché de Lavaur, mais qui, à cause de la brouille existant alors entre la cour de Rome et celle de France n'avait pas encore pu obtenir les bulles de cet évêché.

Esprit Fléchier était né à Pernes près Carpentras le 1er juin 1632. Son père s'appelait Pierre-Michel Fléchier et sa mère

Margueritte Audiffret. Il fit ses études de théologie au collége des pères de la Doctrine chrétienne de Tarascon — puis professa pendant six ans les humanités à Draguignan et la rhétorique à Narbonne — fut chargé de l'éducation de Louis Urbain le Febre de Caumartin, fils aîné de Louis, conseiller d'Etat et intendant de justice en Champagne. Fléchier publia alors un poëme latin de 1300 vers sur le célèbre carrousel que Louis XIV avait donné en 1662 et quelques autres poésies et ouvrages d'histoire, mais se fit remarquer surtout par son éloquence dans les oraisons funèbres qu'il fut chargé de prononcer.

Le roi le nomma en 1676 abbé de Saint-Séverin au diocèse de Poitiers, en 1680 aumônier de la Dauphine, en 1684 prieur commandataire du Peyrat, en 1685 abbé de de Baigne au diocèse de Saintes. Evêque de Lavaur, enfin évêque de Nimes en 1687. Mais ce ne fut qu'en 1692 qu'il fut préconisé. Dés qu'il eut reçu ses bulles, il se rendit à Paris — il y fut sacré le 24 août 1692 dans l'église du Val-de-grâce par le cardinal de Bousi archevêque de Narbonne assisté des évêques d'Uzès et de Viviers, après quoi, il prêta serment de fidélité au roi.

Grand protecteur de l'Académie à Nimes il obtint son association avec l'Académie française ; il fit son entrée épiscopale à Nimes le 16 décembre 1692. En 1693 étant allé à Paris pour présenter au roi le cahier des Etats de la Province, tenu à Pézenas, il publia son histoire du cardinal Ximenès.

Il mourut le 16 février 1710 à l'âge de 78 ans et fut enterré dans la chapelle qu'il avait fait bâtir dans la cathédrale.

L'intendant Bâville, avec lequel il s'était lié d'amitié pendant la période si tourmentée de la guerre des camisards, fit graver sur son tombeau une longue épitaphe qu'il avait composée lui-même et qui est ainsi conçue :

Hic jacet
Spiritus Flechier
Nemausensis Episcopus
Ingenii, atque litterarum omnium, laude ac patrocinio,
inter Academiæ Francicæ proceres, clarus :
Splendidâ, gravi, accurâtâ, versâ, ac perfecta
éloquentia,
inter sacros oratores illustris :
Solâ virtutis commendatione,
Ad ordinarii sereuissimæ delphinæ elemosinarii munus,
inde ad Episcopalem dignitatem vocatus :
Vitæ integritate, pietate sincerâ, benignâ in suos charitate,
Christianæ religionis s(udio constanti et innoxio
Suavissimâ morum simplicitate,
Commissum fidei suæ populum ita sibi conciliavit,
ut inter luctuosissimos Sebennarum tumultus,
et insanos perduellium furores.
Securus ac pacatus vixerit :
Charus omnibus,
Sis etiam quos sapientibus consiliis, ac salutari doctrinâ,
ad bonam mentem revocare non potuevat :
Anno œtatis LXXX.
Nec minus suis, alienisque flebilis ac defletus.
obiit.
Anno R. S. H. M. DCCX die XVI. Febr.
Nic de Lamoignon apud Occit. præf.
Posuit.

RUE FLORIAN

Allant du Chemin de Sauve à la rue du Mail.

1er Canton. — Section 1.
Niveau 54m09, 50m01.

Jean-Pierre Claris de Florian, littérateur, né en 1755 au château de Florian, près Quissac, fut de bonne heure accueilli et encouragé par Voltaire, auquel sa famille était alliée ; il entra comme page chez le duc de Penthièvre, servit quelque temps comme officier de dragons, puis vint se fixer à Anet et à Sceaux, auprès du duc de Penthièvre, dont il devint le favori et dont il distribuait les bienfaits.

La Révolution troubla son bonheur ; il fut incarcéré en 1793 et mourut peu après à Sceaux, en 1794, à trente-trois ans. Florian s'était exercé dans plusieurs genres ; quoi qu'il manquât de vigueur et de génie, il se distingua toujours par la grâce et la sensibilité. Il a écrit des nouvelles pleines d'intérêt, des pastorales dont les plus estimées sont : *Estelle et Némorin* et *Galathée* qu'il publia en 1783 ; des poèmes en prose tels que *Numa Pompilius* (1786) ; *Gonzalve de Cordoue* (1791) ; *Précis sur les Maures* ; de jolies comédies dont Arlequin est le héros, et des *Fables* charmantes qui lui assurent le premier rang après La Fontaine.

Il avait beaucoup étudié la littérature espagnole et a laissé une traduction, ou plutôt une imitation libre de Don Quichotte. Floriant fut reçu à l'Académie française en 1788.

Au mois de juin 1876, en faisant des fouilles dans la maison de M. Robert, teinturier, on a trouvé une très-grande quantité de lampes romaines en terre. Ces lampes étaient accumulées les unes sur les autres, ce qui avait fait supposer qu'il y avait là une fabrique de poterie ordinaire. Ce qui donne lieu à cette supposition, c'est que dans ce même endroit on a trouvé un amas de ce quartz que les potiers romains avaient l'habitude de mêler à leur terre.

Ces lampes qui n'ont rien d'artistique sont de trois types différents ; elles étaient destinées à être suspendues, ou accrochées contre un mur, ou portées à la main.

RUE DES FLOTTES.

Allant de la place de la Maison-Carrée à la rue du Grand-Couvent.

1er Canton. — Section 1.
Niveau 48m50, 48m20.

L'origine de ce nom ne peut venir que de la présence dans cette rue et celles voisines des ouvriers spéciaux qui avant de livrer les soies ou autres matières textiles à la teinture les divisaient en petits écheveaux appelés dans le pays *flottes*.

La ruelle des flottes très-étroite donne une idée exacte de ce qu'étaient les anciennes rues de la ville ; parmi les rares maisons qui s'y trouvaient Ménard cite la maison Galoubier dans laquelle on a trouvé deux pierres romaines portant les inscriptions suivantes :

M. ADRASTVS	CASTALIVS
SECVNDVS	SECVNDVS
V. S. L. M.	V. S. L. M.

On sait que ces quatre lettres mises au bas des anciens monuments signifiaient : *votum solvit lubens merito*, ou *votum solvit libera mente*. C'est là l'équivalent de l'expression ex-voto, pour marquer un vœu rendu.

La rue des Flottes a été élargie en 1842 pour faciliter l'accès du Petit-Temple.

En 1843 en exécutant des travaux dans une maison de cette rue, on trouva un très-beau pavé mosaïque très-bien conservé.

En 1877 le Conseil municipal ayant décidé l'ouverture de la rue de la Banque, la ruelle des Flottes va être élargie. Il existe un pavé en mosaïque dans l'ancienne maison Viton de Jassaud.

RUE DE LA FONTAINE.

Allant de la place Balore au quai de la Fontaine.

1er Canton. — Section 1.
Niveau 52 m. 93. — 52 m 41.

C'est le voisinage de la promenade appelée la Fontaine qui a donné son nom à cette rue qui par elle-même n'offre rien d'intéressant à aucun point de vue ; nous profiterons toutefois de l'occasion pour faire ici l'historique du jardin de la Fontaine et des diverses transformations qu'il a subies.

A l'époque romaine, la source probablement plus abondante qu'aujourd'hui, à cause du voisinage des immenses forêts qui couvraient presque toute la contrée, coulait à travers de fertiles prairies. Les Romains honorant d'un culte particulier les divinités des eaux s'y rendaient pour faire leurs ablutions et avaient construit tout près, en l'honneur de Nemausus ou Nemausa, un temple et des bains publics dont nous voyons encore aujourd'hui les superbes vestiges.

Les invasions diverses qui vinrent à de si fréquentes reprises ensanglanter la Gaule Arécomique et la couvrir de ruines, durent naturellement modifier la manière d'être de toute la colonie Nimoise et de tous les travaux des Romains il ne resta plus que les traces des immenses aqueducs au nombre de six principaux qui sillonnaient tout l'intérieur de la ville.

D'un autre côté, la religion chrétienne ayant remplacé le culte des faux dieux, les religieuses de Saint-Sauveur de la Fontaine vinrent s'établir en 991 dans l'ancien temple bâti par les Romains près de la source ; ce couvent acquit bientôt une importance considérable tant par la position distinguée des personnes qui s'y faisaient admettre que par l'étendue des propriétés qui lui étaient constamment données ; de nombreux moulins s'établirent le long des prairies qu'arrosaient les eaux de la source ; les plus rapprochés du creux et les plus importants étaient le moulin de l'Abbesse appartenant au couvent et celui du Viguier d'Albenas.

La situation pittoresque de la source qui sortait du pied du rocher devait naturellement en faire un but de promenade pour les habitants ; aussi voyons-nous qu'en 1643 le premier consul, Louis Trimond, avocat, fit, avec l'autorisation du conseil de ville, planter une allée d'ormeaux depuis le jardin Barnier jusqu'au bassin de la source. Celle-ci n'a pas toujours fourni la quantité d'eau nécessaire pour les besoins des habitants, et lorsque les étés se passaient sans pluie comme cela arrive souvent dans notre Midi, son niveau baissait tellement que le manque d'eau devenait une véritable calamité.

Parmi les sécheresses les plus grandes, on cite celles de 1362, 1520, 1561, 1656, 1659, 1666, 1719, 1752, 1775, 1784, 1822, 1837, 1839, 1850 et 1868.

La dernière sécheresse de 1868 fut si générale dans toute la ville que la municipalité non-seulement fit rouvrir tous les puits publics, notamment celui de la Grand'Table le 25 juillet, mais qu'elle organisa de plus des trains gratuits pour transporter à Beaucaire toutes les personnes qui avaient du linge à laver. Pour cela, des billets d'aller et retour furent donnés gratuitement aux nécessiteux qui en faisaient la demande. Cette situation dura tout l'été. — Le service de la voirie fut obligé d'installer une machine à vapeur qui, puisant l'eau de la la source de la Fontaine, la déversait au-delà du barrage dans le bassin de retenue.

En 1666, les eaux avaient tellement baissé, que les lavandières et les blanchisseuses étaient obligées de nettoyer leur linge dans le bassin même de la Fontaine, ce qui pouvait infecter cette source et causer des maladies aux habitants. Aussi le conseil de ville ordonna-t-il la construction d'un lavoir entre le mur d'enceinte de la source et l'écluse du moulin du Viguier Albenas. Lors des grandes réparations faites à la Fontaine sous Louis XV, on trouva une pierre cassée en deux (conservée au Temple de Diane), nous donnant les noms des consuls et des ouvriers qui exécutèrent ces travaux. M. Auguste Pelet a rétabli cette inscription un peu fruste de la manière suivante :

SIMON NOVI
AVOCAT SI MON BROVZET
BOVRGEIS IA CQVES TAILLARD
MARCHANT ET FOVLCARAND
VANEL LA BOVREVR
ET AVEC LES OVVRIERS
SIEVRS IEAN R OVLE POVROE
ET DELON B ONNEVIE
SYNDIC LIVRE KN LANNEE (1)
MDCLXVI

En 1730, pendant la tenue des Etats-Généraux de Languedoc à Nîmes, le corps des marchands et fabricants de la ville demanda des secours pour rétablir l'a-

---

(1) V. Teissier, t. 3 p. 423.

bondance des eaux de la Fontaine, car la muraille qu'on avait établie autour de la source et les trois moulins qui se trouvaient à côté devaient retenir lesdites eaux et les empêcher de suivre leur pente naturelle. A l'appui de leur réclamation, ils produisirent un plan dressé par l'ingénieur Pierre Guiraud, chevalier de l'ordre de Saint-Louis, mais leur demande n'aboutit pas et ce ne fut qu'en 1738 que le conseil de ville décida de nettoyer le bassin de la source et de rouvrir les canaux anciens qui aboutissaient à la ville.

L'abbesse du monastère de Saint-Sauveur s'opposa bien à l'exécution de ces travaux en prétendant que la source lui appartenait, mais le conseil passa outre, et en 1739 les états de Languedoc, saisis de la question, chargèrent l'ingénieur Clapies de faire un rapport. C'est alors qu'on découvrit dans le bassin du moulin d'Albenas les premiers vestiges des travaux des Romains; ces découvertes faisant présumer que ces monuments antiques allaient jusque sous les bâtiments dudit moulin, le conseil de ville délibéra, le 3 août 1739, de faire l'achat de cette usine (1).

Sur ces entrefaites, nous dit Ménard (2), avait été terminé le projet de l'acquisition du moulin de l'abbesse de Saint-Sauveur. Ce fut avec le sieur de Rougnac, gentilhomme de Beaucaire, qui s'était chargé

(1) V. Archives municipales, régistre des délibérations du Conseil de ville.

(2) Ménard, t. 6 page 500.

des intérêts de cette dame, que l'affaire se conclut à Nimes même, par la médiation de l'évêque de cette ville.

Il fut donc convenu que l'abbesse et les religieuses vendraient à la ville le moulin, le jardin potager, le champ et la vigne qu'elles possédaient, moyennant une pension perpétuelle de mille livres qui serait payée du fonds des subventions et, à leur défaut, imposée annuellement sur les tailles, l'abbesse se réservant le pouvoir de prendre toujours le titre d'abbesse de la Fontaine.

Ces conventions ayant été rapportées au conseil de ville, l'assemblée les approuva et délibéra de les exécuter après en avoir obtenu la permission de l'intendant. Cette autorisation ayant été immédiatement donnée, il fut passé une vente de ces fonds sous seing-privé le 7 septembre 1789, en présence de l'Évêque de Nimes, pour être ensuite revêtue de l'autorité publique, après qu'on aurait observé les formalités prescrites pour l'aliénation des biens ecclésiastiques, conformément à l'ordonnance de l'intendant.

Après que l'Ingénieur Clapiès eut fait la visite et l'examen des réparations qu'on voulait faire à la Fontaine de Nimes, il en dressa un plan et un devis dans lequel il faisait entrer la construction de deux fontaines qu'il plaçait, l'une, au milieu du Cours, et l'autre près des Casernes ; ces différentes pièces ayant été mises entre les mains d'un des syndics généraux de la province de Languedoc, celui ci les remit pendant les Etats tenus à Montpellier aux commissaires des travaux publics qui les examinèrent avec soin, après quoi l'évêque d'Alais en fit le rapport à l'assemblée le 16 janvier 1740.— Il lui exposa que les ouvrages projetés étaient absolument nécessaires pour soutenir le commerce de Nîmes par rapport à ses manufactures ; que la dépense en était à la vérité considérable, puisqu'elle se montait en total à près de cent cinquante mille livres, et que, distraction faite du dédommagement des propriétaires des moulins et de la construction des deux fontaines, elle revenait pour l'usage des manufactures et fabriques à plus de soixante mille livres; que cependant la commission des travaux publics avait cru devoir les approuver. En conséquence, l'assemblée délibéra d'accorder douze mille livres pour l'exécution des susdits travaux suivant le projet de l'ingénieur Clapiès.

Disons en passant que l'ingénieur Clapiès est probablement le même qui de 1720 à 1729 construisit l'aqueduc de 48 arches qui traverse la vallée de l'Auzon et qui amène à Carpentras les eaux de la montagne des Alps.

L'ingénieur Clapiès étant mort en 1740, Dardailhon le remplaça ; mais la même année et le 20 décembre, il intervint un arrêt du conseil d'État du Roi, qui ordonna qu'il serait procédé par Jacques-Philippe Mareschal, ingénieur et directeur des fortifications de la province du Languedoc, tant à la visite des ouvrages nécessaires pour les réparations de la Fontaine, qu'à l'examen des différents plans et devis qui en avaient été dressés, avec pouvoir d'y augmenter ou diminuer, même d'en dresser de nouveaux, s'il le fallait, après qu'ils auraient été approuvés par l'intendant, devant lequel l'adjudication des ouvrages serait passée, avec pouvoir aussi de commettre, pour la conduite des ouvrages, s'il en était besoin, tel inspecteur que bon lui semblerait (1). Le même arrêt permit au maire, consuls et habitants de Nîmes, de prendre tous les terrains, moulins et autres bâtiments qui seraient nécessaires pour ces ouvrages, en dédommageant les propriétaires suivant l'estimation des experts convenus par les parties ou nommés d'office par l'intendant.

Il fut en même temps donné pouvoir à ce magistrat de juger, sauf l'appel au conseil, toutes les contestations nées et à naître, tant au sujet de ces estimations et dédommagements, que pour ce qui concernait la propriété des terrains, moulins et bâtiments, de même que toutes celles qui étaient survenues ou pourraient survenir à l'occasion de la propriété de la Fontaine et des ouvrages qu'il y aurait à faire.

Il est assez intéressant de voir quelle fut alors la procédure suivie, en la comparant à la manière dont les choses se passent aujourd'hui lorsqu'il s'agit d'exécuter un travail d'utilité publique ; et c'est encore dans Ménard que nous trouvons détaillées les diverses phases de cette affaire.

Les découvertes qu'on faisait chaque jour

---

(1) V. Ménard, t. 6 page 507.

aux environs de la Fontaine démontraient avec évidence que les premiers moulins situés à l'issue de ses eaux avaient été bâtis sur des monuments antiques. Aussi donnèrent-elles lieu de demander aux propriétaires la production des titres en vertu desquels ils avaient construit et s'étaient appropriés l'usage d'une source publique.

Il fut donc pris une délibération par le conseil de ville ordinaire, le 13 avril 1841, qui chargea les consuls de former cette demande devant l'intendant à qui l'on a vu que la connaissance de toutes ces contestations avait été renvoyée.

Ce magistrat, sur la première requête des consuls, informa le contrôleur général de l'état de l'affaire, lequel répondit que les propriétaires des moulins devaient justifier leur possession par des titres de propriété.

Sur la sommation qu'on fit en conséquence à ces derniers, ils représentèrent ces titres, mais ils ne furent pas trouvés suffisants ; d'où il résultait que, ne rapportant aucune concession valable de leurs moulins, la possession n'en était fondée que sur une usurpation.

Alors on convoqua le conseil de ville général et extraordinaire qui fut tenu le 16 septembre 1741, pour concerter la matière dont la ville avait à corriger et rectifier les conclusions qu'elle avait prises par ses requêtes dans le cours de ses contestations. Il fut délibéré d'attaquer les acquisitions qu'on avait faites des moulins, de poursuivre la rescision du traité fait avec l'abbesse, de former même opposition aux ordonnances qui pourraient déjà avoir été rendues à ce sujet, et enfin de demander que les prétendus titres communiqués par les propriétaires fussent rejetés. Le maire et les consuls se pourvurent en conséquence au conseil d'État du roi, et y demandèrent que ces nouvelles conclusions leur fussent adjugées.

Il fallut toutefois, avant la décision de ce différend, en venir à la démolition du moulin de l'abbesse et de celui d'Albenas.

Un mémoire en forme d'avis que l'ingénieur Mareschal dressa, portait que ces deux bâtiments arrêtaient les progrès des découvertes et des connaissances dont on avait besoin pour fixer un projet définitif. Sur quoi, le conseil de ville ordinaire délibéra le 28 octobre de se pourvoir devant l'Intendant et demanda que, sans préjudice des droits respectifs des parties, l'abbesse et Albenas fussent tenus de faire démolir leurs moulins et en enlever les matériaux; que, faute par eux de le faire, il serait procédé à cette démolition à leurs risques et périls, et que les matériaux seraient déposés entre les mains d'un tiers, ou vendus, et le prix déposé en celles du receveur de la ville.

Ce magistrat rendit deux ordonnances le 24 janvier 1742, entièrement favorables à cette demande, et, les deux moulins furent démolis (1).

Les divers plans, projets et études de

---

(1) V. Archives de l'hôtel de ville.

Mareschal n'ayant été terminés qu'en 1744, il intervint un arrêt du conseil d'Etat du roi, tenu au camp devant Fribourg le 26 octobre, qui en ordonna l'exécution. Le devis de Mareschal ayant été publié le 12 février 1745, l'adjucication des ouvrages eut lieu le 30 mars de cette même année en présence du lieutenant du maire et du 1ᵉʳ consul qui s'étaient rendus à Montpellier. Elle fut prononcée en faveur d'Hilaire Ricard, architecte de Montpellier, sous le cautionnement de Jacques et Jean-Antoine Giral, architectes de la même ville, pour les finir et les rendre parfaits, dans le terme de trois années. Les travaux furent en conséquence commencés le 22 avril suivant.

Sur ces entrefaites, l'intendant avait jugé définitivement, par une ordonnance en date du 12 février 1745, l'affaire concernant la résiliation demandée par la ville, des contrats d'acquisition des premiers moulins situés à l'issue des eaux de la Fontaine.

Cette ordonnance portait que le traité fait avec l'abbesse de Saint-Sauveur en 1739, pour l'achat de son moulin et des autres fonds lui appartenant situés près de la Fontaine, sous la pension perpétuelle de la somme de mille livres, était rescindé et les parties remises au même état où elles étaient auparavant. Que les Consuls rendraient à l'abbesse les revenus qu'ils en avaient perçus ou dû percevoir ; que de son côté l'abbesse leur restituerait les sommes qu'elle avait reçues en conséquence du traité ; que la ville indemniserait les propriétaires des moulins suivant l'estimation qui en serait faite par les experts, sans comprendre néammoins dans cette estimation la valeur des matériaux et des agrès de ces moulins, mais seulement la valeur du sol, et que les intérêts des indemnités seraient accordés aux propriétaires à compter du jour où ils avaient cessé de jouir de leurs fonds, à la charge toutefois, que l'abbesse ne pourrait en retirer le paiement qu'en assignant un emploi.

Pendant ces diverses phases, les travaux avaient continué et pour les parachever, une nouvelle adjudication des ouvrages fut faite par l'intendant de Montpellier Le Nain, le 15 avril 1747, en faveur de trois maçons de Nimes, savoir : Etienne Roux, Antoine Rey et Simon Dassas, sous le cautionnement de Claude Bruguier, bourgeois de la même ville.

Pour compléter l'embellissement des nouveaux canaux de la Fontaine, on résolut alors de donner un alignement régulier aux rues du nouveau faubourg qui allait se former dans ce quartier et de soumettre toutes les maisons à un plan uniforme. Ces divers projets furent approuvés par l'arrêt du Conseil d'Etat du roi, daté du camp de Hamal en date du 26 août 1747.

Les travaux furent donc exécutés tels qu'on les voit aujourd'hui, et en 1754 la ville commença de faire construire avec une exacte symétrie en pierres de taille, jusqu'à la hauteur d'un étage, les murs de face des maisons du Quai, et promit d'abandonner ces murs aux particuliers propriétaires des fonds sur lesquels ils étaient construits, mais à la condition expresse qu'en élevant ces murs et y bâtissant les façades des maisons, ils se conformeraient au plan général.

Enfin en 1755 la ville voulant donner des témoignages publics de sa gratitude envers le vicomte de Saint Priest, intendant du Languedoc, qui l'avait favorisée dans la continuation des travaux de la Fontaine, fit placer les armoiries de ce magistrat sur les piles d'un des ponts du nouveau canal, à la gauche de celles de l'intendant Le Nain son prédécesseur.

En 1786 les Récollets cédèrent à la ville la partie de leur enclos qui avoisinait le canal de la Fontaine, ce qui permit de bâtir les maisons qui le bordent du côté faisant face au Nord.

Enfin c'est à l'ancien maire M. Cavalier et à l'ancien préfet M. d'Haussey que l'on doit la plantation des pins qui s'échelonnent jusqu'au pied de l'esplanade du Mas Rouge — celles qui vont jusqu'au pied de la Tourmagne sont dues à l'administration de M. Girard

La promenade de la Fontaine a toujours été l'objet de la sollicitude de nos différents administrateurs, et c'est par des achats répétés qu'on est arrivé à en compléter le périmètre actuel.

Ainsi les enclos Beuf et Albezac ont été acquis dès le 24 mars 1829, mais n'ont été livrés au public qu'en 1848; le jardin Tachard l'a été le 26 janvier 1838, et la vente du mas Rouge, appartenant à M. Robert, remonte à l'année 1839.

Enfin, c'est en 1865 et 1867, que la ville a acheté les enclos Mejean, Menard et Féminier.

Il n'entre pas dans le plan de cette notice de donner la description de toutes les richesses archéologiques qui ont été mises à jour par les travaux qui ont été exécutés à diverses époques dans les différentes parties de cette superbe promenade sans pareille dans toute la France, mais nous nous réservons d'en faire l'objet d'une étude spéciale plus tard.

RUE DU FORT

Allant du boulevard du Grand-Cours à la rue Clérisseau et servant de séparation entre le 1er et le 2e canton.

Niveau 50m02 , 54m71.

En 1651, après l'émotion causée dans la ville par l'affaire du jeune Coutelie (affaire, dont le pendant s'est produit de nos jours à l'occasion du jeune Mortara) avait fait naître dans l'esprit de quelques membres des Etats du Languedoc l'idée de construire une citadelle à Nîmes ; mais sur la protestation des habitants, aucune suite ne fut donnée à ce projet (1). Nos édiles voyant en effet dans cette création projetée, une violation des priviléges de la ville et une

---

(1) Arch. de la ville de Nimes.

charge nouvelle pour toute la province, envoyèrent des députés aux Etats généraux et obtinrent qu'il ne serait rien fait; mais en 1687, après la révocation de l'édit de Nantes et pour assurer l'exécution des mesures barbares prises contre les calvinistes dont la destruction complète avait été décrétée et dont l'intendant Bâville fut le triste instrument, le roi Louis XIV reprit son ancien projet qui fut immédiatement réalisé.

L'endroit qu'on choisit pour l'emplacement de cet édifice, était situé hors des murailles de Nimes, au quartier appelé Crémat, et qui formait un côteau placé au Nord-Est de la ville à côté du quartier de la Lampèze. L'adjudication des ouvrages fut faite par Bâville à Jean Papo, architecte du roi, sous le cautionnement de Jacques de Cubizol, architecte de la ville.

La première pierre fut posée le 15 mai 1687. Ménard nous raconte que cette citadelle fut presque toute bâtie au bout d'un an. Les entrepreneurs, d'après les ordres qu'ils recevaient de la cour, firent une diligence incroyable; ils y employèrent des régiments entiers et tous ceux, femmes et enfants, qui apportaient des moëllons aux ouvriers, avaient un denier pour chaque pierre.

Ce bâtiment était à quatre bastions avec une place d'armes carrée au milieu, entourée des casernes des soldats et des logements des officiers.

Pour relier cette citadelle avec les anciens murs de la ville, on détruisit les anciennes portes de la Bouquerie et des Prêcheurs pour les reconstruire, la première à l'extrémité du Grand'Cours sous la même désignation, et la seconde à l'extrémité du Petit-Cours sous le nom de Porte des Casernes ou d'Uzès.

Lorsqu'en 1875, on a fait la canalisation des eaux du Rhône, on a retrouvé dans la rue Ménard, au coin de la maison Lagorce, les vestiges de cette ancienne enceinte.

La citadelle de Nimes, comme celles d'Alais et de Saint-Hippolyte, bâties à la même époque et dans un même but, servit de prison pour les Camisards ; c'est là qu'on les enfermait avant de les envoyer au supplice. Après la révolution de 1789 et pendant la période si tourmentée de 1793, c'est encore là que furent successivement incarcérées les victimes des sans-culottes et plus tard les pourvoyeurs eux-mêmes de la guillotine.

Sous l'Empire, sa destination changea ; elle fut transformée en dépôt de mendicité, et, sous la Restauration, en maison centrale de détention ; c'est encore aujourd'hui dans son enceinte que peuvent être renfermés 1,500 prisonniers. Il a souvent été question de rendre cet édifice à sa destination première, et d'en faire une caserne d'infanterie, mais ce projet a toujours été abandonné.

RUE DES FOURBISSEURS.

Allant de la place de l'Hôtel-de-Ville à la place de la Salamande.

3º canton. — Section 8.
Niveau 44ᵐ25, 43ᵐ92.

Rien d'intéressant ne s'est, à ma connaissance, passé dans cette rue dans laquelle s'étaient groupés les armuriers ; aussi la désignait-on au moyen âge par le nom de rue des Espasiers. Plus tard, elle fut aussi appelée rue de la Couronne à cause de son voisinage avec la porte de la ville qui portait ce nom.

Ce n'est qu'en 1824 que le conseil municipal s'occupa d'un grand travail d'ensemble pour la dénomination de toutes les rues de la ville et de ses faubourgs, et que cette rue prit officiellement le nom de rue des Fourbisseurs, qu'elle a conservé jusqu'à aujourd'hui. Mais puisque l'occasion se présente de faire connaître l'esprit qui a guidé nos édiles dans cette circonstance, je crois intéressant de transcrire littéralement le rapport qui fut fait au conseil municipal le 30 septembre 1824, par le savant Alexandre Vincens, membre de la commission.

« Chargé, dit-il, par le conseil de lui ren-
» dre compte du plan projeté de la dénomi-
» nation des rues de la ville et de ses fau-
» bourgs, nous nous sommes fait remettre
» l'excellent travail qui, sur l'ordre de M.
» le maire, a été fait à ce sujet par MM.
» Estève, juge de paix, et Guibert, impri-
» meur, et nous n'avons eu qu'à applaudir

» à l'ordre méthodique qui y règne et aux
» principes lumineux qu'ils ont exposés dans
» les considérations dont ils ont fait précé-
» der leur projet. Nous nous sommes em-
» pressés de réclamer le secours de leurs
» lumières, et c'est avec leur concours
» qu'en partant des mêmes bases, nous
» avons cru pouvoir y faire quelques lé-
» gers changements. Nous référant donc
» entièrement à l'exposé qui est en tête de
» leur projet, nous nous bornerons à expli-
» quer ici les corrections de détail que nous
» avons cru devoir y introduire.

» Ce travail peut être regardé comme
» divisé en deux parties, l'une comprend
» les huit nouvelles sections des faubourgs,
» où la plupart des rues sont sans nom,
» l'autre les quatre sections de la ville où
» presque toutes ont plusieurs noms.

» Dans la première partie, il semble au
» premier coup d'œil qu'il n'y a rien de si
» facile que d'inventer des noms; quand on
» l'essaye, il semble qu'on est toujours près
» du ridicule et l'on finit par reconnaître
» qu'il faut se faire un système de nomen-
» clature. Bien entendu qu'on conserve tous
» les noms qui peuvent exister ou même
» les désignations dont certaines rues peu-
» vent être appelées. Ainsi dans la 1re sec-
» tion qui porte aussi le nom de section de
» la Fontaine, les auteurs du projet ont as-
» signé des noms romains à toutes les rues
» qui entourent la Fontaine et des noms
» d'auteurs dramatiques à celles qui sont
» autour de la salle des spectacles. Nous
» avons cru devoir en distraire les rues qui

» sont entre la terrasse de la Fontaine et
» le Cadereau. Il nous a paru que les noms
» de César, de Pompée étaient trop pom-
» peux pour des rues sans maisons, et com-
» me elles sont bordées de jardins, nous y
» avons substitué le Cerisier, la Treille,
» les Fleurs, les Maronniers, les Til-
» leuls, etc.
» La 2e section dite de Saint-Charles et
» qui s'étend de la rue des Fours-à-Chaux
» à l'église de ce nom, ainsi que la 3e dite
» de plan de Bachalas, ont reçu des noms
» d'auteurs du pays ou qui ont écrit sur
» nos monuments.
» La 4e section dite des Casernes devait
» porter les noms des royaumes du moyen
» âge : Austrasie, Neustrie; on propose de
» les remplacer par des noms d'animaux
» domestiques, le cheval, le chien, la chè-
» vre, etc.
» La 5e ou de Saint-Baudille au lieu
» des noms de royaumes modernes rece-
» vront ceux des généraux du siècle de
» Louis XIV. La proximité des Casernes
» le nom de Richelieu que portait ce quar-
» tier et la principale rue, enfin ces rues
» elles-mêmes, toutes au cordeau ont en-
» gagé à y mettre ces quelques grands
» noms.
» Mais la section 6 ou des Casernes où
» l'on destinait aux rues sans noms ceux
» de nos plus grands écrivains, Bossuet,
» Daguesseau, etc.; la section 7 ou de la
» Porte-de-France à laquelle étaient ré-
» servés les noms des rois de la première
» et de la deuxième race, et la huitième dite

» de Saint Paul qui était échue aux reines,
» nous ont paru, à cause de leurs rues d'or-
» dinaire étroites, entre des jardins et sou-
» vent sans maisons, devoir être rendues à
» une nomenclature plus humble tirée sans
» système soit de leur forme, soit du nom
» des récoltes ou des arbres, etc., soit de
» quelque circonstance.

» On a réservé aux rues entourant le sé-
» minaire des noms de saints, et aux rues
» de l'Hôpital quelques noms de ses bienfai-
» teurs. Des noms de nos princes ont été
» donnés aux entrées du chemin de Mont-
» pellier voisines de la place où s'élevait
» l'arc de triomphe pour la réception de
» Madame; il est malheureux que ces rues
» n'aient pour elles que leur position, mais
» le duc d'Angoulême a dû être placé à la
» section V, *parmi nos grands généraux*.

» Quoique ce travail ait été fait avec
» soin et que nous ayons pareillement mis
» beaucoup d'attention à le réviser sur le
» plan de la ville, nous pensons cependant
» que dans l'exécution la vue même des
» rues pourra donner de nouvelles idées et
» qu'il est prudent de réserver à ceux qui
» seront chargés de l'exécution une assez
» grande latitude soit pour des transpositions
» soit pour l'introduction de noms plus
» heureux que l'aspect du terrain ou d'au-
» tres considérations pourront faire naître.

» La 2e partie se compose de la ville en
» deçà des boulevards et se divise en qua-
» tre sections, savoir : la 9e dite de l'Am-
» phithéâtre, la 10e de la Maison-Carrée,
» la 11e de la Porte-Romaine, la 12e de

» la Cathédrale, séparée par la suite des
» rues qui vont : 1° de la Madeleine à la
» Porte des Casernes ; 2° de l'allée entre
» les deux cours par la place aux Herbes,
» la rue des Marchands, la rue de M. Fa-
» jon et les Quatre-Jambes aux Arènes.

» Ici le projet rétablit les anciens noms
» trouvés dans un cannage de la ville de
» Nimes de la fin du XVI° siècle et avec
» d'autant plus de raisons que ce sont les
» noms qu'on retrouve dans les anciens ti-
» tres.

» Cependant cette considération doit cé-
» der quelquefois devant d'autres motifs et
» serait dans tous les cas suppléée par un
» tableau de concordance. Ainsi des noms
» qui paraissent sales comme Caguensol
» quelle que soit son étymologie, d'autres
» obscènes comme ceux de Baise-Donne,
» ont dû être remplacés soit par des noms
» plus modernes, soit par des noms nou-
» veaux. Enfin, on a cru devoir surtout
» faire disparaître tout ce qui pourrait
» donner lieu à équivoque.

» Ainsi, la maison sous l'horloge de la
» ville ne servant plus de maison commu-
» ne, et la maison commune n'étant plus
» la trésorerie, il a été nécessaire d'avoir
» égard à ces changements. Le nom de rue
» du Chapitre étant donné par l'usage à
» l'ancienne rue de l'Evêché, et le nom de
» Grand'rue à celle que les anciens plans
» appellent rue du Chapitre et rue Saint-
» Marc, il a bien fallu reconnaître que
» l'usage fait loi en matière de langage et
» conserver le nom nouveau trop accrédité

» pour pouvoir être changé. Ces observa-
» tions suffisent pour justifier le petit nom-
» bre de changements proposés.
  » D'après ces considérations, nous avons
» l'honneur de proposer au conseil : 1°
» d'adresser des remercîments à MM.
» Estève et Gilbert qui ont apporté dans la
» rédaction du projet, des soins, de la mé-
» thode, de l'érudition et un excellent es-
» prit ; 2° d'adresser leur projet avec les
» substitutions, que de concert avec ces
» messieurs, nous avons insérées dans la
» colonne qui porte le titre de définitive.

RUE DU FOUR-DES-FILLES.

Allant de la rue de l'Aspic à la rue des Marchands.

3ᵉ Canton. — Section 11.
Niveau 46ᵐ87, 45ᵐ41.

Dans les anciens documents municipaux, nous voyons que cette rue s'appelait rue de l'Arc de la Romaine et elle a conservé ce nom jusqu'en 1824, époque à laquelle, ainsi que nous l'avons déjà dit dans un précédent article, une délibération du conseil municipal lui substitua celui de Four-des-Filles.

Pourquoi cette dénomination ? Les uns prétendent que c'est parce qu'il y avait un four, qui existe du reste encore aujourd'hui dans lequel venaient se réunir les commères et filles du quartier qui, mettant en commun les frais du luminaire, passaient leurs veillées à médire probablement des voisines et à raconter les histoires du jour.

D'autres disent que le propriétaire du four en question avait quatre filles remarquables par leur beauté et que c'est ce qui avait été cause de cette nouvelle appellation. Il est probab'e que ces filles géraient elles mêmes cet établissement.

RUE DES FOURS-A-CHAUX

Allant de la place Balore au quartier de la Tourmagne.

Ier Canton. — Section 1.
Niveau, 64m70, 53m71.

Le faubourg de la Bouquerie situé en dehors des fortifications et même de l'enceinte de 1689 ne s'étendait pas très-loin, de vastes jardins ou enclos occupaient tout l'espace qui est aujourd'hui couvert de maison. Ce ne fut que lorsque Maréchal eut fait exécuter les travaux de canalisation des eaux de la Fontaine et de ses abords, que ce quartier prit de l'extension ; il était alors désigné sous le nom de quartier des Flottes, parce que probablement il devait s'y trouver quelques artisans mettant les soies ou autres matières en écheveaux avant de les livrer à la teinture.

Le voisinage de la colline que domine la Tourmagne et sa nature calcaire, déterminèrent la création de plusieurs fours-à-chaux qui s'établirent dans la partie haute de cette rue désignée alors par le peuple sous le nom de rue du Dindoulier, patois d'un gros jujubier qui existe encore sur la terrasse de la maison Fournier. Les deux principaux fours à chaux étaient ceux établis dans les maisons Héritier et Piquet.

Le 18 mai 1769, les Bénédictins, qui occupaient depuis 1685 l'ancienne maison épiscopale de la place de la Belle-Croix, échangèrent cette maison contre celle dont M. Teissier de Margueritttes venait d'hériter de M?le Elisabeth Teissier et qui était située hors et proche de la porte de la Boucairie. Cet écuange fut approuvé par lettres-patentes du roi en date du mois de juillet 1770, enregistrées au Parlement de Toulouse le 10 septembre suivant ; avec la maison, les religieux reçurent un enclos attenant de cinq éminées et demie de contenance et ils dépensèrent à cette maison une somme de vingt mille livres. C'est là que les Bénédictins vécurent jusqu'à la Révolution (1). Ce fut alors M. Reumond qui devint propriétaire de cet immeuble et y fonda une institution de jeunes gens.

Dans la maison Fournier, à l'angle de la cour intérieure, dans une impasse, se trouve l'inscription suivante :

```
           IVN
      (Ti) BVLLAE. N̄
      (Ag) ATHOPVS
      (Cv) PITUS
      (Ma) NSVETA
           LIB.
```

qui signifie :

___

(1). V. Goiffon, notice sur les Bénédictins, p. 57 ; — Id. Archives du Gard, H. 201.

A la Junon (protectrice) de nôtre (maîtresse) Tibulla, Agathopus, Cupitus et Mansueta ses affranchis.

Une branche de l'aqueduc romain, partant du castellum de la rue de la Lampèze, traversait la rue des Fours-à-Chaux et se dirigeait vers la Fontaine. Il existe encore en partie et l'on en trouve des vestiges dans les caves de plusieurs maisons.

L'ancien couvent des Bénédictins appartient depuis quelques années à une congrégation religieuse qui y a établi un refuge de femmes. En construisant la nouvelle chapelle on a trouvé une mosaïque qui a été laissée sur place mais recouverte par la maçonnerie (1).

RUE DE FRANCE

Allant du chemin d'Avignon au chemin d'Uzès.

2º Canton. — Section 5.
Niveau 44m84, 47m68.

Cette rue, comme beaucoup d'autres des faubourgs, ne contient rien de remarquable ; elle est de création pour ainsi dire moderne, et ne doit son nom pompeux qu'à la fantaisie de nos édiles qui, lors de la classification de 1824, lui enleva le nom de rue de Bourgogne pour lui donner celui

(1) V. Mémoires de l'Académie du Gard, année 1875, page, 34.

qu'elle porte. C'est en face de cette rue que se trouvait l'ancien cimetière du chemin d'Uzès, cimetière qui a disparu pour faire place à l'entrée de la promenade du Mont-Duplan. Le développement que la ville prend de ce côté, par suite des grands établissements de l'hôpital et de la caserne d'artillerie, dont l'accès n'est possible que par le chemin d'Uzès, doit forcément appeler l'attention de notre municipalité, qui sera sous peu contrainte de modifier tout ce quartier.

RUE SAINT-FRANÇOIS.

Allant de la rue Sainte-Ursule à la rue Saint-Léonce.

1er canton. — Section 12.

La liste des François qui ont été canonisés est assez longue et va depuis saint François d'Assise, jusqu'à saint François de Borgia, mais je suppose que c'est le souvenir du premier qu'on a eu l'intention de consacrer en lui donnant le nom d'une de nos rues.

Saint François d'Assise, instituteur de l'ordre des Frères-Mineurs, dits *Franciscains*, né à Assise en Ombrie, l'an 1182, était fils d'un riche marchand nommé Bernardon. Il fut d'abord destiné par son père à l'aider dans son commerce et étudia dans ce but le français qu'il apprit si bien qu'on lui en donna le surnom de François, sous lequel il est connu. Mais à l'âge de 24 ans, il renonça à toute occupation mondaine, abandonna tous ses biens, fit vœu de pauvreté et se consacra tout entier à la prédication et à des œuvres pieuses. Il rassembla bientôt autour de lui, à Porticella, près de Naples, de nombreux disciples, forma dès 1208 un ordre qu'il nomma par humilité *Frères-Mineurs*, et leur donna une règle qui fut approuvée en 1215 par le pape.

Il défendait à ses disciples de rien posséder en propre, leur prescrivait de vivre d'aumônes et de se répandre par toute la terre pour convertir les pêcheurs et les infidèles. Il alla lui-même dans ce but en Syrie et en Egypte en 1219.

Il mourut en 1226 et fut canonisé par Grégoire IX qui fixa sa fête au 4 octobre, jour de sa mort.

La rue Saint-François n'est guère qu'une impasse, et si nous la citons, c'est seulement pour que notre nomenclature soit complète.

RUE DES FRÈRES-MINEURS.

Allant de la place de la Madeleine à la place Saint-Paul.

1er canton. — Section 10.
Niveau 49m61, 48m60.

La fondation de l'ordre des Frères-Mineurs remonte à l'an 1209 et est due à saint François d'Assise. Les progrès en furent si rapides qu'en 1219 on vit plus de cinq mille religieux assister au chapitre général qui se tint dans le couvent de Notre-Dames-des-Anges, en Italie.

La ville de Nimes ne fut pas une des dernières à les appeler, et fit construire pour eux une église et un couvent hors de la ville près des remparts et sur le chemin de la Fontaine.

Les registres des récollets qui leur ont succédé dans ce même local disaient bien que les fondements de l'église furent jetés le 25 avril 1222 et ceux du couvent le 3 mai 1224 et que ce fut l'évêque Arnaud qui posa la première pierre des deux édifices, mais aujourd'hui il n'existe aucune preuve certaine de la chose.

L'ordre des Frères-Mineurs est le premier des quatre ordres mendiants qui ait été établi à Nimes.

En 1248, le roi saint Louis passant à Nimes avant d'aller s'embarquer à Aiguesmortes, fit expédier un mandement en faveur des Frères mineurs de Nimes par lequel il donnait ordre au sénéchal de Beaucaire de payer à ces religieux, tous les ans, des deniers du roi une aumône que ce prince venait de leur accorder de cinq sols tournois par semaine pour leur nourriture, soit 3 livres 13 sols, et de cinquante sols tournois par année pour leur habillement, soit 36 livres 10 sols.

Le jardin des Récollets s'étendait autrefois depuis la rue Neuve jusqu'à la Fontaine. Ce jardin est devenu célèbre par l'entrevue qui y eut lieu le 17 mai 1704 entre le maréchal de Villars, accompagné de l'intendant de la province et du marquis de Sandricourt, gouverneur de la ville, et Jean Cavalier, chef des Camisards, accompagné du baron d'Aigaliers et du marquis de la Lande.

RUE FRESQUE

Allant de la rue de la Madeleine à la place du Marché.

3e Canton. — Section 11.
Niveau 45m13. — 47m39

Cette rue très-étroite, qui s'appelait autrefois rue de la Jésuiterie, était fermée à ses deux issues par un arceau ; celui situé au coin de la rue de la Madeleine s'appelait l'arceau Saint-Etienne ; sous l'autre, donnant sur la place du Marché, et qui du reste existe encore, se tenait autrefois le marché aux blés.

Au mois d'août 1781, M. de Mereu, premier consul-maire, exposa au conseil de ville que l'élargissement de la rue Fresque ou de la Juiverie et la démolition de l'arceau Saint-Etienne, si désirée du public, avait donné lieu à diverses vérifications ; qu'à cet effet les consuls et commissaires s'étaient transportés sur les lieux avec les architectes, et qu'il résultait de leur examen que pour donner à cette rue l'élargissement demandé, il convenait de prolonger sa direction suivant la ligne de façade des maisons de MM. Lozeran et Daunant de Sérignac ; que cette ligne coupait une partie des maisons de la veuve Pourrat, du sieur Mazel, des frères de l'école chrétienne, du sieur Furbis, et une très-petite partie de l'angle aigu de celle de M. Bousquet, chevalier de l'ordre militaire de Saint-Louis. Le conseil s'étant transporté sur les lieux reconnut que ce tracé était plus convenable, puisqu'il se rapprochait le plus possible de l'ouverture de la rue de la Boucarié et d'un carrefour à la jonction des rues Buade, de la Fleur de lys et de la Boucarié ; en conséquence, il adopta ce plan et chargea le sieur Phéline, subdélégué du département, de fixer les indemnités revenant aux propriétaires dépossédés. Malgré cette réparation, cette rue est restée ce qu'elle était, obscure et sans soleil ; aussi lui a-t-on laissé son ancien nom patois *Fresque*, ou fraîche, humide.

RUE FULTON.

Allant du chemin d'Uzès aux Moulins à Vent

3ᵉ cantion. — Section 4.
Niveau 51ᵐ,29, 50ᵐ,73.

Robert Fulton, célèbre mécanicien, né vers 1767 aux États-Unis, à Little-Britain, en Pensylvanie, mort en 1815, se livra d'abord à la peinture, puis se voua exclusivement à l'étude de la mécanique et fit plusieurs inventions utiles, telles qu'un moulin pour scier et polir le marbre, une machine à faire des cordes, un bateau pour naviguer sous l'eau, un machine pour faire sauter les vaisseaux en l'air, etc.; — la plus importante de toutes ces inventions est celle du bateau à vapeur.

C'est à Paris où l'avait appelé M. Barlow, consul américain, qu'il fit, vers 1802, les premiers essais de ce nouveau mode de navigation ; mais la France eut le tort de ne pas y accorder assez d'attention. L'Amérique l'accueillit avec empressement, et, en 1807, il lança le premier bateau à vapeur sur l'Hudson pour la navigation entre Albany et New-York.

Fulton a laissé entre autres ouvrages un *Essai sur les canaux.*

C'est par arrêté municipal, en date du 2 juillet 1857, que le nom de Fulton a été adopté pour désigner cette rue qui n'est pas encore complétement garnie de maisons.

APPENDICE.

RUE ANTONIN.

En 1850 on a découvert dans la maison Soubeyran à deux mètres au-dessous du sol actuel, une mosaïque qui n'a été qu'entrevue et qui est restée enfouie à la même place.

(Voir les *Mémoires de l'Académie du Gard*. Année 1875, p. 40).

RUE DES ARÈNES.

Le déblaiement de l'amphithéâtre fut terminé en 1811. C'est en l'opérant qu'on trouva une médaille en or de Domitia femme de l'empereur Domitien, ayant au revers un paon avec la légende Concordia Augusta, A cette époque, M. Grangent, ingénieur, fut chargé de surveiller cette grande opération. Le décret impérial qui ordonnait ces réparations portait une allocation de 424,000 francs non compris les fonds destinés à acquitter les indemnités considérables dues aux propriétaires des maisons démolies dans l'intérieur et autour de l'amphithéâtre.

En 1865, M. Révoil, chargé de la restauration du Colisée Nimois, en faisant faire des fouilles dans le sous-sol du milieu de l'arène, trouva deux inscriptions identiques encadrées dans le mur et portant en caractères cursifs de grande dimension :

T. CRISPUS
REBURRUS
FECIT

Il y a tout lieu de supposer que T. Crispus Reburrus a bâti tout l'amphithéâtre ou la partie souterraine de ce monument.

(Voir les *Mémoires lus à la Sorbonne en 1866*. Académie du Gard. Année 1866, p. 160).

La Rectorerie de Saint-Martin-des-Arènes était située dans la grande galerie du premier étage. Construite au xi° siècle, elle fut donnée à Pierre Guy, abbé du monastère de Saint-Baudile par la vicomtesse Ermengarde et son fils Bernard-Aton ; — passée un moment entre les mains de Pons, abbé de la Chaise-Dieu, elle fut rendue par lui à l'évêque de Nîmes, le 6 janvier 1150, et elle est recensée en 1156 dans la bulle d'Adrien IV parmi les possessions de l'évêque.

A la même époque, s'élevait dans l'intérieur du cirque une autre église du titre de Saint-Pierre-des-Arènes qui était probablement une annexe de Saint-Martin, dont les recteurs connus sont :

En 1446, Thomas Reboul ; — 1509, Raymond Baronis ; — 1572, de Costhe ;

— 1597, Pierre André et André Caisergues ; — 1601, Fulcrand Astier ; — 1602, Annibal d'Aymini et Antoine Marcelin ; — 1647, Louis Ferraud ; — 1687, Jacques Trimond ; — 1729, Jean-René Asselin ; — 1738, Jean-François-Xavier Pelloutier ; — 1742, Joseph-Mathieu Gerouin et Joseph-Louis de Sobeyrat ; 1777, Joseph-Marie de Sobeyrat, dernier titulaire.

(Voir abbé Goiffon, *Notes sur Saint-Paul*, page 32).

La ruelle conduisant à l'ancienne salle de spectacle appartenant à M. Lecointe s'appelait rue de l'Arche.

RUE CHEMIN D'AVIGNON.

C'est près du Pont-de-Justice, situé sur la route, que se trouvaient les fourches patibulaires où se faisaient les pendaisons.

La bénédiction du cimetière Saint-Baudile fut faite en février 1836, par M. Lyron d'Ayrolles, vicaire-général de Mgr de Chaffoy. — Il fut inauguré le 18 du même mois par l'inhumation d'un sous-officier du 52e de ligne. C'est dans la chapelle du cimetière qu'a été fondée en 1857 l'archiconfrérie de *Notre-Dame-du-Suffrage*, pour la délivrance des âmes du purgatoire.

Au mois de décembre 1843, les carmélites sont venues s'établir à Nimes, rue de la Servie. Au mois de juillet 1848 elles prirent possession du couvent qu'elles occupent aujourd'hui rue du Chemin d'Avignon ; leur chapelle a été construite en

1851 et bénie le 10 janvier 1852, par Mgr Cart. Dans l'intérieur, on remarque deux fresques, peintes par l'abbé le Forestier, l'une représentant la transverbération de sainte Thérèze, l'autre un trait de la vie de saint Jean-de-la-Croix.

(Voir abbé Goiffon, *notice sur les Carmes*, page 45 à 46).

RUE PLAN DE BACHALAS.

Sur la façade d'une maison de cette rue, on a découvert en 1870 une inscription en caractères gothiques dont voici le texte :

ANNO MILESIMO CENTUM QUATER BIS QUOQUE DENO AUGUSTI MENSE, GUIDONIS CORPUS OPERTUM PULVIS SUSCEPIT ; DEBITUM REDDIT NATURALE, MŒRENS INCOLAM LUGET OCCITANIA FRUGEM. CARTARUM REGIS CUSTOS FUIT ATQUE POETA ; ARTISTA FULXIT. CUI GAUDIA DET DEUS. AMEN. PATER NOSTER. AVE MARIA.

Ce qui signifie :

L'an mil quatre cent vingt, au mois d'août, la terre a reçu et recouvert le corps de Gui. Il a payé sa dette à la nature. Le Languedoc affligé pleure un citoyen vertueux. Il fut garde des archives du roi et poète ; il brilla comme maître ès-arts. Que Dieu lui donne les joies du Paradis ! Ainsi soit-il ! Notre Père ! Je vous salue, Marie ! Ce Gui Cotin ci-dessus, nous dit Guiran, avait été nommé garde des archives du roi le 18 mai 1413, par le sénéchal l'Hermite de la Faye, qui avait en même temps chargé le juge-mage Pierre de Montaigu de visiter et reconnaître ces archives.

Ce même Gui Cotin était un aïeul du trop fameux abbé Charles Cotin, poète orateur et critique, dont l'impitoyable Boileau a trop rabaissé le mérite réel.

(Voir les *Mémoires de l'Académie du Gard.* Année 1869-70, page 31 et suiv).

PLACE BALORE.

Le 13 mars 1785 on découvrit à Nîmes dans le *jardin du Gouverneur* (acheté en 1800 par MM. Foussard, Astier et Rigot, qui en firent une fabrique de *mouchoirs peints*), un superbe pavé mosaïque à cinquante centimètres sous le sol.

Ce pavé très-fidèlement décrit par Baumes et Vincens, dans leur *Topographie de Nîmes*, page 553, a été donné à la ville par M. Roux-Carbonnel, qui, en 1827, devint acquéreur de cet immeuble. Il figure au Musée de la Maison-Carrée sous les nos 153 et 115.

Par la magnificence de cette mosaïque et par les nombreux vestiges de maçonnerie antique rencontrés dans cet immeuble, la multiplicité et les dimensions des pièces que formaient les murs dont les fondements subsistent encore, on est forcément amené à penser que là était quelque édifice public ou la superbe habitation d'un citoyen opulent.

RUE BAT-D'ARGENT.

En 1865, M. Bressac, propriétaire d'une maison soumise à l'alignement, située au coin de la rue Bat-d'Argent, n° 38, et de la place du Château, a trouvé un titulus portant l'inscription suivante :

```
       D. M.
     M. CASVRI
     ORTENSIA.
      CASVRIA
      FRATRI
      PIISSIM
```

Aux dieux mânes de Marcus Casurius Hortensia Casuria, au plus tendre des frères.

Dans cette même maison on a encore trouvé l'inscription chrétienne suivante :

```
 [matrim] ONIOCESS [aginta]
 [annosi] NTER SECONE [xi et se]
 [dilig] ENTES IN DEO [vixerint]
       [fid] EA MOREC [harit]
      [ate sp] E CASTETAT [e.]
```

Unis soixante ans par les liens du mariage et s'aimant en Dieu, ils ont vécu dans la foi, l'amour, la charité, l'espérance et la chasteté.

Le nom de ces époux modèles n'est pas parvenu jusqu'à nous.

PLACE DE LA BELLE-CROIX.

L'inscription que Ménard indique comme se trouvant dans la maison de M. Novi, est actuellement dans la maison Roux ; elle porte :

D. M.
IVL ANTISTIAE
THYMELAE SORORI
PIISSIMAE

Aux dieux mânes de Julia Antistia Thymela la plus affectionnée des sœurs.

Dans ce'te même maison on voyait aussi les trois inscriptions suivantes, que M. Roux a bien voulu offrir à la ville.

P. CAECILIA
...VIR.
...POMPEIO
...TYRONO.

M
..SEX..FIL
...IVLIANI
AVG. NEM.
...ORIS

RUE DE LA BICHE.

Des documents nouveaux publiés dans cet ouvrage, à propos de la rue des Fourbisseurs, nous permettent de donner une explication plus certaine au sujet de la dénomination de cette rue.

En 1824, le Conseil municipal ayant à faire un travail d'ensemble sur la dénomination de toutes les rues de la ville et des faubourgs, avait nommé une commission chargée de trouver des noms, et celle-ci avait adopté pour toutes celles du quartier des casernes des noms d'animaux domestiques tels que le cheval, le chien, la chèvre, la biche ; la plupart furent rejetés par le Conseil, ceux de la Chèvre et de la Biche ont seuls été conservés.

A l'extrémité de cette rue et presque en face de l'ancien monastère de Saint-Baudile s'est fondé, en 1872, un couvent de *Bénédictines du Très-Saint Cœur de Marie*. Ce sont des religieuses de Pradines qui ont été les premières sœurs de ce couvent connu aujourd'hui sous le nom de *Prieuré de Saint-Baudile*.

RUE DE LA BIENFAISANCE.

Dans la maison de M. Philippe Granier époux Baldy, au n° 14, il existait, en 1802, un pavé mosaïque signalé par Baumes et Vincens dans leur topographie de Nîmes.

Une partie de cette mosaïque qui se trouvait dans un cellier a été détruite en 1864. On pourrait cependant retrouver l'autre partie dans la maison qui fait l'angle de la rue de la Bienfaisance et du Cours-Neuf. Cette maison appartient aujourd'hui à M. Bancel, boucher.

C'est dans la maison Jourdan, contiguë à celle-ci dessus du côté de l'Ouest, qu'on a trouvé en 1855 trois inscriptions qui ont été vendues par un marchand d'antiquités au Musée d'Avignon où elles sont encore. En voici la copie :

D. M.
AVRELIAE SEVERAE.
SOROR PIISSIM
AVRELIA RHODE

Aux dieux mânes d'Aurelia Severa, sa sœur bien-aimée Aurelia Rhode.

```
       D.M.
      L. IVLII
       GERI
```

Aux dieux mânes de Julius Gerus.

```
         D. M.
     ATTIAE ZOSIMES
     T. SEX. VATINIO
        STEPHANO
    MARITO. EIVS. CAEC
    PAVLINA. DISC. P.
```

Aux dieux mânes d'Attia Zosimé et à Sextus Vatinius Stephanus son mari, Cœcilia Paulina, leur élève, l'a érigé.

PLACE DE LA BOUQUERIE.

Dans la maison qui a appartenu à notre vieil historien Poldo d'Albenas et qui, en 1827, était encore la propriété d'une personne de sa famille, Mme de Seynes, on a trouvé un pavé mosaïque dont la moitié a servi d'encadrement à la grande mosaïque donnée au Musée par M. Roux-Carbonnel.

Ce pavé, entouré d'une riche bordure, se composait de dix-huit compartiments carrés de dimension égale, séparés entre eux par une tresse de couleurs variées. Six de ces carrés renfermaient des bustes de femmes toutes coiffées d'une manière différente.

Six autres représentaient des quadrupèdes, lions, cerfs, tigres, chevaux, etc., et dans les six derniers, on voyait des cartouches de dessins différents.

RUE DES BROQUIERS.

S'appelait autrefois rue de Garrigues, et faisait partie de l'Ile de Laliaud.

BOULEVARD DES CARMES.

Le clocher de l'ancienne église des Carmes sur le côté gauche de la façade, fut construit en 1822 et terminé en 1823. M. Mathieu, curé, bénit le 22 juin, une cloche de 448 kil. donnée par la municipalité. Cette cloche du nom de Baudile eut M. Jean-Jacques Baron pour parrain, et sa fille Mme la baronne de Trinquelague pour marraine.

Le 23 novembre 1823, une autre cloche de 206 kil. achetée par la fabrique eut pour parrain M. Amoureux, conseiller à la Cour et pour marraine Mme Aubry, épouse de M. Aubiot, lieutenant-colonel de gendarmerie. Cette cloche fut placée sous l'invocation de saint Joseph et de sainte Marie-Antoinette.

L'orgue a été acheté en 1838. M. Nicolas Chambry, se chargea de sa construction pour la somme 11,800 fr. ; la réception s'en fit le 10 octobre 1839.

En 1848, on plaça quatre nouvelles cloches.

La première porte pour inscription : *Voce mea ad Dominum clamavi*. Elle fut placée sous le canonicat de M. Ginoux. M. Charles de Trinquelague en fut le parrain et Mme Chazaud, femme du receveur-général, la marraine.

La 2e *sit nomen Domini benedictum*. M. Chazand en fut le parrain et Mme Bonnet née Donzel la marraine.

La 3e eut pour parrain M. Henri de Tessan et Mlle Walsin Estherazy pour marraine.

La 4e M. Delay pour parrain et Mlle Fanny Aigoin pour marraine. Cette dernière ayant été rompue, fut refondue et bénite avec M. Joseph Gaudin pour parrain et Mme Marie Coste veuve Coulange pour marraine.

En 1859, le Conseil municipal vota en principe la reconstruction de l'Eglise des Carmes sur l'emplacement de l'île de l'Orange. Après un concours auquel prirent part de nombreux artistes, le projet de M. Mondet, architecte de Bordeaux, fut adopté le 7 février 1861, ainsi que le devis évalué à 519,000 fr. porté à 580,000 par délibération du 9 mars 1862. M. Ormières a été l'entrepreneur.

C'est le 28 mars 1867, qu'a eu lieu la cérémonie de la pose de la première pierre placée sous les fondations du jambage de droite du portail principal. Sous la pierre a été déposée une boîte de plomb renfermant un spécimen des principales monnaies d'or, d'argent et de bronze ayant cours en ce moment et un tube de verre renfermant un parchemin portant l'inscription suivante :

Anno incarnationis D. N. J. C. MDCCCLXVII
Die XXVIII Mensis Martii
Regnante B. P. Pio Papa IX
Napoleone III imperante
D. Boffinton Præfecturæ Vardinen præside
œdilitatem Nemausen, curante D. Fabre
Auxiliantibus D. Balmelle, illius vicem-gerente,
nec non
D.-D. Planchon et Roman
D. Imberto Parocho.
Moderatore operis D. Mondet, structore Ormieres
adstantibus municipii consilio, œditansque parochive cœtu
Nobilium virorum populiq. fidelis
ingenti placedente copia
Ill. ac. RR. D. Plantier.
Episcopus Nemausen.
Vicariorum généralium Boucarut, d'Alzon, de
Tessan, de Cabrières
Canonicorum parochorum sacerdotum e diversi
ordinis
splendidiori corona circumdatus
primam hanc lapidem
in honorem Dei.
Sub. nomine S. Baudilii martyris Nemausem,
Ecclesiæ munificentia civitatis erigendæ
præhabita solemni benedictione
Posuit.

Les découvertes faites dans les fouilles de la nouvelle église Saint-Baudile, de quelques sépultures antiques remplies d'objets riches et précieux, font supposer que Nimes avait comme Arles sa voie des tombeaux en avant de la Porte d'Auguste.

On sait, en effet, que les nécropoles de l'antiquité précédaient presque toujours l'entrée des grandes cités : à Rome la voie Appia, à Pompeï la voie des tombeaux, à

Pouzolles la *Via Campana*, à Baïes le *Mercato del Sabato* étaient toutes bordées de tombeaux.

Toutes les sépultures de l'ancienne île de l'Orange à Nîmes, renfermaient des os incinérés et de nombreux objets plus ou moins précieux indiquant que la plupart des personnages ensevelis occupaient un certain rang dans la cité. Ces sépultures étaient formées d'auges en pierres carrées ou rectangulaires, quelques-unes étaient faites avec des briques plates (tegulœ) de grand moule au nombre de sept et d'une tuile creuse (imbrex).

Le savant M. Aurès explique de la manière suivante la disposition de ces tuiles :

« Une repose directement sur le sol,
» quatre sont placées de champ, suivant
» les quatre côtés de cette première tuile,
» et les deux dernières sont mises par
» dessus le tout de manière à figurer un
» couvercle, les rebords saillants de tou-
» tes les tuiles étant constamment tournées
» du côté extérieur. En dernier lieu, la
» tuile creuse sert à recouvrir le joint qui
» existe, au milieu du couvercle, à la réu-
» nion des deux tuiles plates qui le for-
» ment ».

(V. *Mémoires de l'Académie du Gard*. Année 1866-67, page 267).

RUE CORCOMAIRE.

Le 25 mars 1523, la confrérie des Cardeurs fonda à l'autel de Saint-Blaise, dans l'église des Carmes deux messes qui étaient célébrées chaque dimanche, après le son de l'angelus de la Cathédrale ; à la suite de la seconde messe on chantait une absoute solennelle pour les morts de la confrérie. A cet effet, les cardeurs donnèrent au couvent une maison avec four, sise à la rue de Corcomaire et contiguë au Pont de l'Agau. Cette maison ayant été ruinée au temps des troubles religieux, fut vendue le 8 octobre 1576 à Jacques Sigalon, maître teinturier, pour le prix de 340 livres.

(Voir l'abbé Goiffon, *Notice sur les Carmes*, page 7).

BOULEVARD DU PETIT-COURS.

Dans la maison Gardet, au n° 31, à deux mètres au-dessous du sol actuel et dans la cave, se trouve une mosaïque représentant des ornements, des arbres, des oiseaux, etc...

Dans la maison Bruguier d'Esgrigny, on découvrit en 1813, un autre pavé mosaïque que M. Bruguier fit transporter à sa campagne située sur la route de Beaucaire.

(V. les *Mémoires de l'Académie du Gard*, année 1875, page 29).

BOULEVARD DU COURS-NEUF.

En 1860, les ouvriers faisant des fouilles pour remplacer un arbre mort, mirent à découvert au coin Nord-Est de la maison Germain en allant vers la Plateforme, et à un mètre au-dessous du sol moderne une petite portion de mosaïque formant un octogone entouré d'une tresse telle que la donne Ménard dans son septième volume page 193, comme formant une partie d'une superbe mosaïque découverte en 1750.

Cette portion de mosaïque religieusement respectée en 1860, pourra devenir un jour l'objet d'une fouille intéressante et récompenser largement l'autorité municipale de la dépense qu'elle pourra occasionner.

(Voir les *Mémoires de l'Académie du Gard*, année 1875, page 10).

RUE DU GRAND-COUVENT.

La nouvelle église des Ursulines fut bénite le 5 avril 1718, par Mgr de la Parisière ; elle avait été commencée en 1714. La première pierre avait été posée solennellement par François Morel, vicaire-général de l'évêque de Nimes le 28 juillet. Cette pierre portait l'inscription suivante :

D. O. M.
Pieti fidelium ac S. S. genitricis dei Mariæ
sub titulo Conceptionis, patrocinio
Templum hoc erixere monialium primi conventus
Sanctæ Ursulæ zelus et religio.
Cura et studio reverendæ matris de Merez :
Sedente reverendissimo in Christo patre Joanne
Cæsaro, Nem. Episc.
Ponebat lapidem in titulum Franciscus Morel
Ejus ab omnibus judiciis
Anno ab. Epoc. Christi MDCCXIV.

La reconstruction totale du monastère suivit de près celle de l'église ; mais l'espace leur manquant, les Ursulines demandèrent à la ville qu'on leur cédât quelques-unes des maisons précédemment achetées pour l'agrandissement du canal de l'Agau, et la permission de jeter un arceau sur ce canal pour relier ces maisons avec le monastère. Cette autorisation leur fut donnée le 26 juin 1752, et aujourd'hui on peut voir encore cet arceau qui traverse la rue.

(V. *Archives municipales*, série 4, n° 39).

RUE DORÉE.

Au n° 17, dans la maison Isnard, on lit l'inscription suivante :

ASELLIAE MVTAE
P. FANNIO. OPTATO
ASELLIAE. SYNETE
P. FANIUS. BYCOIO

A. Asellia Muta Publius Fannius Buccio (a élévé ce tombeau) pour Publius Fannius Optatus et pour Asellia Synété.

Dans la maison Forton on lisait l'inscription suivante :

D. M.
IANVARIS
SERVI. PORCI
AE. RHODINES
SEVERIA. SEVE
RINA

Aux dieux mânes de Januaris, esclave de Porcia Rhodino Severia Severina.

Et dans la maison de Mme des Ilos :

```
D. M.
MARCI. NIGRA
NI. F. MARCEL
LINVS. ET MAR
CELLINA. PA
TRI. PIISSIMO
```

Aux dieux mânes de Marcus, fils de Nigrinus Marcellus et Marcellina, au plus tendre des pères.

RUE SAINT-FÉLIX.

Saint Félix fut le premier évêque de Nimes connu ; d'après Deyron, il était natif de Bouillargues et fut une des premières victimes de la fureur des Vandales. Son corps est sous l'autel de l'église de Grasse en provence.

(V. Deyron, *Antiquités de Nimes* 1663),
(Germain. *Histoire de l'Eglise de Nimes*, T1. p. 33).

RUE DES FLOTTES.

Dans cette rue, au n° 7, et dans la maison Rouvière-Cabane, se trouvait une espèce de cour des miracles connue sous le nom de la *Cour des Battes* où se logeaient les savoyards chargés d'entretenir la propreté de nos maisons. C'est là que doit se trouver une mosaïque dépeinte par Beaumes et Vincens.

Dans la maison Vincent, maçon, au n° 8, aujourd'hui maison Brès, on a découvert il y a quelques années une magnifique mosaïque sur laquelle on a cependant construit un escalier.

(V. *Mémoires de l'Académie du Gard*. Année 1875, pages 27, 28 et 35).

FONTAINE.

Un pavé mosaïque fut découvert en 1742 à neuf mètres environ du mur sur lequel on lit une longue inscription gravée sous Louis XV et commençant par le mot favente, mais il a presque complétement disparu aujourd'hui car on n'a pris aucune précaution pour le préserver. Entouré d'une bordure uniforme, il était divisé en quatre parties de desseins différents (1). Il ne reste plus aujourd'hui que quelques cubes qui en indiquent l'emplacement et le niveau du sol antique sur ce point, de nos anciens thermes.

En 1751, on trouva sur la partie supérieure de l'ancien mur d'enceinte de la Fontaine, du côté du rocher, en tirant au levant, un reste de pavé portant l'inscription suivante :

ΜΕΘΘΙΥΥΟΣΚΣ
ΣΙΜΟΓΟΤΥΟΤΣΕΤΟ
ΜΑΝΙΚΘΣΚΕΚΟΝΙΑΚΕ

Le sens en est que Mettillus, surnommé Manicus, fils de Cassinus et petit-fils de

---

(1) V. Ménard, vol. VII, page 192.

Lucetus avait fait la mosaïque. Le surnom de ΜΑΝΙΚΟΣ paraît ici fort bien convenir à cet ouvrier. On sait qu'en grec, ce mot signifie *excellent*. Ce pourrait être là un ouvrier de Grèce établi à Nimes, car on faisait sans doute venir des artistes de divers endroits pour orner et embellir cette ville (1).

En 1872, on a découvert au même endroit deux fûts de colonnes.

En 1850, dans le jardin de la maison Bérard Sauvajol, on a trouvé un pavé mosaïque d'un dessin très-varié représentant diverses espèces d'oiseaux aquatiques.

Ce pavé se trouve au milieu du jardin à un mètre au-dessous du sol (2).

---

(1) V. *Mémoires de l'Académie du Gard*. Année 1875, page 9.
(2) *Ibid*, page 36.

TABLE

DES MATIÈRES

du premier volume.

	Pages.
Avant-Propos.	
Rue de l'Abattoir................................	13
» de l'Aqueduc...............................	15
» Adrien......................................	15
» de l'Agau...................................	16
» Sainte-Agnès...............................	29
» Agrippa.....................................	29
» d'Albenas...................................	30
» des Amoureux..............................	32
» d'Angoulême................................	32
» Sainte-Anne................................	33
» Saint-Antoine...............................	33
» Antonin (Appendice 301).................	38
» d'Aquitaine.................................	42
» Arc-Dugras.................................	44
» des Arènes (App. 301)....................	46
» de l'Aspic...................................	50
Place d'Assas...................................	55
Rue Astruc......................................	56
» Auguste.....................................	58
» du Chemin d'Avignon (App. 303).......	60
» de Bachalas (App. 304)..................	62

Rue	Baduel	63
»	Bailly	66
»	des Bains	68
»	Balore (App. 305)	68
»	Bât-d'Argent (App. 306)	70
»	Saint-Baudile	71
»	de la Baume	72
»	Bayard	74
»	de Beaucaire	76
»	Bec-de-Lièvre	77
Place de la Belle-Croix (App. 306)		81
Rue des Bénédictins		85
»	Bernard-Aton	87
»	Saint-Bernard	89
»	de Bernis	91
»	de la Biche (App. 307)	93
»	de la Bienfaisance (App. 308)	93
»	Bonfa	93
»	des Bons-Enfants	95
Place de la Bouquerie (App. 309)		96
Rue Bourdaloue		100
»	de Bourgogne	101
»	Briçonnet	104
»	Bridaine	110
»	des Broquiers (App. 310)	112
»	Cadereau	113
»	de la Calade	114
»	des Calquières	117
Boulevard des Calquières		117
Boulevard des Carmes (App. 310)		119
Rue Cart		125
Boulevard des Casernes		126
Rue de la Caserne des Passagers		130
»	Saint-Castor	130
»	Sainte-Catherine	137
»	Catinat	138
»	Cérisier	139
»	de Chaffoy	139
»	des Chapeliers	141
»	du Chapitre	142
»	Saint-Charles	146
»	Charles-Martel	147
»	Charlemagne	149
»	des Chassaintes	150
Place du Château		156
Rue du Château-Fadèse		163

Rue de la Chèvre	166
» Childebert	167
» Clérisseau	167
» Clovis	169
» Colbert	171
Boulevard de la Comédie	173
Rue Condé	174
» Corcomaire (App. 313)	176
» de Corcone	178
» des Cordiers	180
» Corneille	180
» Cotelier	181
» de la Couronne	184
Boulevard du Grand-Cours	190
id. du Petit-Cours (App. 314)	192
id du Cours-Neuf	198
Rue du Grand-Couvent (App. 315)	203
» Crébillon	215
» de la Crucimèle	216
» de la Curaterie	217
» Cuvier	218
» du Cyprès	221
» Dagobert	221
» Deiron	222
» Deparcieux	223
» Saint-Dominique	225
» Dorée (App. 316)	227
» Duguesclin	229
» Dumas	231
» de l'Ecluse	233
» de l'Ecole-Vieille	235
» de l'Enclos-Rey	240
Boulevard de l'Esplanade	241
Rue de l'Etoile	247
» Sainte-Eugénie	250
» de la Faïence	254
» Saint-Félix (App. 317)	255
» Fénelon	256
» de la Ferrage	257
Avenue Feuchères	259
Rue Flamande	263
» Fléchier	264
» Florian	267
» des Flottes (App. 317)	268
» de la Fontaine (App. 318)	269
» du Fort	282

Rue des Fourbisseurs	285
» du Four-des-Filles	290
» des Fours-à-Chaux	291
» de France	293
» Saint-François	294
» des Frères-Mineurs	295
» Fresque	297
» Fulton	298

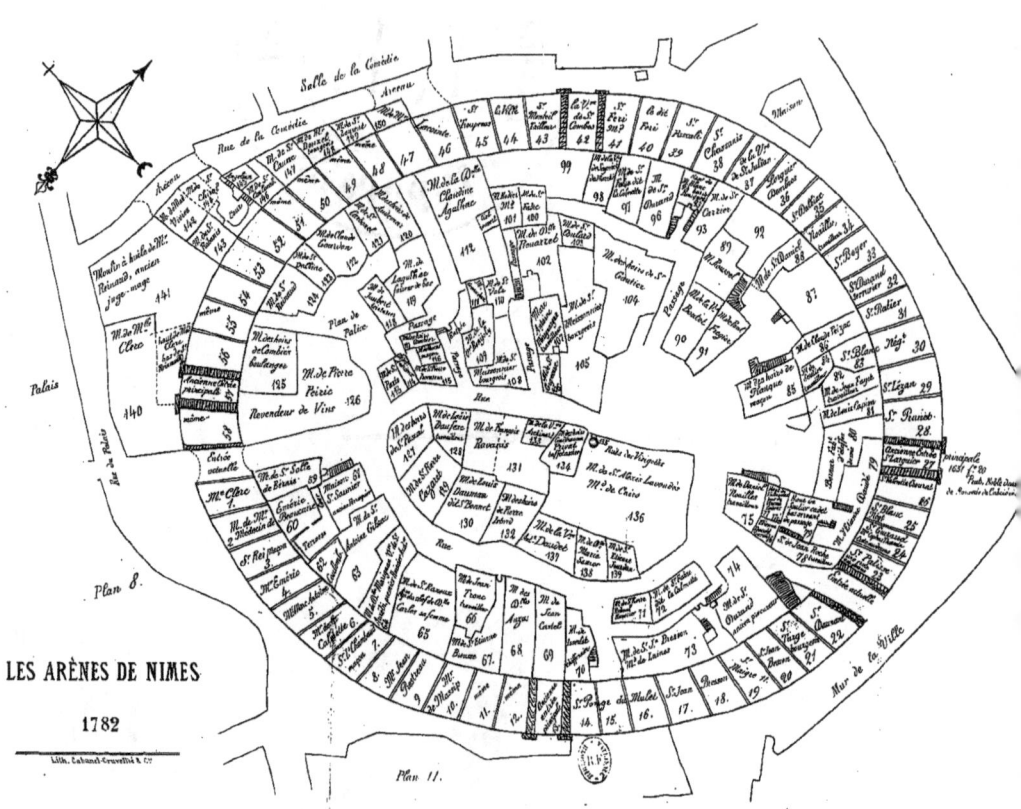

LES ARÈNES DE NIMES
1782

www.ingramcontent.com/pod-product-compliance
Lightning Source LLC
Chambersburg PA
CBHW060419170426
43199CB00013B/2212